Neue

Kleine Bibliothek 314

Raphael Molter

Friede den Kurven, Krieg den Verbänden

Fußball, Fans und Funktionäre

–

Eine Herrschaftskritik

PapyRossa Verlag

Für Papa Janietz und für Zoë.

Die Titelformulierung variiert Georg Büchners Parole »Friede den Hütten! Krieg den Palästen!«. Sie findet sich in seiner Flugschrift »Der Hessische Landbote« (1834).

Luxemburger Str. 202, 50937 Köln
Tel.: +49 (0) 221 – 44 85 45
Fax: +49 (0) 221 – 44 43 05
E-Mail: mail@papyrossa.de
Internet: www.papyrossa.de

Umschlag: Verlag, unter Verwendung einer Abbildung © by terovesalainen | Adobe Stock 296714171
Druck: Interpress

Die Deutsche Nationalbibliothek verzeichnet diese Publikation in der Deutschen Nationalbibliografie; detaillierte bibliografische Daten sind im Internet über http://dnb.d-nb.de abrufbar

ISBN 978-3-89438-782-2

Inhalt

Prolog

Wie die Fans den Kampf um den Fußball verlieren

Ich habe Fußball sofort geliebt. Damit stehe ich nicht alleine da, aber es ist wichtig zu betonen. Schon beim ersten Gang ins Stadion war es um mich geschehen: viele Tausend Menschen, die sich Schals um die Hälse gelegt hatten und mit ihren Mitmenschen über dies und das erzählten. Die Hymne, bei der nicht nur die Schals in die Luft gehalten wurden, sondern alles einfach mitgesungen wurde. Das hat mich als kleines Kind verzaubert und dafür gesorgt, dass ich nie wieder davon wegkommen konnte. Das Stadion an der Alten Försterei, Nina Hagens Hymne und viele sehr laute und sympathische Menschen haben dazu geführt, dass Union Berlin mein Herzensverein wurde und bis heute ist. Die Liebe zu Union und die Begeisterung für den Fußball: Sie blieb. Aber aus der kindlichen Faszination erwuchs über die Jahre eine gewisse Skepsis – und diese Skepsis ist der Ausgangspunkt für das vorliegende Buch. Vielleicht hat mich der Fußball damals in seinen Bann gezogen, weil ich klein war und nicht verstanden habe, was um den rollenden Kick herum passiert. Ich war vermutlich einfach begeistert von dem einfach zu verstehenden Spiel, den lauten und mitreißenden Fans. Die Wahrnehmung hat sich verändert und mit ihr der Blick auf meinen Lieblingssport.

Schon 2004 waren Ultras Teil der Stadien und ich erinnere mich lebhaft an die kindliche Begeisterung, wenn der Blick gen Waldseite im Stadion an der Alten Försterei ging und die Fahnen, Doppelhalter und Trommeln mich in ihren Bann zogen. Der Bereich für die Einheizer mit den Trommeln links und rechts. Das umherwehende

Konfetti bei Anpfiff eines Spiels. Solch kleine Rituale haben mich schnell begeistert und dafür gesorgt, dass ich nie nur Fußball geschaut habe. Das weite Rund hatte mich stets fasziniert, denn die Menschen sind die eigentliche Erklärung für den Erfolg des Fußballs. Der Fußball würde ohne die Gemeinschaften, die er erschuf, nicht existieren. Millionen Menschen finden jedes Wochenende irgendwo zusammen, kommen aus den unterschiedlichsten Bereichen und treffen sich in ihren Stadien. Auch das hat mich immer in den Bann gezogen. Vor ein paar Jahren besorgte mein Vater uns beiden Tickets für das DFB-Pokalfinale. Die Bayern waren zwar eine der beiden Mannschaften, und dennoch wollten wir uns das nicht entgehen lassen. Ihr Gegner war die Eintracht aus Frankfurt und ich hatte am Anfang dieses Tages noch keinen blassen Schimmer, wie emotional mitreißend dieses Finale für mich werden sollte. Rund um das Olympiastadion war eine Stimmung, die eher Volksfestcharakter hatte und in mir erstmal die Erwartung auslöste, dass es so viel spannender nicht werden sollte. Doch diese Vermutung verflog einige Momente später, als wir an unseren Plätzen waren und feststellten, dass wir zwar irgendwo auf der Haupttribüne standen, aber eben zwischen Frankfurt-Fans. Gar nicht so schlimm, denn die Frankfurter haben den Lärm ihres Lebens gemacht und dieses Spiel in eine meiner stärksten und wichtigsten Erinnerungen an den Fußball verwandelt.

Eine Sache ist mir ein paar Tage später klar geworden: Weder das koordinierte Anfeuern noch die stilisierte Selbstdarstellung waren für mich damals wie heute Anziehungspunkt. Vielmehr ist es die brennende Leidenschaft, die in Windeseile dafür sorgt, dass das ganze Stadion in die Gesänge miteinstimmt. Das Zusammenkommen in dem Block, den man alle zwei Wochen für ein paar Stunden als wirkliche Heimat empfindet. Und das Gefühl eines kollektiven Willens. Als wenn sich in den etwas mehr als 90 Minuten Menschen verbinden und für diese Zeit nur eine Sache im Kopf haben: ihren Verein. Und da ist es egal, ob es wie bei mir Union ist oder eben die Eintracht aus Frankfurt.

Dass ich mit Union im Herzen im Fußball aufgewachsen bin, hat für zwei entscheidende Prägungen gesorgt. Erstens: Ich konnte immer noch einem zweiten Verein die Treue schenken, der in der Ersten Bundesliga war und sich somit deutlich unkomplizierter verfolgen ließ. Und zweitens: In Köpenick ist man als Unioner nie allein, aber außerhalb des kleinen Biotops kannte man diesen kleinen Schlosserverein nicht oder stempelte ihn als Außenseiter ab. Heutzutage alles nicht mehr ganz so leicht nachzuvollziehen, aber Mitte der 2000er Jahre wurde ich in meiner Grundschulklasse einer Schule am Rand Berlins noch dafür belächelt, Unioner zu sein. Die Freunde hatten Bettwäsche von Schalke 04 oder hielten dem FC Bayern die Treue. Doch nach und nach schaffte ich es, dass sie mich und meinen Vater alle mal auf die Gegengerade begleiteten und die Stimmung aufschnappten, die Union für viele so einzigartig macht. Viele blieben.

Warum erzähle ich das alles überhaupt? Weil ich kurz vor Beginn der Corona-Pandemie eine Entscheidung für mich traf, bei der all die bereits geschilderten Gedanken, Erinnerungen und Eindrücke berücksichtigt werden mussten. Anfang 2020 nahm ich eine Stelle als Lehrassistenz an einer Deutschen Schule in Kuala Lumpur, das bedeutete auch, meinen Verein für mindestens sechs Monate nur aus der Ferne und nur in den Morgenstunden über schlechte Streams verfolgen zu können. Aus diesem familienähnlichen Gerüst auszubrechen, und sei es nur für ein paar Monate, fiel mir schwer. Das kann kitschig klingen und gleichzeitig schwer nachvollziehbar sein, aber für mich ist mein Verein ein Stück meiner selbst. Und in der ersten Bundesligasaison meines Vereins für eine Stelle als Lehrassistenz nach Malaysia zu ziehen, fiel mir wirklich schwer.

Wenige Wochen später ließ ich mich von einem Kollegen, einem Musiklehrer aus Regensburg, abholen und fuhr mit ihm zu einem anderen Kollegen aus der Schule, um Fußball zu gucken. Aus der gemütlichen Nachmittagszeit am Wochenende ist auf der anderen Seite der Welt leider tatsächlich 2 Uhr nachts geworden, aber das war für keinen so wirklich relevant. Wir alle haben unsere eigenen Geschichten, wie wir zum Fußball gekommen sind, und trotz unterschiedlicher Vereine und unterschiedlicher Sozialisation im Fußball saßen wir mitten in der Nacht zusammen und guckten auf einem vermutlich illegalen Livestream die Bundesligakonferenz.

Corona hatte zu dem Zeitpunkt bereits eine Rolle gespielt, aber selbst in Malaysia nahm man die Bedrohung wenige Wochen vor Ausrufen der Pandemielage noch nicht allzu ernst. Stattdessen debattierte die Runde schon vor Beginn der Konferenz über ein unsägliches Spiel in Sinsheim. Die Proteste gegen den Mäzen Dietmar Hopp hatten dort ihren vorläufigen Höhepunkt gefunden und das Spiel selbst wurde wegen beleidigender Plakate unterbrochen und nur halbherzig zu Ende geführt. Die Debatte um etwaige Beleidigungen eines Milliardärs auf der einen Seite und die bereits aufgehende Sonne auf der anderen Seite nahmen bereits im Laufe der ersten Halbzeit ihren Einfluss auf die allgemeine Stimmung und diese sollte sich zusehends verschlechtern. Als nach einer ersten Unterbrechung des Spiels ein gemalter Dietmar Hopp im Fadenkreuz auf der Waldseite im Stadion an der Alten Försterei auftauchte, war es um die Geduld der Kollegen geschehen. In einer Sprache, die man sonst nur von Fußballkommentatoren kennt, regten sich die zwei über vermeintliche Chaoten und Idioten in der Kurve auf. Sie würden das Spiel zerstören und den Fußball für ihre Zwecke missbrauchen. Das war der Tenor dessen, was ich mir da anhören musste. Denn die Kollegen wussten, dass ich ein Eiserner bin und dazu auch noch Sympathien mit »diesen Idioten« habe. Deshalb wurde ich in Windeseile zu einer Projektionsfläche, auf der alles abgeladen wurde, was den geneigten Fernsehfußballfan so gerade stört. Auch wenn das Spiel weitergeführt wurde, konnte ich dieser Rolle in den kommenden Tagen nicht entfliehen.

Obwohl die Schule in Kuala Lumpur ist, muss man sich eine deutsche Auslandsschule als eine heimische Wohlfühloase vorstellen, in der eben nur Deutsche arbeiten. So bestätigt beispielsweise der hiesige Sportlehrer tatsächlich all jene Vorurteile, die man gegenüber Sportlehrkräften nun eben hat. Etwas älter, Goldkette, ein durch die Jahre hervorgekommener Bauchansatz und den stärksten Akzent, den ich mir bei einem Schalker jemals hätte vorstellen können. Und exakt dieser Akzent lässt mich keine fünf Minuten am Montagmorgen nach den Geschehnissen ankommen, bevor ich recht offensichtlich die Anklage für alle deutschen Ultras annehmen muss. Nach gefühlten zehn Minuten Ansprache wird es zu meiner Aufgabe, zu erklären, warum ein deutscher Milliardär im Fadenkreuz steht und was die Geschichte dahinter ist. Und schnell wird mir klar: Für Verständnis und Offenheit in dieser Frage zu werben, ist kein Ding der Unmöglichkeit. Denn alle verstehen den Ansatz des Protestes. Man muss niemandem erklären, warum Kollektivstrafen nicht okay sind. Einzelne begehen Straftaten, aber bestraft werden im Fußball auch alle anderen Fans dieser Gruppe oder im schlimmsten Fall des ganzen Vereins durch Fan-Teilausschlüsse oder Geisterspiele. Niemand glaubt, dass Anti-Rassismus-Stufenpläne bei Beleidigungen gegenüber einem Milliardär angebracht sind. Und doch sorgt es nachhaltig für Aufregung, wenn in einer solch beleidigenden Art und Weise um Aufmerksamkeit geworben wird. Einige Hofpausenaufsichten verschwende ich noch damit, zu erläutern, warum man eine solche Art des Protests gewählt hat und was dem alles vorausgegangen ist. Doch wirkliches Verständnis kommt nicht mehr auf. Nicht mal bei ein oder zwei Bier nach Feierabend.

Ultras provozieren. Sie wollen das. Vermutlich werden die vorangegangenen Zeilen bei nicht wenigen von ihnen für ein Lächeln gesorgt haben. Denn die Provokation ist ja bis nach Kuala Lumpur geglückt. Und dennoch sind sie den Zielen nicht ein Stück nähergekommen. Den Kurven gehört die Macht, wurde mir einmal gesagt. Aber genau das stimmt nicht. Ultras und aktive Fans sind sprachlos, machtlos, wirkungslos.

Nichts hat bisher für eine echte Trendwende im deutschen Fußball geführt. Nicht die Minuten des Schweigens zu Beginn der Spiele. Keine Fan-Demonstrationen. Nichts hat sich geändert. Und genau deshalb stellt sich dieses Buch die Frage, woran das genau liegt. Seit

Jahren ist die Kommerzialisierung des Fußballs in aller Munde. Selbst diejenigen, die den Dosenverein aus Markranstädt mögen, haben von diesem Vorwurf etwas gehört. Und die Probleme des Fußballs sind auch in den Kurven angekommen. Sie arbeiten ja gegen diese Form des Fußballs. Sie wollen keine Ecken, die vom Fleisch- und Wursthersteller, wahlweise Tofu-Produzenten präsentiert wird. Sie wollen Menschen aus dem Fußball jagen, die diesen Sport als Jagd auf Profite verstehen. Unabhängig davon, ob Ultras sich als politisch verstehen oder nicht. Sie haben dieses Ziel gemeinsam. Niemand hat Bock auf einen Brausehersteller, der sich aus Marketinggründen einen Verein in der ersten Fußballbundesliga leisten will. Wozu auch? Es hat wenig mit dem zu tun, was einen warm ums Herz werden lässt.

»Nieder mit dem modernen Fußball! Tradition über Kommerz!« Diese Rufe hört man, seitdem man sich darüber bewusst geworden ist, dass die Stadien und ihre Vereine in das globale Spiel der Profite eingebettet wurden. Ultras und viele aktive Fans haben darauf keine Lust. Das haben die Proteste gegen Dietmar Hopp eindrucksvoll bewiesen. Doch auch wenn sie ganze Stadien mit ihrer Leidenschaft anstecken können, so sehr haben sie Probleme damit, dem Mehrheitsbesucher ihre Forderungen verständlich zu machen. Und dort liegt eben der Hase im Pfeffer: Wer den Fußball vor dem Ausverkauf retten möchte, darf sich nicht in seiner Subkultur verstecken!

Das mag nach einer harschen Kritik an Ultras klingen, aber das soll es in erster Linie nicht sein. Dieses Buch wirbt für ein Umdenken im Kampf gegen die Kommerzialisierung des Fußballs und für ein Verstehen dessen, was man da bekämpft. Natürlich sind Ultras als die größte Jugend- und Subkultur unserer Tage ein wichtiger Anker für viele Fußballfans, aber ihre Auseinandersetzung mit dem Fußball im Ist-Zustand ist bemerkenswert unreflektiert. Bei all den Aktionen unterschiedlichster Gruppierungen in ihren Stadien liegt der Fokus auf dem Aktivismus. Sei es ein Boykott gegen die Montagsspiele, wie es die Frankfurter Ultraszene in der Saison 2019/20 machte oder ein Schweigen gegen den Dosenverein aus Markranstädt, wie es die Fans von Union Berlin bei jedem Spiel gegen diesen

Verein machen. Es geht nicht um eine inhaltliche Auseinandersetzung darüber, warum solche Protestaktionen wichtig sind oder was sie voranbringen sollen. Stattdessen entsteht ein Aktivismus um des Aktivismus willen.

Die große Leerstelle bei solchen Protestaktionen ist die diffuse Antwort auf die Frage: »Was bieten wir als Alternative an?« Ultras sind eben sehr vielfältig und heterogen. Sie sind nicht über bundesweite Dachverbände organisiert und sprechen keine längerfristigen Strategien ab. Eine konkrete Abstimmung bei bundesweiten Protestaktionen ist eher selten, und wenn so etwas stattfindet, dann mit langatmigen Gesprächen vorab. Eines der wenigen Beispiele, bei denen solch ein Vorgehen funktionierte, ist die Aktion *12:12*. Die zeigt jedoch gleichzeitig, was das Problem eines Aktivismus ist, der keine Alternative dazu anbietet, was man da bekämpft.

Als Ende 2012 von der DFL ein neues Sicherheitskonzept vorgestellt und verabschiedet wurde, fand sich in der Aktionsgruppe *12:12 – Ohne Stimme keine Stimmung* eine Protestwelle wieder, die bundesweit für Aufmerksamkeit sorgte. Monatelang schien es so, dass sich Politiker, Polizeigewerkschaftler und Fußballfunktionäre gegenseitig hochschaukelten und in den Fußballfans *das* neue Sicherheitsrisiko für die Republik erkannt haben wollten. Fans wurden zu Verbrechern abgestempelt. Das Abbrennen von pyrotechnischen Erzeugnissen in den Blöcken wurde damals sogar medial so unter Beschuss genommen, dass der Fernsehmoderator Johannes B. Kerner einfach eine Kinderpuppe mit einem Bengalo anzündete. Das hat wenig mit einer inhaltlichen bzw. sachlichen Auseinandersetzung zu tun, sorgte aber zum damaligen Zeitpunkt dafür, dass Fußballfans und speziell Ultras in eine Ecke gestellt wurden, aus der sie bis heute nicht wirklich rauskommen. Der Kreislauf an medialen Anklagen stieg über die Sommermonate sehr stark an, weshalb sich die DFL und die in ihr organisierten 36 Profivereine der Ersten und Zweiten Bundesliga dazu bemüßigt sahen, ein »Sicherheitskonzept« vorzustellen. Stehplätze sollten abgeschafft, Fußballfans vorab durchsucht werden, ohne jegliche Verdachtsmomente, was einer Kriminalisierung gleichkommt.

Wäre dieser Schritt so getan worden, wie er damals geplant war, gäbe es vermutlich eine deutlich andere Fußballkultur, die wenig damit zu tun hätte, was so viele ungebrochen fasziniert.

Überraschung: Das Sicherheitskonzept wurde am im Dezember 2012 tatsächlich mit einigen Änderungen von der Mehrheit der Klubs angenommen. Nur gekommen ist es nicht ganz so drastisch. Das ist vor allem das Verdienst der Fanaktion, die ein Bewusstsein für die Lage der Fans geschaffen hat. Zwar konnte in einigen Bereichen bis heute ein kleiner Fortschritt erzielt werden, aber grundlegende Hindernisse für den Kauf von Stehplatzkarten oder Auswärtstickets sind noch nicht behoben worden. Der Fußball konnte sich vor einer großen Veränderung retten. Aber die Fußballkultur, wie wir sie kennen, steht auf wackligen Beinen. Stehplätze, Auswärtsfahrten und bezahlbare Tickets sind kein Kulturgut mit Ewigkeitsklausel, das hat die Entwicklung in Großbritannien gezeigt. Und auch in Deutschland werden Teile der Fankultur immer wieder angegriffen. Allein die Proteste gegen Dietmar Hopp zeigen, wie schwierig ein Kampf gegen die herrschenden Verhältnisse im Fußball ist. Ultras und aktive Fans, die ihre Freiheit im Fußball suchen, werden als Bedrohung für den Fußball wahrgenommen. Der FC Bayern München hat in Reaktion auf die Proteste der eigenen Fanszene versucht, ihr die Tickets und Dauerkarten zu entziehen.

Das Problem hinter der gelungenen Protestaktion? Man konnte einige unverhältnismäßige Veränderungen verhindern, doch die Stoßrichtung nicht verändern. Die Form des lautlosen Protests sorgte immerhin dafür, dass das Sicherheitskonzept nicht in dem ursprünglich vorgestellten Maß verabschiedet werden konnte, doch wirklich greifbare Änderungen konnte man nicht erreichen. Es blieb einmalig, und das im schlechten Sinn. Denn die Entwicklungen der letzten Jahre gehen wieder in die gleiche Richtung, die wieder eingeführten Kollektivstrafen sind ein Hinweis darauf. Das Problem liegt dennoch nicht in der spezifischen Aktionsform bei *12:12*, sondern in der generellen Herangehensweise vieler Ultras und aktiver Fans. Sie formulieren keine weitergehenden Ziele, wie sie den Fußball gestalten möchten, sondern halten sich mit Änderungen und Reformen im Hier und Jetzt auf. Das soll nicht falsch verstanden werden, denn es braucht solche Reformen, aber sie können nicht Anfangs- und zugleich Endpunkt sein. Wer Kommerzialisierung kritisiert, muss sich auch damit beschäftigen, wie der Fußball als Produkt funktioniert. Doch genau das passiert eben zu selten und führt in vielen Fällen zu nichtssagenden Forderungen wie »Zum Erhalt der Fankultur!« Das mag erstmal nach Minimalkonsens klingen, aber es verhilft nicht zu einer Stärkung der unabhängigen Fankultur. Man drückt sich um eine ausführliche Kritik des aktuellen Fußballs, erweckt jedoch zumindest sprachlich den Eindruck, Tradition hochzuhalten. Doch der *good old football* wird nicht weiterhelfen. Die Hoffnung auf kurze Trikothosen, Fußballspieler, die nur für den Erfolg ihres Teams kämpfen, und Ligen, die nicht vom Geld ihrer Sponsoren abhängig sind: Sie ist hinfällig und sogar kontraproduktiv.

Tradition gegen Kommerz. Egal ob im Kampf gegen immer mehr unterschiedliche Anstoßzeiten oder gegen die Investorisierung der Bundesliga, die Sprache der Ultras und aktiven Fans geht nicht über den Kommerz oder die Wahrung der Tradition hinaus. Erst recht bei bundesweiten Kampagnen mag das der Minimalkonsens zwischen vielen verschiedenen Gruppen sein, aber er hilft nicht in der Positionierung gegen die Auswüchse des Fußballs. Anstelle einer durchdachten Situationsbeschreibung nehmen Fans von Union Berlin im Januar 2020 im Umfeld eines Auswärtsspiels in Leipzig eine symbolische Beerdigung des Fußballs vor, weil man sich auf den einen Verein als Gegner gut einigen kann. Das Problem dahinter ist die fehlende Analyse. So banal es klingt, aber wer die Verhältnisse ändern möchte, kann nicht einfach nach Mehrheiten suchen. Man muss versuchen zu verstehen, wie die Verhältnisse funktionieren und auch wie sie sich erhalten. Denn der Fußball, wie wir ihn kennen, hat eigentlich keine Mehrheit unter den Fans. Eine Studie fand bereits 2017 heraus: Von zehn Fußballfans sind neun der Ansicht, dass sich der Fußball nur noch ums Geld dreht. Das ist die Frage, die den tiefergreifenden Ausgangspunkt dieses Buchs darstellt. Viele Ultragruppierungen und viele aktive Fans, die in den verschiedensten Fanbündnissen organisiert sind, möchten den Fußball grundlegend verändern und sie hätten womöglich eine Mehrheit der Fans auf ihrer Seite. Was hindert sie und wie sichert sich das Big Business Fußball gegen eine solch radikale Veränderung ab?

Wer diese Frage beantworten möchte, muss zunächst einen kleinen Blick rückwärts in die Geschichte werfen. Und nein, nicht im Sinne der geforderten Tradition, sondern um zu verstehen, wie der Kampf um den Fußball bisher aussah und wie man das heutige Ringen um den Fußball verstehen kann. Schon vor über 100 Jahren gab es Alternativen zum Fußball, wie wir ihn kennen, und einer der ersten Organisationsversuche von Fußball fand im Arbeiter-Turn- und Sportbund (kurz: ATSB) statt. Gemeinsame Ausübung und Fairness statt Konkurrenz im Sport: Das war die Leitidee. Man wollte den Sport aus den bürgerlichen Verhältnissen befreien und ihm einen anderen Grundgedanken geben. Was für viele Menschen heutzutage nach einer fremden Zeit und vergangenen Tagen klingt, ist allerdings gar nicht so unmodern. Denn die damals geführte Debatte um die gesellschaftliche Bedeutung von Sport ist auch heute noch brandaktuell. Der Gedanke eines fairen Sports, der nicht den Vorteil des Einzelnen im Blick hat, der wird auch heute angeführt, wie das Beispiel eines fußballspielenden Brasilianers zeigt. Denkt man an die vorletzte Fußball-Weltmeisterschaft der Männer in Russland, dann denkt man auch an Neymar. Klar, an seine hervorragende Ballkontrolle, sein Spielverständnis und seinen Spielwitz, der damals wohl seinen Höhepunkt erreichte. Aber man denkt auch an einen Neymar, der sich in quasi jedem Spiel nach Fouls auf dem Platz wälzte, um den jeweiligen Gegenspielern eine Rote Karte einschenken zu können. Was heute viele damit abtun, dass Neymar halt den maximalen Vorteil sucht, wäre im ATSB stark verurteilt worden. Seine Rücksichtlosigkeit hätte wenig mit den Idealen des Arbeitersports zu tun gehabt und sie riefe Debatten hervor, die man nachvollziehen sollte, wenn man den Fußball im Hier und Jetzt kritisieren möchte.

Die Kritik des modernen Fußballs ist auch eine Kritik des Kapitalismus. Das zeigt nicht nur der ganz kurze Blick in die Historie des Fußballs in Deutschland, sondern auch die Analyse des heutigen Fußballs. Dieses Buch versucht gar nicht erst, auf eine Ebene der Kritik zu kommen, die von einer gewissen Moral geleitet ist. Ich halte diesen moralischen Ansatz sogar für gänzlich verfehlt, wenn man versucht zu verstehen, wie der Fußball funktioniert und wie man ihn ändern kann. Man mag den Hopps und Mateschitzs dieser Welt die Schuld am Kommerz im Fußball geben und sie zum bösen Gesicht eines konsumorientierten Sports machen, aber das löst die Probleme nicht. Die Ebene der Moral erklärt Symptome zu Schuldigen und verkennt im schlimmsten Fall Ursache und Wirkung. Denn RB Leipzig und die TSG 1899 Hoffenheim haben nicht in einem Komplott die Übernahme des professionellen Fußballs geplant. Sie zielen auch nicht aktiv auf eine Zerstörung aller Tradition ab. Sie sind Symptome einer Struktur, die Vereinskonstrukte wie sie präferiert. Der Fußball erzeugt seine Monster selbst. Deshalb muss der Fußball grundlegend und an die Wurzel gehend analysiert werden. Um die Belange der Ultras und vieler aktiven Fans voranzubringen, bedarf es einer tiefergehenden und breiter wahrgenommenen Analyse des Status quo – keiner Debatte um moralisch »böse« Menschen im Fußball.

Das Zauberwort an dieser Stelle lautet Materialismus. Eine materialistische Herangehensweise verhilft zu neuen Erkenntnissen und öffnet den Blick für viele Dinge, die sonst verborgen bleiben. Doch was ist damit überhaupt gemeint? Der Begriff Materialismus wird häufig in Zusammenhang mit zwei Personen der Zeitgeschichte genannt: Karl Marx und Friedrich Engels. Die beiden Theoretiker haben sich im 19. Jahrhundert mit einer philosophischen Grundausrichtung beschäftigt, die sich bei Marx auf einen Satz zusammengefasst wiederfindet: »Es ist nicht das Bewußtsein der Menschen, das ihr Sein, sondern umgekehrt ihr gesellschaftliches Sein, das ihr Bewußtsein bestimmt.«[2] Der Kerngedanke lautet: Die wirtschaftliche Struktur bildet die Basis einer Gesellschaft. Die wirtschaftlichen

Gegebenheiten bewirken eine bestimmte Art von Politik oder auch eine bestimmte Art von Unterhaltung oder Sport. Unser wirtschaftliches Sein bestimmt unsere sozialen, politischen oder geistigen Prozesse. Nehmen wir die Starbucks-Barista von nebenan: So einen Job macht man meist nur aus purer Notwendigkeit: Um Geld zu verdienen, damit man sich Miete, Essen und Unterhaltung leisten kann. Auf eine Analyse des Fußballs übertragen bedeutet das eine schonungslose Auseinandersetzung mit dem Fußball und seinen wirtschaftlichen Rahmenbedingungen, denn Fußball existiert nicht im luftleeren Raum. Fußball hat eine gesellschaftliche Funktion, die losgelöst von der wirtschaftlichen Struktur nicht zu verstehen ist.

In den letzten Jahren hat es sich scheinbar trotzdem eingebürgert, den ach so unpolitischen Sport vor Eingriffen von außen zu schützen. Nehmen wir nur den Fall des Footballers Colin Kaepernick: Dieser hatte sich, damals noch als Quarterback der San Francisco 49ers, das Recht herausgenommen, während der US-Hymne durch das Knien auf den strukturellen Rassismus in der westlichen Welt aufmerksam zu machen. Es ging ihm um rassistisch motivierte Morde der Polizei, ein privatisiertes Gefängnissystem, das schwarze Menschen eher einsperrt, und um die strukturelle Benachteiligung von Minderheiten. Daraus gemacht wurde in Windeseile eine Verletzung des vorgeblich so neutralen und unschuldigen Sports. Solche Momente und Entwicklungen erleben wir in den letzten Jahren immer häufiger und auch wenn das nicht alle wahrhaben wollen, es beweist sich dadurch die politische Dimension von Sport, die immer schon da war. Selbst wenn man die Anfänge des professionalisierten Sports in Europa betrachtet, ist dieser Eindruck nicht zu widerlegen. Haben die alten Römer noch von »Brot und Spiele« geredet, so ist selbst diese vermeintliche Grundfunktion keineswegs unpolitisch. Denn genau diese Formulierung von Brot und Spielen fand sich im April 2020 in vielen Kommentaren zur Weiterführung der durch Corona unterbrochenen Bundesliga wieder. Anstelle des »Dahinvegetierens« zuhause sollte den Menschen zumindest via

Pay-TV »etwas geboten« werden, an dem sie sich festhalten können und abgelenkt werden von der tristen Alltagswelt. Ablenkung und Befriedung durch Sport, die Politik nutzt diese Möglichkeiten.

Das ist die politische Dimension des Sports. Wer von reiner Unterhaltung ohne Tiefgang redet, erkennt die dahinterstehende herrschaftssichernde Funktion nicht. Sport existiert nicht einfach so, sondern hat die Aufgabe inne, die Menschen, gerade in schwierigen Zeiten, abzulenken. Dass der moderne Sport über diese simple Funktion des Ablenkens hinausgeht, das macht ihn so besonders. Christian Bartlau nennt den modernen Fußball in seinem Buch »Ballverlust« auch marktkonformen Fußball. Das hat den einfachen Grund, dass der moderne Sport und der Fußball in einem kapitalistischen Wirtschaftssystem existieren. Im Sprech der Fußballfans wird dieser moderne Sport gerne auch unter dem Begriff der Kommerzialisierung angesprochen. Gemeint ist dasselbe: Durch die Profitorientierung ist der Sport kapitalisiert worden und muss somit unter dieser Prämisse der Wirtschaftlichkeit funktionieren. Sport wird somit zum »modernen« Sport und damit Teil der Unterhaltungsindustrie. Die Mechanismen des Kapitalismus erzwingen den wirtschaftlichen Wettbewerb, und das nicht nur zwischen den einzelnen Fußballteams oder den Ligen, sondern auch beispielsweise zwischen den TV-Quoten des Super Bowls und des Staffelfinals von *The Big Bang Theory*.

Im Kontrast zu materialistischer Kritik und politischer Bedeutung des Fußballs sehen sich viele Ultragruppen weiterhin als unpolitisch. Der Fanforscher Jonas Gabler konstatiert in seinem Standardwerk *Die Ultras* zwar einige linksorientierten Gruppierungen, stellt aber insgesamt einen Hang zur – nur vermeintlichen – Neutralität fest. Der politische Kampf gegen die Kommerzialisierung wird zwar von so gut wie allen deutschen Ultragruppen geteilt und ausgetragen, aber er bleibt eben diffus. Man bekämpft lieber Symptome, als sich mit den Strukturen zu beschäftigen. Das mag in manchen Fällen auch politische Gründe haben, denn eine verkürzte Konsum- und Kommerzialisierungskritik findet nicht selten Anschluss an rechtes Gedankengut. Kritik am Kommerz muss nicht zwangsläufig befreiend wirken, sondern kann auch durch eine konservative Grundhaltung begünstigt werden. Der Wunsch nach weniger Kommerz bewirkt – wie bereits festgestellt – auch den Wunsch nach dem guten, alten Fußball. Natürlich können hier auch konservativ oder gar faschistisch denkende Menschen unterschreiben. Auch die Nazis lehnten eine Professionalisierung des Sports ab: Nach 1933 wurde der DFB in seinem Wunsch nach Erhaltung des Amateurstatus im Fußball unterstützt und den sich entwickelnden Professionalisierungstendenzen ein Riegel vorgeschoben. Der Minimalkonsens von Tradition vs. Kommerz ist demnach nicht ganz unproblematisch und schon gar nicht eine Erfindung des 21. Jahrhunderts.

Es gibt dennoch einzelne Beispiele unter den Ultragruppierungen, die sich als politisch begreifen und den Kampf um den Fußball theoriegeleitet angehen. Die Ultragruppe Corrillo Ultras aus Freiburg gilt beispielsweise als linke Szene, die nicht nur durch ein paar Spruchbänder deutlich macht, wie man zum Fußball steht, sondern auch eine Arbeitsgruppe zu dem Thema in ihren Reihen hat. Noch deutlicher geworden ist die Gruppe Dissidenti Ultra aus Düsseldorf, die im Februar 2021 nach außen kommuniziert hat, wie sie den Fußball aus einem abstrakten Blick versteht. Unter dem Titel »Erst überwinden wir den Kapitalismus, dann holen wir uns den Fußball zurück!« versucht die Ultragruppe einen Erkenntnisprozess anzustoßen, der über die übliche Kritik am Kommerz hinausgeht. Kapitalismus, Fußball, Fans. Das scheint irgendwie zusammenzugehören, aber viel zu selten wird darauf hingewiesen oder sich ernsthaft damit auseinandergesetzt, was die Kämpfe vieler Ultras mit einer Kapitalismuskritik gemein haben. Was fehlt, ist ein Verständniskorridor. Es braucht Prozesse zum Verstehen dessen, was man da überhaupt zu bekämpfen versucht. Denn wer nicht versteht, was er bzw. sie bekämpft, hat schon verloren. Jeglicher Aktivismus zerschellt an den herrschenden Mauern, also der dominanten Ideologie, wenn man sich vorher nicht Gedanken dazu gemacht hat, wie das zu bekämpfende Konstrukt überhaupt funktioniert. Ich kann nicht gegen

RB Leipzig demonstrieren und gleichzeitig nicht verstehen wollen, dass dieser Verein nur Symptom einer Struktur ist, die den »Sinn« im Fußball nur in seiner Unterhaltungsmaschinerie und daraus resultierenden Profitchancen sieht.

Der Fußball unserer Zeit ist nicht politisch neutral. Doch manchmal ist es augenfälliger, so zum Beispiel bei den Versuchen einiger Scheichs oder Staatsfonds den Fußball zum *sports washing* zu betreiben. Sie pumpen viel Geld in einen Verein, wollen Erfolge feiern und damit ihre politischen Absichten und Einflüsse aus der medialen Öffentlichkeit ziehen. Lieber soll Chelsea die Champions League gewinnen, als dass Roman Abramowitsch wegen seiner diversen Einflussnahmen in Politik, Wirtschaft und auch direkt im Sport kritisch unter die Lupe genommen wird. Es braucht einen Krieg, um ihn zu suspendieren. So einige Superreiche scheinen ihm nacheifern zu wollen.

Doch der Fußball wird eben nicht nur durch einige wenige Personen zu einer politischen Sportart, vielmehr hatte er schon immer gesellschaftliche Funktionen. Die Funktionen wandelten sich im Laufe der Zeit und so ist auch der Fußball unserer Tage ein spezieller. Oben war bereits die Rede von den verschiedenen gesellschaftlichen Ideen, die der Fußball vermitteln kann. Im Beispiel des Arbeiter-Turn- und Sportbundes ging es um Überlegungen für einen Sport, der auf den Prinzipien der Fairness und der gemeinschaftlichen Ertüchtigung beruht und weniger nach individuellem Erfolg strebt. Der Fußball unserer Zeit hat mit diesem Ideal herzlich wenig gemein und zeigt sich schon in den Werten, die er vermittelt, als durch und durch profitorientierter Sport. Wir haben uns daran gewöhnt, dass Spieler sich fallen lassen und durch übertriebenes Schauspiel versuchen, ihren Gegner mit einer Roten Karte vom Platz fliegen zu lassen. Wir haben uns daran gewöhnt, dass man in einem Ton darüber redet, der Schauspielerei noch aus romantischen Gründen verurteilt, aber eben auch hervorhebt, dass man den maximalen Vorteil suchen solle. Der Fußball bedeutet aber eben nicht maximale Konkurrenz und egoistischen Antrieb um jeden Preis: Er kann es sein. So wie er eine Sportart sein kann, die auf Fairness und gemeinsamem Arbeiten basiert. Fußball ist nicht gut oder böse, genauso wie der Mensch kaum gut oder böse sein kann. Es kommt auf die Umstände an, die uns umgeben, ob sie »das Gute« oder »das Böse« in uns hervorholen. Das mag vielerorts vergessen worden sein, aber auch der Fußball muss nicht unbedingt ein auf Egoismus getrimmter Sport bzw. ein Business sein.

Das Spiel mit dem runden Leder durchlebte in den vergangenen 100 Jahren einen Funktionswandel, wie ihn viele unserer Lebensbereiche durchmachten: Es wurde kapitalistisch. Fußball ist zu einem Teil der Unterhaltungsindustrie geworden, der sich vornehmlich darüber definiert, wie viele Profite erwirtschaftet werden. Wie stark dieser Gedanke der Wirtschaftlichkeit den eigentlichen Sport überschattet, merkt man auch bei Abstiegen traditionsreicher Vereine. In der Saison 2020/21 stiegen mit Werder Bremen und Schalke 04 zwei Vereine ab, die man aus der Historie der Bundesliga heraus als Erstliga- und Traditionsvereine bezeichnet. Die Abstiege wurden mit einer Sprache begleitet, die neben dem sportlichen Misserfolg auch immer die wirtschaftliche Inkompetenz hervorhob. So sah sich insbesondere der Gelsenkirchener Klub mit Analysen konfrontiert, die zwar einerseits die sportliche Fehlplanung hervorhoben, aber eben auch die jahrelange Misswirtschaft. Das Problem dahinter liegt natürlich bei den Verantwortlichen, die sich offenbar nicht im nötigen Maß darüber im Klaren waren, dass ein Verein eben auch wirtschaftlich stabil geführt werden muss. Doch dieses Dilemma fasst den Fußball in unserer kapitalistischen Lebenswirklichkeit gut zusammen: Wer sich der Profitorientierung nicht beugt, kann eben nicht professionellen Sport ausüben und geht unter, auch wenn man mit mehr als 160.000 Mitgliedern zu einem der größten Sportvereine Deutschlands gehört.

Dass die Kapitalisierung von Sport insgesamt lohnenswert war und ist, steht auf einem anderen Blatt, doch es sollte nicht unerwähnt bleiben. Allein die Fußballbundesliga hat einen Jahresumsatz in Milliardenhöhe und auch Marktführer wie die NBA (nordamerikanische Basketballliga) oder gar die NFL (nordamerikanische American Football-Liga) sind nicht zu unterschätzen. Sie machen jeweils einen knapp zweistelligen Milliardenumsatz pro Jahr. Der deutsche Sport erwirtschaftet über alle Sportarten hinweg einen Jahresumsatz von knapp 70 Milliarden Euro. Zum Vergleich: Neuseeland hat im Jahr 2017 etwa die gleiche Summe an Staatseinnahmen gehabt. Der deutsche Sport könnte also ganze Staaten finanzieren. Und auch der Milliardenjahresumsatz des deutschen Sports macht sich im Steueraufkommen bemerkbar. Wenn das nicht schockiert, mag das alles zunächst recht interessant klingen, doch die astronomischen Summen können dem Fußball irgendwann auf die Füße fallen – und die ersten Folgen haben wir bereits erlebt.

Die Kapitallogik von Fußball hört nicht an einem Moment über Nacht plötzlich auf, und schon gar nicht sagen seine Protagonisten, dass es jetzt genug sei. Der Kapitalismus drängt nicht nach Profiten, sondern nach der Maximierung von Profiten, also nach unendlichem Wachstum. Dieses Wachstum kann nicht einfach abgeschaltet werden, denn sonst wäre ein grüner Kapitalismus machbar und damit die Eindämmung der Klimakatastrophe beispielsweise längst geschehen. Nein, auch der kapitalistische Fußball drängt nach mehr Wachstum und die dahinterliegenden Probleme und Gefahren lassen sich tatsächlich mit dem Wissen um die Klimaentwicklung vergleichen. Dort zeigt sich, dass der Wachstumsgedanke (genauer: -zwang) des Kapitalismus eben einfach so lange vorantreibt, wie er von außen keine Grenzen aufgezeigt bekommt oder es sich einfach finanziell nicht mehr lohnt weiterzumachen. Nun kann es nicht einfach eine Sportkatastrophe im natürlichen Sinn geben, aber um zu verdeutlichen, was gemeint ist, reicht es, sich das Konzept der *tipping points* aus der Klimaforschung auszuleihen. Solche Kipppunkte können nämlich nicht nur in der Klima- und Umweltfrage entstehen – beispielsweise wenn die Polarkappen abschmelzen und daraus Entwicklungen resultieren, die nicht mehr aufzuhalten sind –, sondern sie funktionieren im übertragenden Sinn auch auf den Markt des Sports. Ein Kipppunkt wäre in einer solchen kapitalismuskritischen Analyse dann erreicht, wenn der Markt nicht mehr wächst und die Absatzmärkte, die ja zum Geldverdienen wesentlich sind, kleiner werden.

Eben diesen Absatzmarkt bilden im Fußball die Fans. Was passiert, wenn diese die Lust auf den Sport verlieren, so wie er jetzt ist? Dann könnte der »moderne Fußball« nicht mehr existieren. Gerät die nächste Weltmeisterschaft zu einem finanziellen, weil quotenmäßigen Flop, könnte dieser Kipppunkt erreicht sein. Auch deshalb fordern so viele Fans einen Boykott der WM in Katar. Die Frage nach dem Realismus ist dabei aber eine schwerwiegende, denn ab welchem Punkt würden denn große Teile der Fans sagen, dass sie sich abwenden? Momentan lässt die Entwicklung insbesondere im Fußball keine genaue Tendenzprognose zu: Auf der einen Seite erfährt ein künstliches Projekt wie RB Leipzig immer mehr Zuwendung und normalisiert sich, auf der anderen Seite gerät die UEFA Nations League in den Hintergrund, weil zu wenige Menschen sich von diesem Wettbewerb haben verzaubern lassen. Möglicherweise hätte die sogenannte Super League zu diesem Kipppunkt führen können. Nämlich dann, wenn sich die selbsternannten Top-Clubs aus ihren heimischen Ligen verabschieden, um in einer paneuropäischen Super-Liga mehr Geld zu verdienen. Wie stark die Fliehkräfte auf den Fußball wirken, konnte man ja bereits 2021 sehen, als die Super League für wenige Tage als gegründet galt. Die nationalen Ligen und die UEFA liefen Sturm und man hörte bereits die Befürchtung, dass die Fans von einer solchen Liga die Nase voll haben könnten und sich abwenden. Der Grund hinter dieser Logik des »Immer weiter! Immer mehr!« ist die Marktkonformität. Der Zwang zur Anpassung an Marktlogiken wie Wettbewerb und Konkurrenz zwingt die Marktteilnehmerinnen zur Anpassung. Und diese Marktteilnehmerinnen sind nun mal die Vereine. Wettbewerb und Konkurrenz erzeugen eine Situation, in der es darum geht, ohne Rücksicht auf Verluste Jagd auf maximale Profite zu machen. Diese kapitalistische Interpretation des sportlichen Wettbewerbs sorgt für die Marktkonformität im Fußball. Und hier liegt die Gefahr begründet, denn Konformität bedeutet ab einem gewissen Punkt eben auch Beliebigkeit. Der Fußball kann durch den maximalen Wettbewerb und das Streben nach immer mehr Profiten für die Konsumenten verloren gehen. Und je weniger dann Fußball noch konsumieren, desto weniger Profite erzielt das Business und es kommt zu einem Kipppunkt.

Dieses Buch möchte die Hintergründe des kapitalistischen Fußballs ergründen – und das aus der Sicht der Fans. Es hilft nicht, eine vermeintliche Neutralität vorzugaukeln, wo keine ist. Fußballfans scheinen in der Mehrheit einen anderen Sport zu wollen und insbesondere die Ultras und aktiven Fans kämpfen bereits seit Jahren dafür. Viele Gruppierungen, so scheint mir, haben den Kampf gegen die Kommerzialisierung nicht in eine vollständige Kritik des Fußballs eingebettet, doch einige Ultras zeigen das bereits auf. Die Traumdeutung eines unpolitischen Fußballs hat ausgespielt! Politik wird in die Stadien gebracht, und das von denjenigen, die den Fußball organisieren. Der Fußball wurde den Menschen entrissen, das wird durch die Kapitalisierung deutlich. Man ist Teil der Unterhaltungsindustrie, um gewaltige Profite zu erzielen, von denen die meisten dann doch nichts haben. Der Fußball ist zu einem Spielball des Kapitalismus verkommen, der den Fans nicht mehr als die Illusion ihres Vereins und ihres Sports lässt. Dieser grundlegende Konflikt muss auch sprachlich deutlich werden, weshalb ich in diesem Buch darauf verzichte, den kapitalistischen Fußball dauerhaft als solchen zu benennen. Begriffe wie moderner oder marktkonformer Fußball sind entweder zu oberflächlich oder zu spezifisch, um den Kampf um den Fußball zu verdeutlichen. Wenn in dem Buch die Rede von Fußball ist, so darf davon ausgegangen werden, dass ich den Fußball unserer Zeit meine. Den Fußball, der durch die Einfügung in kapitalistische Verhältnisse dazu da ist, Profite zu erzielen. Er gehört an dem Punkt eben nicht mehr den Spielern und erst recht nicht den Fans. Er gehört denen, die ihn im schlimmsten Fall nicht einmal verstehen, sondern ihn aus reinem Profitinteresse als Anlageobjekt ansehen. Bezeichne ich diesen Fußball an einigen Stellen als kapitalistischen Fußball, dann weil er eben nicht nur in einer kapitalistischen Gesellschaft funktionieren muss, sondern weil wir es mittlerweile mit einem Fußball zu tun haben, dessen Akteure – mit Ausnahme der Fans – nach kapitalistischen Logiken handeln und den Fußball damit transformiert haben.

Um all das besser verstehen zu können, wird in einem ersten Schritt der Stand der Dinge aufgezeigt. Wie funktioniert der Fußball überhaupt und auf welchen Säulen ist er aufgebaut? Und welche Rolle bekleiden eigentlich die Fußballfans im Fußball und im Kampf um ihren Fußball? Man muss verstehen, was ist, und das geht nur, wenn man ihn – wie hier – aus einer materialistischen Perspektive heraus betrachtet. Man möge sich die Perspektive als eine Art Brille vorstellen, die man aufsetzt, um die Welt besser verstehen zu können. Keine Brille der Welt ist perfekt, keine Theorie der Welt ist perfekt. Aber wir können durch sie besser verstehen, von was wir umgeben sind. Dieser Schritt wird in dem darauffolgenden Kapitel noch verdeutlicht, denn der Kampf um den Fußball ist auch ein sozialer Kampf. Wo es um gesellschaftliche Macht und Einflussnahme geht, stehen Überlegungen zum Fußball nicht isoliert da. Dafür geht der Weg in die politische Theorie, oder genauer: in die marxistische Theorie des vergangenen Jahrhunderts. Mit Johannes Agnoli findet sich ein Theoretiker, der in den 1960er Jahren untersucht hat, wie der Kapitalismus sich absichert und welche Rolle dabei Institutionen spielen. Dort findet sich der Anknüpfungspunkt zum Buch, denn auch im Fußball geht es ja um die Frage, wie er sich absichert, wenn er doch eigentlich keine Mehrheiten (mehr) hat. Die Antwort liegt in den Verbänden als Institutionen des Fußballs, die ihn organisieren und absichern. Ein blinder Fleck in den bisherigen Analysen im Kampf um den Fußball. Die unklare Stellung vieler Ultras zwischen radikaler Ablehnung der Verbände und endlosen Verhandlungen mit ebenjenen zwei großen Fußballverbänden in Deutschland hat dazu geführt, dass man sich aus der Lage nicht mehr befreien kann. Man ist gefangen zwischen Dialog und Ablehnung, ohne offensichtliches Konzept zur Lösung. Oder wie es Stuttgarter Ultras in einer E-Mail schrieben: »Wir sind müde.« Der Rückgriff auf politische Theorien kann helfen, den Blick auf den Fußball zu schärfen und zu verstehen, wie er seinen Fortbestand organisiert – sich absichert. Fußballverbände sind oftmals nur indirekt das Subjekt der Kritik oder werden nur in Form von Personalfragen angegriffen. Eine theoretische Überlegung ihrer Macht im Fußball steckt noch in den Kinderschuhen, ist aber für das Verständnis elementar. Und ja, große Vereine und ihr Einfluss sind keineswegs zu unterschätzen. Aber allein die Entwicklungen rund um die Super League im April 2021 haben gezeigt, dass die Verbände die Machtzentren des Fußballs sind. Selbst zwölf Mega-Vereine kommen nicht gegen einen Kontinentalverband an. An dieser Stelle hört das Buch aber nicht auf, sondern versteht sich ganz bewusst als Herrschaftskritik im Bereich des Fußballs. Richtig gelesen, denn auch im Fußball haben wir es mit Machtverhältnissen zu tun und wo sich Macht konstituiert, haben wir es mit Herrschaft zu tun. Oder simpler gesagt: Wenn ich eine Revolution in Deutschland anführen würde, würde ich danach auch alle politischen Institutionen in meinem Sinne umgestalten. Dann schaffe ich es, aus meiner Position der Macht auch eine Position der Herrschaft zu gestalten und mich und meine Macht abzusichern. Dieses Prinzip findet sich auch im Fußball wieder. Macht erleben wir dort Woche für Woche, Bayern dominiert seit Jahren die Liga und es sind die immergleichen Vereine, die um die Champions-League-Krone spielen. Aber es ist nicht nur diese Macht der Vereine, die kritisiert werden muss, es ist vor allem die Macht der Verbände. Deshalb kommt eine materialistische Analyse nicht ohne Herrschaftskritik aus.

Man muss also den Stand der Dinge verstehen: Wie der Fußball funktioniert und wie seine spezifisch kapitalistische Form abgesichert wird. Nur, was heißt das für die Fans? Es braucht eine Form von Übersetzung der theoretischen Ideen und Gedanken und auch an diesem Punkt sind gewisse politische Theorien weiter, denn die soziale Frage und der Kampf um gewisse Dinge bleiben eben nicht auf den Fußball beschränkt. Erst recht nicht, wenn es um die Wirtschaftsordnung geht. Chantal Mouffe ist eine linke Theoretikerin, die an der *University of Westminster* in London lehrt. Ihr Buch *Für einen linken Populismus* hat nicht nur große Verkaufszahlen erreicht, sondern tatsächlich auch praktisch etwas bewegt. Die Initiative *Deutsche Wohnen und Co. enteignen* orientiert sich offenbar an ihren Überlegungen und zeigt beispielhaft auf, wie man radikale Forderungen nach wirkungsvollen Änderungen mehrheitsfähig organisieren kann. Auf Grundlage ihrer Thesen und der Organisation der Initiative wird im dritten Kapitel überlegt, wie sich diese Strukturen und Erfolge auf den Kampf um den Fußball ummünzen lassen und wie sich die Fans ihren Fußball zurückholen können.

Eine wichtige Anmerkung noch vorab: Der Fußball ist dem binären Geschlechterverständnis nach differenziert und es ist nicht zu leugnen, dass auch ich dem Verständnis von Fußball als Männerfußball verfalle. Die Fokussierung auf den Männerfußball hat ausschließlich Gründe in seiner Dominanz, die ich gerne aus einer feministischen Sicht kritisieren würde. Dies aber würde den Rahmen des Buchs sprengen. Generell gilt: Die Anmerkungen hinten, bei denen ich auf spannende und weiterführende Literatur verweise, liefern Hinweise. Man muss aber nicht bei jeder Zahlenangabe direkt nach hinten blättern. Die Anmerkungen sind als Verweise auf lohnenswerte Artikel, Bücher und dergleichen gedacht, nicht als vollständige Literaturliste. Außerdem gibt es in einigen Fällen graue Kästen. Diese sind dazu da, Hintergründe wie Theorien und ihre kleinen eigenen Geschichten zu erzählen und ihnen Raum zu geben. Zudem finden sich am Ende der großen Unterkapitel jeweils kurze Zusammenfassungen in Stichpunkten.

Wer soziale Gerechtigkeit und wirkliche Gleichheit sucht, darf auch im Fußball damit anfangen. Keine Sportart hat jemals so viele Menschen gleichermaßen begeistert. Es ist das Spiel des runden Leders, das uns alle so fasziniert. Warum holen wir ihn uns nicht zurück? Gehen wir auf eine Spurensuche, die den Fußball auf den Kopf stellt und den Fußball denjenigen zurückgibt, die ihn wirklich lieben.

1.
Wem gehört der Fußball?

Das Spiel, das keines sein darf

Kapitalismus, Fußball, Fans. Die Verkettung dieser drei Begriffe bildet das Kernstück des Buches. Aus der kritischen Betrachtung unserer Wirtschaftsordnung hin zu den konkreten Folgen für den Fußball und zu den Menschen, die den Fußball erst zu dem Massenspektakel machen, das es ist: die Fans. Um jedoch an den Punkt zu kommen, wo man sich überlegt, wie sich die Fans ihren Sport wieder zurückholen können, muss vorher einiges an Analyse und Kritik vorgenommen werden. Die Fanproteste der letzten Jahre beweisen das und haben nochmal verdeutlicht, wie stark die Fähigkeit zur Veränderung momentan an allen Ecken und Enden fehlt. Wie gesagt: Der Aktivismus um des Aktivismus willen hat noch nie Früchte getragen. Es braucht eben auch eine Auseinandersetzung darüber, was man bekämpft. Es mag dabei ironisch klingen, aber die Misere der gesellschaftlichen Linken hat zumindest eine gute Folge für Fußballfans, denn es wird analysiert, was das Zeug hält. Linke Menschen haben in den vergangenen Jahrzehnten und Jahrhunderten eine solche Bandbreite an gesellschaftlicher und herrschaftskritischer Analyse geliefert, dass man eigentlich nur noch zugreifen und sie auf den Fußball anwenden muss. Wer den Fußball verändern möchte, muss auf die ihn umgebenden Verhältnisse blicken und damit beim Kapitalismus als Grundlage anfangen.

Die Philosophin Eva von Redecker hat 2020 mit *Revolution für das Leben* ein Buch herausgebracht, das erhebliche Aufmerksamkeit bekommen hat und sich genau dieser Frage widmet: Was macht den

Kapitalismus so »schlecht« und wie können wir ihn bekämpfen? Zwischenzeitlich mag der Kampf gegen den Kapitalismus nur noch von einer theoretischen Angst bezeugt worden sein, doch mittlerweile erleben wir alle, wie der Kapitalismus direkt unsere Lebensgrundlagen zerstört. Man muss nicht mehr in abstrakter Weise von Ausbeutung und Klassenkämpfen sprechen, denn die Folgen der kapitalistischen Produktionsweise sind für uns alle greifbar. Die Klimakatastrophe ist nicht nur menschengemacht, sondern eine Krise des Kapitalismus. Wir diskutieren nicht mehr über das Ende der Geschichte, sondern über das Ende der Welt, wie wir sie kennen. Unsere Wirtschaftsordnung hat den Planeten so stark beeinflusst, dass selbst im globalen Norden (also Westeuropa und Nordamerika) die Folgen mittlerweile zu spüren sind: Hitzesommer, Dürren, Flutkatastrophen. Das Problem des Kapitalismus ist, dass er Lebensgrundlagen zerstört. Das mag vielleicht recht radikal klingen, aber greift man Redeckers Argumentation auf, wird deutlich, woher der Gedanke rührt. Sie verbindet die Umweltzerstörung, rassistische Polizeiarbeit und die alltäglichen Mühen der Lohnarbeit zu einer verdichteten Kritik des Ist-Zustands. Überall wird das Leben zerstört, denn es sind die Bedingungen unserer wirtschaftlichen Organisation, die solche Probleme herbeiführen und verstärken.

Die Umweltkatastrophe ist keine gottgegebene Katastrophe, sie ist vielmehr das Ergebnis gnadenloser Ausbeutung unserer Natur im Kapitalismus. Allein die mittlerweile sehr bekannte Grenze von 1,5 Grad Celsius Erderwärmung hat einen Hintergrund, der die Verknüpfung mit dem Kapitalismus deutlich macht, denn es wird vom Beginn der Industrialisierung gerechnet. Der Moment, an dem sich der Kapitalismus im globalen Norden durchgesetzt und die Industrialisierung vorangebracht hat. Sprechen wir also von der Einhaltung dieser magischen Grenze, dann ist daran automatisch ein Rückbezug auf die Wirtschaftsordnung verknüpft. Die Zerstörung von Natur und Umwelt ist eben nicht natürlich, sondern sie entsteht aus dem Wachstums- und Profitgedanken. Er zerstört die Lebensgrundlage vieler Tiere und von uns Menschen für den kurzfristigen Profit einiger weniger. Deshalb gibt es Umweltbewegungen wie *Fridays for Future*: Sie setzen sich nicht nur als Abhängige eines bestimmten Systems für seine Überwindung ein, sondern sind gleichermaßen ein »Aufstand der Lebenden gegen die Lebenszerstörung.« Ein ähnliches Bild kommt auf, wenn man über rassistische Polizeiarbeit redet, denn auch sie ist mittelbar an die wirtschaftliche Struktur gebunden. Rassismus ist niemals ein Einzelfall und rassistische Menschen sind nicht isolierte Übeltäter. *Black Lives Matter* ist keine Bewegung, die bei den bekannten Problemen der Polizeiarbeit Halt macht, sie hinterfragt rassistische Gesellschaften grundsätzlich. Redecker formuliert daraus das Motiv, dass »diese Befreiung (von kapitalistischer Herrschaft) kein hehrer Anspruch ist, sondern eine dringende Aufgabe. Denn der Kapitalismus zerstört das Leben. Die Befreiung von kapitalistischer Herrschaft ist auch deshalb mehr als ein bloßer Anspruch, weil sie an verschiedenen Stellen bereits stattfindet. Wir erleben eine Revolution für das Leben.«[1] Soziale Bewegungen wie *Fridays for Future* oder *Black Lives Matter* sind neu und sie setzen sich auf eine andere, vormals unbekannte Art und Weise mit unserer Welt auseinander. Nicht aus einer Bürgerrechtsbewegung entwachsen oder als eine revolutionäre Avantgarde, sondern als ein Zusammenschluss von Menschen, die bedrohtes Leben verteidigen und gemeinsam wahren. Nicht ein abstrakter Kampf, sondern die reelle Gefahr der Zerstörung durch den Kapitalismus bringt sie zusammen.

Man mag sich also denken, weshalb es sich lohnt, sich kritisch mit der uns umgebenden wirtschaftlichen Struktur auseinanderzusetzen. Das sollte aber nicht auf einige Orte beschränkt sein, sondern überall dort konkret weitergehen, wo eben auch der Kapitalismus ist. Die Durchökonomisierung aller Lebensbereiche ist ein Phänomen, das viel zu selten genannt wird, wo es uns doch überall begegnet: Sei es bei der Hausärztin oder im Stadion. Alles ist den Profiten untergeordnet, und der Fußball macht keine Ausnahme. Warum auch der Fußball im Kapitalismus zur Zerstörung von Leben beiträgt, lässt sich an einem Beispiel verdeutlichen. Wir alle erinnern uns an die FIFA-Weltmeisterschaft 2014, bei der die deutsche Mannschaft den Sieg errang und Jubelstürme im eigenen Land auslöste. Was für viele im Party-Patriotismus unterging, war die Ausbeutung Brasiliens durch den Weltfußballverband. Dieser nahm eine Rekordsumme von umgerechnet rund 3,3 Milliarden Euro mit nach Hause in die Schweiz. Richtig gelesen: 3,3 Milliarden Euro. Nicht dazu gerechnet sind Milliardengewinne für die Hauptsponsoren der WM wie Adidas oder Coca-Cola. Um an den Milliardengewinnen nicht beteiligt zu werden, musste das Gastgeberland zuerst – bekanntermaßen – einiges an Geldern hinlegen, damit es überhaupt das Anrecht darauf hatte, eine WM austragen zu dürfen. Neben den Millionenbeträgen für ein paar Funktionäre brauchte es dann noch den notwendigen Ausbau der Infrastruktur inklusive kostenintensiver Stadien. Allein für das Stadion in Manaus, das mitten im Regenwald liegt, müssen die brasilianischen Bürger 218 Millionen Euro an Schulden abbezahlen. Nun möchte die ein oder der andere Leser/in an dieser Stelle dazu neigen zu sagen, dass sich die Investitionen Brasiliens in seine Infrastruktur ja über kurz oder lang doch noch auszahlen mögen, doch wem nützt eine dreistellige Millionenschuldenfalle irgendwo im brasilianischen Regenwald? Die Mär der langfristigen Förderung durch eine WM ist schwierig nachzuvollziehen und sollte nicht darüber hinwegtäuschen, dass sich die FIFA an ihrem Großevent ordentlich bereichert. Nach Prämienauszahlungen an die jeweiligen Verbände und Vereine bleibt ein Gewinn von 1,6 Milliarden Euro, die der angeblich gemeinnützige Verein in der Schweiz steuerfrei durchgewunken bekommt. Für Brasilien bleibt nur ein Schuldenloch inklusive viel zu großer Stadien, die nicht genutzt werden und wartungs- und dadurch kostenintensiv sind. Ganz zu schweigen von den Umweltschäden, die eine Weltmeisterschaft verursacht.

Der Fußball hat wenig mit Gemeinnützigkeit zu tun und arbeitet, wie andere Unternehmungen auch, offensichtlich profitorientiert. Diese Profitorientierung im Kapitalismus hat der Journalist Gabriel Kuhn einmal schön zusammengefasst, als er schrieb: »Die moderne Sportindustrie unterscheidet sich nicht von anderen Wirtschaftszweigen und folgt einer neoliberalen Logik.«[2] Wir sollten uns an diese Sprache gewöhnen, denn sie macht deutlich, was ist. Fußball ist kein Sport der Gemeinnützigkeit und des gesellschaftlichen Engagements mehr, er ist Teil der Unterhaltungsindustrie und zielt vor allem darauf ab, Gewinne zu erwirtschaften. Dazu kommt der Begriff des Neoliberalismus, der die verstärkte Individualisierung in den Mittelpunkt rückt. Oder wie die langjährige britische Premierministerin Margaret Thatcher es in der ihr eigenen Art auf den Punkt brachte: »There's no such thing as society.« Wo keine Gesellschaft existiert, ist der Kampf des Einzelnen im Mittelpunkt. Diese Ideologie umgibt uns so sehr, dass sie auch im Fußball Einzug gefunden hat und sich dort permanent widerspiegelt. Wenn in unserer Gesellschaft die Rede davon ist, dass »jeder seines Glückes Schmied ist«, dann sind wir am Kern des Neoliberalismus angelangt. Die neoliberale Variante des Kapitalismus sorgt nämlich für einen entscheidenden Punkt: Die Kluft zwischen Arm und Reich wird immer größer – besonders schnell dort, wo Regierungen Umverteilung verhindern. Was wir in der Gesellschaft erleben, findet sich auch im Fußball. Wenige Vereine werden immer reicher und lassen eine Mehrzahl zurück. Die großen Vereine setzen sich seit Jahren dafür ein, dass ihre Erfolgswahrscheinlichkeiten höher werden: durch Setzlisten oder die Abschaffung der Auswärtstorregel in den europäischen Wettbewerben bzw. durch eine ungleiche Ausschüttung von Fernsehgeldern in den nationalen Ligen. Auch die Einführung der Super League muss unter diesem Gesichtspunkt betrachtet werden, denn die Abgrenzung zu den vielen kleineren Klubs offenbart das Motiv der Profitmaximierung. Oder anders gesagt: So wenig wie möglich teilen müssen.

Die Kommerzialisierung des Fußballs hat für eine Menge Probleme gesorgt, die gesellschaftlichen Einfluss haben. Die entstehende Entfremdung konnte man wie in einem Brennglas bei der schnellen Weiterführung der Bundesliga während der Corona-Pandemie betrachten. Welcher normale Mensch verliert da nicht seine Bindung zu diesem Sport? Der wirtschaftliche Konkurrenzkampf sorgt für das Übrige: Er vernichtet die kleineren Vereine, weil sie kaum noch Möglichkeiten haben, mit den großen mitzuhalten. Und auch für die Fans hat die Kommerzialisierung spürbare Effekte, wenn man mehrere TV- bzw. Streaming-Abos gleichzeitig braucht, um alles sehen zu können. Die Entwicklung betrifft dann auch sie, denn sie werden zunehmend aus den Stadien und auf die Couch gedrängt, wo sie keine Chance auf eine kritische Teilhabe mehr haben. Die Pandemie hat uns Zuschauer werden lassen, wie der Fußball seiner gesellschaftlichen Herkunft entrissen wurde und seinen Anspruch dadurch verlor. Es ist keine Frage, ob wir dies ändern müssen, sondern eine Frage des Wie? Und dabei können uns andere soziale Bewegungen helfen, denn »wir brauchen keinen großen Knall, um vom Hier in ein anderes Jetzt zu kommen. Denn so wie es ist, ist es nicht durchweg. Wir können selbst Ansatzpunkte suchen und schaffen, um von vielen Seiten und Orten zugleich ein anderes als das destruktive Weltverhältnis einzugehen«, stellt Eva von Redecker fest. Fußballfans bieten Ansatzpunkte für einen anderen Fußball und eine bessere Gesellschaft und deshalb lohnt es sich, die Ansatzpunkte auszugraben, zu verdeutlichen und zu überlegen, was es darüber hinaus braucht. Dafür benötigt es zunächst eine Bestandsaufnahme der Dinge. Daher zunächst der Blick darauf, wie der Fußball funktioniert und wieso er ein kapitalistischer Fußball ist. Nur ein Verständnis darüber, wie der Fußball ist, kann eine Erklärung dafür liefern, welche Rolle die Fans momentan einnehmen und wie sie bisher gegen den marktkonformen Fußball kämpfen. Wie funktioniert der Fußball im Kapitalismus? Warum sind die Fans so sprachlos, machtlos, wirkungslos? Welche Rolle bekleiden sie in dem Produkt Fußball?

Fußball ist politisch

Am Anfang all dieser spannenden Fragen muss eine einfache Wahrheit wiederholt werden, die oftmals unter den Tisch gekehrt wird: Der Fußball ist politisch. Viel zu häufig sorgt diese These noch zu hitzigen Diskussionen, die eigentlich wenig mit den wirklichen Problemen zu tun haben. Ich erinnere mich noch recht lebhaft an einen Abend, der seinen Ausgang – wie könnte es anders sein – im Stadion hatte. Die Erinnerung, gegen wen Union Berlin spielte, ist schon verblasst, aber der Abend und seine Diskussionen haben einen bleibenden Eindruck bei mir hinterlassen. Ein Freund nahm mich nach dem Spiel noch zu einer nahegelegenen Kneipe mit, wo wir einige Bekannte von ihm trafen. Nach ein paar Bier und mal mehr, mal weniger interessanten Gesprächen über das vorangegangene Spiel kam es zu politischen Diskussionen, die ihren Anfang darin fanden, dass ich als linker Fan eine vermeintliche Besonderheit innehabe, für die ich mich rechtfertigen sollte. Natürlich ist das kein Normalzustand und ich habe oft genug erlebt, dass linke Fans keine skurrile Minderheit sind, aber in diesem Moment wirkte es so, als sei ich durch meine Einstellung anders. Schnell stellte sich heraus, dass die Menschen, mit denen ich angeregt redete, dass Gegenteil dessen sind, was ich zunächst dachte. Sie waren rechte Fußballfans. Das mag für viele Fußballfans, die älter sind als ich, vollkommen normal klingen, doch für mich war die Begegnung reichlich besonders. Natürlich wusste auch ich, dass es rechte Fans gab und gibt. Die rechten Umtriebe bei Vereinen wie Energie Cottbus, Alemannia Aachen oder dem Chemnitzer FC sind öffentlich bekannt, doch eine persönliche Begegnung mit solchen Fans hatte ich davor noch nicht. Nicht explizit.

Wenn man keinen gemeinsamen Ausgangspunkt hat, dann hilft auch gemeinsames Reden darüber nicht. Das klingt mir seitdem immer wieder in den Ohren und in den allermeisten Fällen bin ich auch sehr überzeugt von dieser Aussage. Mit Faschisten kann man nicht reden, weil sie keine Grundwerte haben, die man teilen kann. Man bietet ihnen eine Bühne, die sie ausnutzen, um sich auf jedwede Weise zu profilieren und als Alternative zu gerieren. Im Fußball hatte ich solche Menschen jedoch noch nicht erlebt und die Diskussionen an jenem Abend waren für mich in einer Hinsicht tatsächlich sehr fruchtbar. Fußball ist politisch, diese Grundaussage muss die Grundlage für kritisches Nachdenken über und um den Fußball sein. Analyse und Kritik brauchen ein Fundament, auf das man sich einigen kann. An diesem Abend merkte ich, dass dieses Fundament bei weitem nicht so breit ist, wie man manchmal denken mag. Viele Ultragruppierungen berufen sich bis heute auf einen »unpolitischen Fußball« und begründen damit ihre rein auf Unterstützung der eigenen Mannschaft aufbauende Arbeit. Selbst wenn ihre Arbeit außerhalb des Stadions eine politische Dimension hat, wird sie selten als solche anerkannt, obwohl sie von gemeinsamen Protesten gegen Versammlungsgesetze in NRW und Bayern bis hin zu Kältehilfen und Sachspendensammlungen reicht. Man möchte mit der großen Politik wenig zu tun haben, und aus einem ersten Blickwinkel heraus mag das vordergründig sinnvoll klingen. Im Stadion kommen viele Menschen zusammen, die vielschichtiger nicht sein könnten. Das oft beschriebene Bild von der Akademikerin, die neben dem Handwerker, der Altenpflegerin, dem Gelegenheitsjobber in der Kurve steht, hat ja seinen wahren Kern – und darin steckt auch die Erkenntnis, dass nicht alle Fans desselben Vereins eine ähnliche politische Einstellung haben. Wozu Politik in die Kurve bringen, wenn sie nur spaltet?

Viele Fußballfans mögen nicht mehr viel mit solchen Ideen anfangen können, doch in fast jedem Stadion des Landes wird es eine nicht zu unterschätzende Anzahl an Menschen geben, die noch so denken. Wo das Fußballerlebnis im Stadion zu einer erholsamen Pause vom stressigen Alltag wird, da möchte man wenig mit der als »nervig« empfundenen Politik zu tun haben. Was diese Menschen nur vergessen: Sie sind mittendrin. Diskussionen über die politische Dimension von Fußball berühren meist möglichst realitätsnahe Beispiele, wie die Verbindung von Verein und Kommunalpolitik; und solche Argumente helfen auch, die klare Verbindung offenzulegen. Natürlich muss ein Verein immer auch auf der politischen Bühne agieren, denn er braucht Gelder, politische Unterstützung und Hilfe bei einem möglichen Stadionneu-, aus- oder -umbau. Auch bei Polizeieinsätzen rund um Bundesligaspiele geht es um Politik. Ein Mensch, der ein Stadion betritt, ist somit immer zwangsläufig mit politischen Rahmenbedingungen konfrontiert. Doch die Diskussion um die politische Dimension des Fußballs greift zu häufig zu kurz. Wir müssen über die großen Verbindungen von Sport und Politik reden, um die politische Dimension deutlich zu machen. Also lasst uns die zwei prägenden Elemente angucken: Politik, die über die politischen Institutionen hinausgeht, und über den marktkonformen Fußball, der per se politisch ist.

Institutionen als Amalgam: So könnte man die Verbindungen zwischen Politik und Fußball bezeichnen. Politik hört nicht da auf, wo sie die politischen Institutionen verlässt. Politische Entscheidungen werden nicht nur dort getroffen, wo man sie in einer Demokratie erwartet, nämlich in den Parlamenten. Nein, Politik findet weit darüber hinaus statt und greift in fast alle Lebensbereiche ein, die wir kennen, und damit auch in den Fußball. Das lässt sich leicht anhand einer Person festhalten, die fast alle noch im Gedächtnis haben – gemeint ist der ehemalige DFB-Präsident Reinhard Grindel, der nicht nur an dieser Stelle des Buches auftauchen wird. Reinhard Grindel personifiziert dabei nicht nur die Probleme des Funktionärswesens, sondern eben auch die klebstoffartigen Verbindungen zwischen Politik und Fußball. Bevor er im April 2016 Präsident des größten nationalen Einzelsportverbands der Welt wurde, war er vierzehn Jahre lang durchgängig als Abgeordneter im Bundestag tätig. Der Wechsel an die Spitze des DFB ist bis heute von reichlich Häme begleitet, denn wirklich viel mit Fußball hatte Grindel davor nicht zu tun. Die Beweise für die Notwendigkeit eines Wechsels an der Spitze lieferte er dann, indem er kritische Fernsehinterviews abbrach und so seine Probleme mit der Einführung des Video Assistent Referees hatte. Rundum ein Präsident, der häufig ein unglückliches Bild abgab. Der Vorwurf, Fußball nur als Karriere-Option zu nutzen, verstummte nie vollends und so verwunderte es auch nicht, dass er 2019 nach nur drei Jahren im Amt zurücktrat. Dass Grindel ein gefundenes Fressen für viele

Journalisten war, muss man an dieser Stelle wohl kaum noch erklären: Kaum ein Medientermin ohne sprachliche Entgleisungen, Abbrüche oder andere Verzögerungstaktiken vor Veröffentlichung, man ließ in einem DFB-internen Interview keine kritischen Fragen zu, obwohl das Interesse zum damaligen Zeitpunkt riesig gewesen war. Doch die Berichterstattung ging leider nie über diese eine unglücklich agierende Person hinaus, denn Grindel ist auch und vor allem ein Paradebeispiel für einen Fußball, der in seiner Organisation bereits politisch ist. Die institutionellen Verstrickungen wiegen dabei deutlich schwerer als es einige Personalia tun, auch wenn viele Medien, nicht nur im Boulevard, solche Dinge lieber verkaufen.

Ein anderes Thema verdeutlicht diese Verstrickung: Es ist die Frage um die Rückerstattung von Polizeieinsatz-Kosten. Das Bundesland Bremen hatte 2015 einen Gebührenbescheid in Höhe von 400.000 Euro an die DFL erlassen. Seitdem existiert ein Streit auf mehreren Ebenen: Das Bundesland möchte nicht mehr alleinig mit Steuergeldern finanziell dafür geradestehen, wenn es durch Fußballspiele zu erhöhten Polizeikosten kommt, und die DFL und der DFB wollen keinen Präzedenzfall schaffen. Finge man in Bremen an, sich finanziell an der polizeilichen Absicherung der Spiele zu beteiligen, müsste man wohl mit Mehrausgaben in Millionenhöhe pro Jahr rechnen. Aus diesem Grund hat der DFB seit Jahren den Druck auf die Stadt Bremen erhöht und lässt dort beispielsweise keine Nationalmannschaftsspiele mehr stattfinden. Wegen eines Gebührenbescheids, richtig gehört. Wenn in den letzten Jahren wiederholt darüber diskutiert wurde, wie nun die Absicherung von Spielen in Deutschland finanziert werden soll, dann stehen sich hier Sport und Politik gegenüber, und sind doch sehr voneinander abhängig. Die Politik, weil der Sport in Deutschland ein nicht zu unterschätzender Faktor in Gesellschaft und Wirtschaft ist. Und der Sport, weil er ohne Politik wenig zu seinen Gunsten steuern kann. Für das Bremer Beispiel hat der Politikwissenschaftler Timm Beichelt eine treffende Zusammenfassung formuliert:

> »In der Floskel »Autonomie des Sports« verbirgt sich damit ein Anspruch, der in der Spätmoderne gepflegt wird: Während er als Rahmengeber und eine Art Dienstleister für gesellschaftliche Sicherheit durchaus gefragt ist, werden staatliche Ansprüche an Mitwirkung und Teilhabe nur noch teilweise akzeptiert und im Gegenteil dann zurückgewiesen, wenn sie als direkte Kosten sichtbar werden.«[3]

In Beichelts Analyse stecken auch Gedanken und Thesen, die an dieser Stelle noch nicht verhandelt werden sollen, aber die Grundaussage verdeutlicht ein gewisses Anspruchsdenken der Fußballinstitutionen in Deutschland: Man will möglichst viel Freiheit und möglichst viel Finanzierung.

Doch einmal von vorn. Wie sind die Voraussetzungen in Deutschland? Nun, der Sport besitzt eine ihm zugesicherte Autonomie, die ihn eigentlich unabhängig von der Politik machen sollte und bereits im neunten Artikel des Grundgesetzes verankert ist. Doch diese Autonomie ist viel eher eine halb-autonome, denn die Regeln für die Organisation des Fußballs kommen auch aus klassisch politischen Institutionen heraus. Allein die sportlichen Institutionen und Regelwerke sind schwer zu durchschauen. Im Jugendbereich ist der jeweilige Regionalverband zuständig, im Profibereich sind es DFB und DFL, wobei die DFL als Zusammenschluss aller Profivereine mehr Interessenvertretung ist, was durch ihre offizielle Bezeichnung als Kapitalgesellschaft noch deutlicher wird. Auf europäischer Ebene ist es die UEFA, die in Europa- und Champions League die Regeln setzt und auf globaler Ebene ist es die berühmt-berüchtigte FIFA. Es reicht also der Blick auf die Institutionen des Sports, um zu erkennen, wie undurchschaubar die Organisation des »Spiels« ist. Doch damit nicht genug. Die Vielzahl an politischen Institutionen, die auf den Sport direkt einwirken, lassen die Organisationsfrage nur noch verworrener wirken. Für den Jugend- und Breitensport ist zumeist die kommunale Ebene verantwortlich. Wenn es in Berlin-Mitte an Plätzen fehlt, ist dafür der Bezirksbürgermeister und die Bezirksverordnetenversammlung verantwortlich. Bund und Länder teilen sich die Aufgaben rund um die Sportförderung und die Infrastruktur auf. Darunter fallen insbesondere Stadien, da deren Finanzierung, Bau und Unterhalt meist nicht allein von den Vereinen zu stemmen ist. All das sind institutionelle Verflechtungen, die uns im Sportalltag nur sehr selten auffallen und dennoch das Gerüst dafür bilden, was auch gerne der organisierte Sport genannt wird. Ohne Verschränkung von Politik und Sport wäre das nicht denkbar. Falls man sich also in Diskussionen mit Menschen wiederfindet, die das Märchen des unpolitischen Sports erzählen, könnte es sinnvoll sein aufzeigen, dass der Fußball in all seinen Facetten ohne Mithilfe der Politik nicht stattfinden könnte.

Der marktkonforme Fußball. Ein zweites Argument gegen die Erzählung vom unpolitischen Sport findet sich in der bereits angesprochenen Grundstruktur des Fußballs wieder. Fußball findet nie in einem luftleeren Raum statt, der Sport erhält immer, egal in welcher Gesellschaftsform, eine Funktion. Im einfachsten Fall ist es das althergebrachte »Brot und Spiele«, das wir in fast jeder Form irgendwo erkennen können. Doch auch darüber hinaus gibt es etliche Funktionen und Wesensveränderungen, die der Fußball über die Jahrzehnte durchlebt hat. Wie er funktioniert, hat viel mit unserer Wirtschaftsform zu tun. Christian Bartlau hat aus einer materialistischen Analyse einen Begriff geschaffen, der unbedingt noch einmal erklärt werden muss. Es ist der marktkonforme Fußball.

Wir alle werden uns noch wiederholt und lange an das Fußballereignis im Jahr 2021 erinnern. Gemeint ist nicht die FIFA-WM oder das Finale der Champions League, sondern die versuchte Gründung einer Super League: 12 Vereine, die aus den bisherigen Strukturen des europäischen Fußballs auszubrechen versuchten. Die Frage nach dem Warum hat in den Tagen danach zahllose Zeitungsseiten gefüllt und ließ sich von vielen – nicht nur Journalisten – schnell damit beantworten, dass es die wenigen gierigen Vereine seien, die nach immer neuen Möglichkeiten für noch höhere Gewinne suchen. Dass ausgerechnet die Gier als offensichtlich sehr wichtiges Wort in den Erklärungsansätzen auftaucht, sollte dabei nicht verwundern. Unsere Gesellschaft mag zwar fußballverrückt sein, aber keineswegs besonders kritisch. Das soll nicht wahlweise als besonders aufgeweckter oder bitterböser Kommentar auf gesellschaftliche Zustände rüberkommen, sondern vielmehr diejenigen kritisieren, die sich journalistisch oder PR-mäßig mit dem Fußball beschäftigen. Sie sind es, die die Vorlagen dafür liefern, worüber die Menschen reden, wenn es um das Spiel mit dem runden Leder geht. Wenn der *Kicker*-Chefredakteur über die »größten und reichsten Klubs« schreibt, die »aus dem stillen Kämmerlein« heraus die Super League aus dem Hut gezaubert haben und in »Erpressungsversuchen« ihre Variante des Fußballs durchsetzen wollen, dann haben wir es mit Framing zu tun.[4] Der Begriff Framing ist in den letzten Jahren zu einer Art Modewort verkommen, aber er beschreibt die Probleme des Sportjournalismus ganz treffend. Framing meint Einrahmungseffekte, die dafür sorgen, dass zu beschreibende Dinge – ohne es bewusst zu wollen – samt einer gewissen Interpretation daherkommen. Wenn der Chefredakteur des *Kicker* von den zwölf »bösen« und »habgierigen« Vereinen spricht, dann liegt der Fokus auf diesen Vereinen. Sie werden zu den moralisch verwerflichen Akteuren erklärt, die den Fußball mit ihren Verhaltensweisen zerstören. Solche Interpretationen sind Humbug, weil sie den Blick auf die grundlegende Struktur verwehren und von den eigentlichen Ursachen ablenken. Es sind nicht die Vereine, die den Fußball »zerstören« wollen, sondern es ist die kapitalistische Struktur, die sie dazu zwingt, profitorientiert zu arbeiten.

Dieses Phänomen durchzieht selbst die kritische Sportbetrachtung so sehr, dass klar wird, woher die mehrheitsfähige Erzählung des unpolitischen Fußballs kommt. Wenn nur von einzelnen »bösen« Akteuren die Rede ist, die denn per se neutralen und harmlosen Fußball kaputt machen, dann denkt man auch in solchen Kategorien. Deshalb habe ich bereits im Prolog davon geredet, dass eine moralische Herangehensweise an ihre Grenzen stößt. Die *Football Leaks* haben den europäischen Fußball seit 2017 umgekrempelt und für ein halbwegs kritisches Bewusstsein bei den Fans gesorgt. Aber auch hier verbirgt sich das Problem in der Herangehensweise der Autoren Buschmann und Wulzinger, die – obwohl sie über die kapitalistischen Abläufe im europäischen Fußball schreiben – keineswegs materialistische Analysen bieten. Es wird im klassischen Stil der Investigativrecherche über das berichtet, was man hat, ohne dass man es in einem Kontext einbettet und erzählt. Irgendwo ist es auch verständlich: Wer mag eine kritische Auseinandersetzung mit dem Fußball lesen, die nur draufhaut? Dann doch lieber eine krimiartige Geschichte über all die Bösewichte, die sich am guten Fußball bereichern wollen. Wer so über Fußball schreibt, berichtet oder liest, der hat nicht die Möglichkeit oder den Willen, das große Ganze zu verstehen.

Die Super League kann aber auch als Symptom gesehen werden. Als Symptom einer Struktur, die nach dem Grundsatz des »Immer mehr, immer weiter!« funktioniert, womit wir wieder beim Begriff des marktkonformen Fußballs angekommen sind. Fußball ist an sich politisch, das ist die Ausgangslage. Der kapitalistische Fußball erfüllt nicht nur eine herrschaftssichernde Funktion aus seiner Unterhaltungsdimension heraus, sondern er sorgt als Markt der Unterhaltungsindustrie für Profite. Dieses Primat der Ökonomie sorgt für die Entwicklungen, die wir in den letzten Jahren vermehrt beobachten konnten. Was sollten die Vereine der Super League ansonsten tun? Sie alle litten unter der Pandemie, die katastrophal aufgezeigt hat, dass das Ausgabeverhalten deutlich über dem verantwortbaren Niveau liegt. Natürlich hatte niemand mit Corona rechnen können, aber die dadurch gesunkenen Einnahmen sorgten für eine Situation, in der dringend nach neuem Kapital gesucht wurde, weil man ansonsten vor der Pleite stehen würde. Die Dringlichkeit sorgte dann für beschleunigte Verhandlungen mit der Bank J. P. Morgan und den daraus entstandenen Anstoß zur der Super League.

Kapitalistischer Fußball: Damit meine ich eine im Kapitalismus dominante Variante, der wir alle seit den 1980er Jahren ausgesetzt sind: Ich meine den Neoliberalismus. Für einige FDP- oder CDU-Politiker mag dieses Wort noch ein Kampfbegriff sein, aber im wissenschaftlichen Diskurs ist der Begriff längst anerkannt. Er beschreibt den entfesselten Kapitalismus, der es nicht nur auf darauf abgesehen hat, alles an Gesellschaft zu individualisieren und zu vernichten (und ja, Margaret Thatcher hat den Neoliberalismus in Großbritannien etabliert), sondern er zeichnet sich auch dadurch aus, wirklich jeden Bereich kapitalistisch zu erschließen. Das meint nichts weniger als die Durchsetzung des Primats der Ökonomie in jedem Lebensbereich und ist auch unter dem Begriff der Privatisierung bekannt. Hinter dieser Privatisierung steckt die Unterwerfung von Bereichen unter kapitalistische Logiken, allen voran der Verwertungslogik und der Suche nach immer neuen Profiten. In den letzten Jahrzehnten wurde so ziemlich alles privatisiert, was sich nur vorstellen ließ: Wasserversorgung, Gesundheit und in Teilen auch Bildung, selbst die Verwaltung von Ampeln wurde privatisiert – wie in Berlin. Alles vormals Bereiche, die die Öffentlichkeit über staatliche Kontrolle verwalten konnte und die nun in privater Hand sind. Dieser entfesselte Kapitalismus machte naturgemäß auch vor dem Massenphänomen Fußball nicht Halt und sorgte in seiner spezifischen Ausprägung für die momentanen Zustände, die Bartlau eben als marktkonformen Fußball identifiziert: »Mit der Verwandlung des Profifußballs in ein Milliardengeschäft bildet sich ein marktkonformer Fußball heraus, der sich von dem Spiel Fußball unterscheidet, das wir kennen – sowohl abseits des Platzes als auch auf dem Rasen.«[5]

Der marktkonforme Fußball unterscheidet sich von dem Fußball, den wir kennen. Er untersteht aber einer Logik, der wir alle unterworfen sind: der Logik der Profitmaximierung. All die Kritiker des »modernen« Fußballs machen es sich wohl zu einfach, wenn sie von einer gemäßigten Variante des heutigen Fußballs träumen. Der Verzicht auf weitere Einnahmequellen wie das Weglassen von Trikot-Werbung oder ähnliches grenzt an Realitätsverweigerung, wenn man sich anguckt, auf welchen Grundsätzen der Fußball steht. Er ist kapitalistisch und spezifisch neoliberal. Das Primat der Ökonomie herrscht bei jeder Entscheidung vor und nichts kann wider dieses

Primat entschieden werden. Wenn solche Freiheiten eingeschränkt werden, wenn Sachzwänge vorherrschen, aus denen man sich nicht befreien kann, dann ist der Fußball in jeder Hinsicht politisch.

Geldverdienen leicht gemacht

Wo gerade eben der Blick auf der noch abgewendeten Super League ruhte, soll es jetzt darum gehen, wie die Strukturen und die grundlegende Organisation des Fußballs dafür sorgen, dass es für viele Vereine eine Art gläserne Decke gibt. Für die großen Vereine kann man dieses System auch simpel »Geldverdienen leicht gemacht« nennen, denn sie haben einen zunehmenden Wettbewerbsvorteil. Vielleicht sollte man es besser Wettbewerbsverzerrung nennen.

Der Fußball ist herrschaftlich. Das ist die Grundlage dieser Untersuchung. Ich habe bereits die Frage gestellt, wie sich ein kapitalistischer Fußball halten kann, wenn sich eine Mehrheit der Fans von ihm abwenden möchte. Der Druck wird von Ultras und aktiven Fans stetig hochgehalten: Es gibt fast jeden Spieltag bissige Banner und Sprüche gegen die Auswüchse des Neoliberalismus im Fußball. Die Antwort auf diese Frage lautet Herrschaftssicherung. Der Begriff zieht sich, wie erwähnt, durch dieses Buch, denn er definiert die konkrete Ausgestaltung des Fußballs. Wenn wir über den Einfluss großer Vereine, das Verhalten der Verbände – sei es auf regionaler, nationaler, europäischer oder globaler Ebene – reden, dann müssen wir den Aspekt der Herrschaft bzw. Macht berücksichtigen. Nicht nur eine überwältigende Mehrheit der Fans steht dem kapitalistischen Fußball zunehmend kritisch gegenüber (zumindest in Deutschland), auch ein Großteil der Vereine und Spieler profitiert nicht von den gegenwärtigen Strukturen. Die gefühlte Entfremdung ist konkret spür- und nachvollziehbar. Doch wo nur noch wenige profitieren und eine Mehrheit abgehängt wird, kann es nicht ohne eine Form von Herrschaft geschehen und damit sind wir das erste Mal bei einem Theoretiker, der uns vor allem durch das zweite Kapitel begleiten wird: Johannes Agnoli. Agnoli war ein marxistischer Theoretiker, der von

1925 bis 2003 gelebt hat und als einer der Stichwortgeber der sogenannten APO, der außerparlamentarischen Opposition (oder simpel 68er-Bewegung), bekannt wurde. Er hat sich zeit seines wissenschaftlichen Lebens mit der liberalen Demokratie beschäftigt und sie aus einer marxistischen und radikaldemokratischen Perspektive heraus analysiert. Was zunächst reichlich abstrakt klingt, lässt sich schnell zusammenfassen: Agnoli sieht in der liberalen Demokratie nicht die Reinform einer Demokratie, sondern einen »Staat des Kapitals«. Der Gedanke dahinter lässt sich auf eine materialistische Herangehensweise zurückführen, die davon ausgeht, dass unsere ökonomische Wirklichkeit für bestimmte gesellschaftliche Zustände verantwortlich ist. Wenn die Wirtschaft undemokratisch organisiert ist, kann eine Gesellschaft nur zu einem gewissen Grad demokratisch organisiert sein, und der Staat übernimmt die Absicherung und den Schutz der wirtschaftlichen Sphäre. Die »liberale Demokratie« wird dadurch zu einer anderen Bezeichnung für einen bürgerlichen Verfassungsstaat, der die kapitalistische Produktionsweise absichert. Für den Fußball bedeutet das, dass die Akteure der Organisation des Fußballs dadurch auch die Absicherung kapitalistischer Zustände im Fußball vornehmen. Wer diese Überlegung weiterverfolgt, kommt an einem Punkt an, an dem Verbände den Fußball eben nicht vor dem Ausverkauf retten, wie es die UEFA seit der Gründung der Super League für sich reklamiert, sondern diesen Ausverkauf absichert. Diese Absicherung kapitalistischer Zustände lässt sich anhand zweier Beispiele weiter konkretisieren.

Wo es vorhin um die Super League ging, soll es jetzt um die fast zeitgleich durchgewunkene Reform der Champions League gehen. Viele Menschen, mich eingeschlossen, hatten vor der offiziellen Verkündung der Super League immer an eine Taktik der großen Vereine gedacht: Man hielt das Drohszenario der Super League hoch, um seine Wünsche bei anstehenden Reformen durchsetzen zu können. Ein Trugschluss, wie sich Mitte April 2021 herausstellen sollte, und nichtsdestotrotz zeigt sich die Realität im Kampf um die institutionelle Vorherrschaft im europäischen Fußball. Die großen Vereine haben die Drohungen wahr gemacht und versucht, aus den bisherigen Strukturen, die zumindest ein Mindestmaß an Umverteilung und Wettbewerb umsetzen, auszubrechen. Der UEFA-Präsident Ceferin wird einige Monate nach der versuchten Gründung der Super League mit den Worten zitiert: »In gewisser Weise ist es sehr gut, dass das passiert ist, denn es lag immer in der Luft – große Clubs gegen den Rest.« Er offenbart damit ungeschminkt, dass die Machtspiele schon länger tobten. Das Problem hinter der gescheiterten Super League? Sie hat den europäischen Fußball nicht fairer und gleichberechtigter gemacht, indem die UEFA in Gegenreaktion durchgesetzt hätte, dass man ein Alternativmodell zu dieser geschlossenen, paneuropäischen Super League formt. Man stelle sich nur mal vor, dieses Alternativmodell hätte auf Grundlage wirklicher Umverteilung und Förderung kleiner Vereine und allem Drum und Dran gearbeitet. Das hört sich schon etwas abstrus an, aber die ersten Reaktionen des europäischen Dachverbands könnten solche Gedankenspiele zulassen, wenn man sie beim Wort genommen hätte. Nach der Initiative zur Super League war auf einmal die Rede von gesellschaftlicher Verantwortung und fairem Wettbewerb. Die UEFA hat die Chance genutzt, sich als Verband der kleineren Vereine zu inszenieren, der den Fußball vor den gierigen, reichen Vereinen schützt. Es stimmt bloß leider nicht.

Kurz nach Gründung und Scheitern der Super League wurde die Champions-League-Reform zum Jahr 2024 verabschiedet. In ihrem Kern bedeutet sie ebenfalls eine ökonomische Absicherung der reichen Vereine, doch einmal der Reihe nach. Was wurde beschlossen? Die Champions League wird erweitert, statt wie bisher 32 Teams kommen nun 36 in den ehemaligen Pokal der Landesmeister. Die Gruppenphase, die uns bisher von September bis Dezember begleitet, wird abgeschafft und durch eine Tabelle ersetzt, womit sich die Anzahl der Spiele von 125 auf 225 drastisch erhöht. Alle Teams spielen in dieser Tabelle, die besten acht Teams erreichen direkt das Achtelfinale und die 16 dahinter platzierten Mannschaften spielen in einer Playoff-Runde um die weiteren acht zu vergebenen Plätze. Wer schon jetzt kein Fan der langwierigen Gruppenphase der Champions League ist, wird ab 2024 große Probleme haben, überhaupt hinterherzukommen.

Das Ziel hinter dieser Änderung ist schnell erkannt: Es gibt mehr garantierte Spiele pro Mannschaft und damit höhere Einnahmen. Doch damit nicht genug. Stellen wir uns einmal vor, der FC Bayern München hätte irgendwann aus unerklärlichen Gründen eine solche Schwächephase wie in der Saison 2006/07. Damals hatte der VfB Stuttgart die Meisterschaft gewonnen. Der bayrische Gigant wurde auf Platz vier der Bundesligatabelle verwiesen. Die Mannschaft um Oliver Kahn musste dadurch ein Jahr auf die so profitable Champions League verzichten und spielte im UEFA-Cup (heutzutage als Europa League bekannt). Mit der Reform 2024 würde der FC Bayern selbst bei einem solchen oder gar schlechteren Abschneiden nicht in zweitklassigen europäischen Wettbewerben antreten müssen. Die Vergrößerung der Champions League sorgt auch für zwei zusätzliche Plätze, die an Vereine gehen, die die Qualifikation nicht über ihre nationale Liga geschafft haben, aber eben ein wahrer Spitzenklub sind. Die FC Bayern Münchens, Real Madrids oder Juventus Turins dieser Welt sind somit abgesichert. Selbst im Falle einer Katastrophensaison sind sie für die Champions League qualifiziert. Die wirtschaftliche Kluft wächst so immer weiter an und die Vormachtstellung der Immergleichen wird weiter abgesichert.

Ein anderes Beispiel für konkrete Herrschaftssicherung im kapitalistischen Fußball findet sich in der deutschen Organisation des Fußballs, genauer in der Verteilung der TV-Gelder. Mit knapp 40 Prozent des Gesamtbetrags nimmt die mediale Verwertung einen Großteil der Gewinne ein und lässt sich für die Bundesliga auf rund 1,5 Milliarden Euro beziffern. Die Frage der Verteilung dieser Gelder ist somit die herausstechende Frage, wenn es um den Kurs geht. Verteilt man die Gewinne gleich auf alle Vereine, so garantiert man eine Chancengerechtigkeit, die jedes Jahr die Würfel neu wirft. Verteilt man nach einem gewissen Schlüssel, der die Marktpositionen einzelner Vereine berücksichtigt, so festigt man ihre Vormachtstellung.

Und fernab solcher Überlegungen geht es bei den Gewinnen auch noch um den Konflikt zwischen Profis und Amateuren, also um die 36 Profiklubs der Ersten und Zweiten Bundesliga und allen anderen Vereinen unterhalb dieser vermeintlich exklusiven Profistruktur. Das ist dann aber erst Thema im nächsten Unterkapitel.

Für die Verteilung der Gewinne durch die mediale Vermarktung setzte der DFB im Jahr 2000 die Deutsche Fußball Liga ein, die zwar damals noch anders hieß, aber den Aufgabenrahmen erhielt, dem sie auch heute noch verpflichtet ist. Als Kapitalgesellschaft und Tochterunternehmen des DFB ist die DFL im Grunde nur für eine Sache verantwortlich: eine möglichst gewinnbringende Vermarktung des Produkts Bundesliga. Der langjährige DFL-Chef Christian Seifert mochte das zwar nicht so sehen und betonte während der Pandemie öfters eine nicht in Anspruch genommene Sonderrolle des Fußballs, doch die Realität sieht anders aus. Auch sieht sich die DFL als reiner Zusammenschluss von Vereinen der Ersten und Zweiten Bundesliga und erklärte gerne in Person Seiferts, dass man als Institution keine eigene Rolle als Akteur einnehme. Das ist natürlich ebenfalls hanebüchen und verschleiert nur die wirklichen Herrschaftsverhältnisse im Fußball. Der Komplex Super League zeigt die Herrschaft der Institutionen des Sports eindringlich auf: Selbst wenn die zwölf größten Vereine der Europas, vielleicht der Welt einen eigenen Weg beschreiten wollen, sind sie am Ende machtlos, wenn es gegen die UEFA geht; und auch die DFL nimmt als zentrale Institution der Organisation des deutschen Profifußballs eine besondere Rolle ein. Sie übt eine herrschaftssichernde Funktion aus, wenn es darum geht, die Marktkonformität zu erhalten. Denken wir an all die Aussagen, man müsse international konkurrenzfähig bleiben, oder Seiferts Feststellung, dass sich Fans als Verkaufsargument eben nicht so gut vermarkten lassen wie ein Ronaldo oder Messi. Die DFL hat die Aufgabe, so viele Erlöse wie möglich für die Bundesligavereine zu erwirtschaften, vornehmlich über die mediale Vermarktung.

Ende 2020 kam es zu einer Reform, die die Schlüssel zur Verteilung der TV-Gelder neu regelte. Aufgeteilt in zwei Verteilungstöpfe (nationale und internationale Vermarktung) wurden vier Säulen der Verteilung beschlossen. Die erste Säule namens *Gleichverteilung* sorgt für eine gleichberechtigte Aufteilung knapp der Hälfte aller nationalen Einnahmen. Das sind für die Bundesligisten rund 25, für die Zweitligisten knapp 7 Millionen Euro pro Jahr. Die zweitwichtigste Säule nennt sich *Leistung*, die 42% ausmacht und nach einer Fünf-Jahres-Wertung organisiert ist. Die zwei kleineren Säulen der Verteilung, *Nachwuchs* und *Interesse* haben mit wenigen Prozentpunkten kaum Einfluss und können daher vernachlässigt werden, auch wenn es da zu Konflikten kam, weil ebenfalls größere Vereine bevorzugt werden. Der größte Kritikpunkt hinter der insgesamt ungleichen Verteilung der Gelder ist die entstehende Kluft, wenn der FC Bayern knapp dreimal so viel Einnahmen generiert wie Vereine, die gegen den Abstieg aus der Bundesliga spielen. Es kommt aber auch zu einer kaum angesprochenen gläsernen Decke, die die DFL durch eine solche, vermeintlich leistungsorientierte Verteilung der Gewinne entstehen lässt. Wirft man den Blick auf kleinere Vereine, die in der Bundesliga Fuß zu fassen versuchen, dann lässt sich schnell sagen, dass das durch die Verteilungsschlüssel sehr schwierig gemacht wird. Vereine wie Arminia Bielefeld, SV Darmstadt oder der VfL Bochum haben kaum eine Chance, sich schnell in der Bundesliga zu festigen. Gefestigte Bundesligisten – allen voran natürlich Bayern, Dortmund, Leverkusen und Leipzig – enteilen der Konkurrenz, auch finanziell und die DFL schafft erst die Möglichkeit dazu. Wenn man sich überlegt, was an Alternativen denkbar wäre, fällt diese Ungleichheit erst wirklich auf.

Kernelemente des Fußballs. Versammelt sich eine Gruppe von Fußballfans in einen Raum und gibt man ihnen die Aufgabe, die Kernelemente des Fußballs zu benennen, dann würde man sich vermutlich recht schnell auf etwas einigen können, das die Zufälligkeit im Fußball beschreibt. Die Möglichkeit, dass ein David den großen Goliath besiegt. Nur ist dieses faszinierende Element des Sports vom Aussterben bedroht, denn die großen Vereine haben

Regel- und Verteilungswerke um sich herum, die den Raum des Zufalls immer weiter einschränken. »Geldverdienen leicht gemacht« bedeutet auch, die Strukturen um sich herum zu seinen Gunsten anzupassen und zu gestalten. Man muss ja wettbewerbsfähig bleiben. Und diejenigen Vereine, die sich bereits einen Wettbewerbsvorteil herausgespielt haben, wollen diesen auch sichern und dafür sind die Institutionen des Sports da. Egal ob DFL oder die UEFA: Sie haben die Funktion, den kapitalistischen Fußball abzusichern und zu vermarkten. Es geht darum, maximale Gewinne einfahren zu können und wenn nötig, den Fußball so »weiterzuentwickeln«, dass er möglichst effektiv wirtschaften und Profite erzielen kann. Bartlau bringt es in seinem Buch auf den Punkt, dass nämlich die Frage nach neuerlichen Reformen im Fußball nur von einer Frage entschieden wird: »Bringt es genug Geld ein?«

Ein Punkt zur Optimierung der Geldvermehrung ist noch zentral, weil es an dieser Stelle unabdingbar ist, eine Grenze zu all den Fußballromantikern zu ziehen, die einfach nur ihre Ablehnung »Gegen den modernen Fußball« zum Ausdruck bringen wollen. Die Rede von großen und reichen Vereinen ist nicht gleichbedeutend mit einer Kritik am kapitalistischen Fußball. Einfach nur auf den Bayern Münchens dieser Welt herumzuhacken, ist der falsche Weg, denn er bietet keine Lösung an, die den Fußball wieder grundlegend an die Gesellschaft heranführt. Dominanz im Fußball gab es schon immer. Das beweist eine Untersuchung des liberalen Sportökonomen Stefan Szymanski, der in seinem Buch *Money and Socccer. A Soccernomics Guide* ein elementares Phänomen des Business Fußball erläutert: die Dominanz (»dominance«). Szymanski analysiert die Dominanz in den wichtigen Nationalligen und kommt zu dem Fazit, dass es keine Steigerung dieses Phänomens gibt. Viele Kritiker der Kommerzialisierung im Fußball entnehmen der wirtschaftlichen Entwicklung eine folgende sportliche Langeweile. Das mag zwar in Deutschland der Fall sein, aber im europäischen Vergleich hat sich die Anzahl der Titelgewinner kaum verändert. Dominanz ist ein Phänomen, das seit Jahrzehnten im Fußball regiert und nicht erst seit Einsetzen der entfesselten Kapitalisierung des Sports vor rund 30 Jahren. Die großen Fußballvereine haben in den letzten Jahrzehnten eine Struktur des Fußballs etabliert, die es ihnen ermöglicht, einfach und leicht Geld zu verdienen. Die Institutionen des Fußballs haben dabei die Funktion der Sicherung dieser Zustände, denn es wird Geld verdient wie nie zuvor. Der europäische Vereinsfußball setzt knapp 29 Milliarden Euro um, pro Jahr. Das Problem dahinter? Eine ungerechte Verteilung der Gelder und Spielregeln, die jeden fairen Wettbewerbscharakter des Fußballs untergraben. Institutionen, die nur eine Sache schützen: das Primat der Wirtschaftlichkeit.

Das Symptom Kommerzialisierung

Fußball zeichnet sich heute dadurch aus, dass er in einem hohen Maß politisch agiert und neoliberale Ideen verinnerlicht und erfolgreich durchgesetzt hat. Das klingt zunächst nach einem bewussten Prozess, aber das wäre zu kurz gegriffen. Nicht einzelne Personen sorgten für eine solche Entwicklung und so darf es auch nicht verstanden werden. Der Kapitalismus und dessen Auswüchse lassen sich am besten als etwas Prozesshaftes darstellen, in dessen Zentrum zwar gewisse Dinge stehen, aber nicht alle Phänomene auf ewig Bestand haben. Der Zwang zur Arbeit und die daraus resultierenden Klassen einer Gesellschaft oder die Idee eines sich selbst vermehrenden Gelds, die mittlerweile zu so skurrilen Auswüchsen wie YouTube-Finanzcoaches geführt hat, oder Ausbeutungs- und Unterdrückungsverhältnisse wie Rassismus sind wichtige Bestandteile der kapitalistischen Wirtschafts- und damit auch Lebensweise. Eva von Redecker spricht von einer wirtschaftlichen Realität, die das Leben zerstört und der Blick auf die vergangenen circa 250 Jahre legt diese Schlussfolgerung nahe. In dieser Zeit hat sich aber nicht nur unsere Lebensrealität gewandelt, auch der Kapitalismus hat etliche Stufen und Formen durchlaufen. Diese Wandelbarkeit und Anpassungsfähigkeit erkannte Marx bereits, weshalb es sich auch im Mikrokosmos Fußball lohnt, die kapitalistische Entwicklung unter die

Lupe zu nehmen. Spricht man über solche Entwicklungen, hängt man spätestens beim zweiten oder dritten Gedanken bei dem Kommerz fest. Ein Begriff, der so verwurzelt im Fußball ist, dass man sich manchmal wundern muss, warum viele die politische Dimension des Fußballs abstreiten.

Ultras und aktive Fans kritisieren häufig die Kommerzialisierung des Fußballs. Die Entwicklungen hin zu einer besseren Vermarktung des Produkts werden gerne unter diesen Begriff subsumiert und führen dazu, dass »Gegen Kommerz« zu einer Art Schlachtruf geworden ist. Tradition vs. Kommerz, selbst große (Politik-)Talkshows haben bereits über die Entwicklung des Spiels geredet und dafür gesorgt, dass das Phänomen Kommerzialisierung in aller Munde ist. All die schlechten Entwicklungen des Fußballs gehen dadurch auf das Konto der Kommerzialisierung: möglichst viele Anstoßzeiten, erhöhte Ticketpreise oder mehr und mehr Einschränkungen für die Fans in den Stadien. Profitstreben ist dafür verantwortlich, aber nichts klingt so negativ wie Kommerz. Deswegen distanzieren sich selbst Personen, die momentan dessen zentrale Figuren sind, so sehr von diesem Begriff wie sonst nur Friedrich Merz abstreitet, ein Neoliberaler zu sein. Doch Kritik der Kommerzialisierung allein hilft nicht, an die Wurzel des Problems heranzukommen. Der Kommerz muss als das begriffen werden, was er ist: ein Symptom des kapitalistischen Fußballs.

Kommerz war als Begriff nicht immer so negativ besetzt, wie es heute den Anschein hat. Allerdings ist er auch von Beginn an mit dem Kapitalismus verbunden, denn das aus dem Französischen übernommene Wort bedeutet nicht viel mehr als Gewerbe und Handel. Diese grundlegende Dimension hat der Begriff mittlerweile verloren. Er beschreibt nicht mehr Handel oder Warenverkehr, sondern wird deutlich spezifischer benutzt. Wenn es um wirtschaftliche Interessen im Sinne eines Profits geht, sprechen wir sehr häufig von Kommerz. Dazu passt auch die sprachliche Verwendung des »noch mehr Kommerz«, die sich auch im Fußball eingeschlichen hat. Es geht nicht um keinen Kommerz oder eben doch, sondern nur um mehr oder weniger Kommerz. Wir reden demnach über mehr oder weniger Geld, um eine stärkere kapitalistische Anpassung oder nicht. Allein eine solche Sprache macht deutlich, dass der Kommerz mehr Symptom denn Ursache ist. Wo wir auch sprachlich keine Wahl mehr lassen, ob es das überhaupt geben sollte, geben wir uns bereits der Alternativlosigkeit marktkonformer Tendenzen hin, oder einfach gesagt: Der Kapitalismus ist alternativlos, auch sprachlich.

Die Kommerzialisierung des Fußballs findet nicht erst seit drei Jahrzehnten statt, sondern ist ein Prozess, der quasi mit Erfindung des Sports zusammenfällt. Die oftmals gehörte Betonung von Fußball als Arbeitersport hat historische Belege, aber eben nicht ausschließlich: schließlich ist der Fußball an einer Eliteschule in England erfunden worden. In Deutschland verbreitete das Spiel erstmals Konrad Koch, Lehrer an einem Gymnasium in Braunschweig. Das hat dann doch erstmal wenig mit Arbeiterbezug zu tun. Vielleicht fällt die Wahrnehmung schwer, wenn man sich in vermeintlichen Gegensatzpaaren wie Tradition und Kommerz verheddert. Schließlich ist die Tradition keineswegs so rosig oder gar selbstlos, wie immer getan wird, und der Kommerz nicht so neu, wie man denken mag. Das Sowohl-als-auch im Fußball, auch in seiner Historie, muss anerkannt werden.

Heutzutage erleben wir einen Fußball, der sich in vielerlei Hinsicht kommerzialisiert hat. Die Entwicklung zu immer neuen und immer größeren Geldquellen wird so absurd, dass es auffallen muss. Das ist die eigentliche Wandlung in dem Prozess, über den so oft gesprochen wird. Der kapitalistische Fußball hat aber eben schon immer nach neuen Möglichkeiten zum Geldverdienen gesucht: Sei es durch die Etablierung von Maskottchen zu Weltmeisterschaften oder durch den Aufbau von Merchandise-Abteilungen. Oftmals hört man die Geschichte, dass Uli Hoeneß den FC Bayern München auch deshalb auf das Podest als Ligaprimus hieven konnte, weil er als erster erkannte, wie wichtig Merchandising für Fußball im Kapitalismus ist. In einem Interview auf der DFB-Website, pardon, in einem »Leadership-Talk« der DFB-Akademie, spricht er auch offen über diese Entwicklung:

> »Ich bin […] in die USA und nach England geflogen, um mir das Marketing, Merchandising und das Fernsehgeschäft anzuschauen. Ich habe mir gedacht: Das kann doch nicht sein, denn wir hatten zu der Zeit nur eine Poststelle, in der ein paar Wimpel und Postkarten verkauft wurden. Als Jürgen Klinsmann dann als Spieler zu uns kam, haben wir angefangen, Fußballtrikots zu verkaufen.«

Tja, was soll man sagen, Hoeneß hat das Spiel verstanden. Er weiß, wie man leicht Geld verdient. Ein Blick in den DFL-Wirtschaftsreport verrät, dass er damit nicht lange allein blieb, denn mittlerweile werden aus dem Merchandising rund 185 Millionen Euro pro Saison generiert. Warum die Kommerzialisierung aber heutzutage so negativ aufstößt, mag wohl eher damit zusammenhängen, dass man sich über den eigentlichen Markt des Fußballs hinaus auf die Suche nach neuen Profiten macht. Merchandising im Sinne von verkauften Trikots, kleinen Wimpeln und Anhängern mag für viele noch nachvollziehbar sein, aber solch absurde Ideen wie Trainingslager in Katar sind es definitiv nicht. Für die neoliberalen Profiteure gibt es trotzdem eine beruhigende Nachricht: Wenn man lange genug an solchen Dingen festhält, gewöhnen sich die Fans irgendwann daran. Ein Beispiel für diese Gewöhnung bietet der Markt um Sticker und Sammelkarten. Vereine und Verbände verkaufen ihre Rechte an den Fotos ihrer Spieler und verdienen damit nicht nur Geld, sondern erschaffen einen neuen Markt. Panini und auch andere Unternehmen wie Topps haben hier ihre Haupt-Einnahmequelle und sie haben bis heute gewaltige Umsätze. Im Jahr 2019 erreichte die deutsche Tochter des italienischen Stickerherstellers mit rund 50 Millionen Euro Umsatz zwar eine eher schlechte Jahresbilanz, erhöht aber naturgemäß zu Zeiten von Europa- oder Weltmeisterschaften ihren Umsatz auf bis zu 100 Millionen Euro. Weltweit beläuft sich der jährliche Umsatz der Stickerbranche auf geschätzt rund eine Milliarde Euro. Also nicht weniger als eintausend Millionen Euro durch den Verkauf von kleinen Stickern. Das mag absurd klingen, aber ganz offensichtlich hat man sich auch daran gewöhnt. Was hier noch von einigen Menschen als Ausverkauf des Fußballs beschrien wird, ist im kapitalistischen Fußball bereits Alltag. Der marktkonforme Zwang zu immer neuen Kommerzialisierungsschüben ist ein Kernelement des Fußballs, nicht ein von außen aufgestülpter Prozess.

Ein unterschätzter Konflikt in der Kommerzialisierung ist die Grundsatzfrage zwischen Professionalisierung und Amateurideal. Was heute selbstverständlich klingt, musste hart erkämpft werden, denn ausgerechnet Menschen aus höheren Einkommensklassen und dem Bürgertum verschlossen sich lange einer Professionalisierung des Fußballs. Doch warum? Diese Frage ist nicht ohne materialistischen Ansatz zu beantworten: Die Menschen, die schon genug Geld haben, wollen das Amateurideal erhalten sehen. Der DFB wehrte sich lange gegen die Bezahlung seiner Fußballer und wurde in einem jahrzehntelangen Kampf von Fußballern und früheren Funktionären langsam zurückgedrängt. Klar ist aber auch, dass diese jahrzehntelange Entwicklung bis zur Transfermarktöffnung durch das Bosman-Urteil 1995 nicht nur aus einem gewissen Klassenbewusstsein angetrieben wurde, sondern auch Unterstützung aus bürgerlichen Reihen hatte. Konservative verachteten den bezahlten Sport, liberale »Modernisierer« wie der erste Präsident des 1. FC Köln, Franz Kremer, setzten sich nachhaltig dafür ein. Man muss sich unbezahlten Sport demnach leisten können, auch im profitorientierten Sinne, denn Kremer wollte den Fußball lukrativer machen. Es braucht eine finanzielle Absicherung, damit man nicht unter die kapitalistischen Räder kommt, denn wer Geld braucht, um Essen zu kaufen und ein Dach über dem Kopf zu haben, ist materiellen Zwängen unterworfen. Damit kommen wir an den entscheidenden Punkt, weshalb auch heute noch öfters vom Arbeitersport Fußball gesprochen wird. Nicht die Veranstalter oder Teaminhaber waren mehrheitlich jemals aus der arbeitenden Klasse, sondern die Spieler. Für sie war die Professionalisierung des Fußballs unumgänglich, wenn sie nicht noch zusätzlich einem Beruf außerhalb des Fußballs nachgehen wollten. Vielleicht mag auch das ein Grund sein, weshalb es bis heute zu einer Art moderner Legende geworden ist, dass wirtschaftlich ärmere Kinder eher zu großen Stars in einer Sportart werden. Zwar passen immer mehr Spieler nicht in dieses Bild, gucken wir uns aber einige, prägende Figuren des Fußballs an, dann fällt die gemeinsame Herkunft aus wirtschaftlich schwachen Verhältnissen auf: Sei es Diego Maradona oder Pelé, Helmut Rahn oder Kevin-Prince Boateng. Sie sind nicht so populär wie David Beckham oder Cristiano Ronaldo, aber sie punkten mit ihrer oftmals authentischen Art und dem Bewusstsein, dass sie wissen, woher sie einst kamen.

Die Kommerzialisierung kann somit nicht als rein negative Entwicklung gesehen werden, denn innerhalb der kapitalistischen Strukturen ermöglicht sie den Aufbau und die Sicherung von Existenzen. Dass der Kommerz dennoch als schieres Feindbild aufgezogen wird, spricht für eine verzerrte Wahrnehmung vieler Fans im Kampf um »ihren« Fußball. Als die Borussia aus Dortmund das erste Mal auf das künstliche Produkt eines österreichischen Brausekonzerns traf, hatten sich die Fans der Borussia Dortmund GmbH & Co. Kommanditgesellschaft auf Aktien auf vielen Spruchbändern ihre Ablehnung quasi herausspien. Auf der Website des Fußballmagazins *11FREUNDE* findet sich eine Sammlung aller gezeigten Banner, von denen ich hier eine Auswahl präsentiere, um zu verdeutlichen, warum die BVB-Fans kopflos agierten:

Verpisst euch Kommerzschweine
Für den Volkssport Fußball – gegen die, die ihn zerstören
Mit Red Bull ist Fußball nur noch Sport
Wer den Fußball liebt, hasst RB
Geboren auf Vorstadtwiesen mit nem Traum,
nicht aus Geldgier in nem Vorstandsraum
R.I.P. Fußball 19.05.09
RB verpiss dich! Der Fußball gehört uns!

Der Protest an sich mag sympathisch sein oder nicht, aber manche Inhalte lassen tief blicken. Damit meine ich nicht eine Kritik á la unpassende Beschimpfungen und sinnlose Beleidigungen, denn dagegen habe ich zunächst nichts einzuwenden – auf einen groben Klotz gehört auch mal ein grober Keil. Das Problem liegt viel eher in dem Fußball- und Kommerzverständnis. Der kapitalistische Fußball gehört keineswegs den Fans, das behauptet auch niemand, aber das auf den Bannern dargestellte Konzept von Fußball ist meilenweit von einer sinnvollen Analyse entfernt. Würde man den Begriff und das Verständnis des kapitalistischen Fußballs zulassen, müsste man anerkennen, dass der Leipziger Dosenverein ein Symptom des Fußballs ist. Dortmund steht aber deshalb nicht außerhalb dieser Struktur, sondern ist in Deutschland sogar integraler Bestandteil. Die *Football Leaks* legen nahe, dass das führende Personal des BVB lange über eine inoffizielle Teilnahme an der Super League nachdachte. Auch wenn man im April 2021 nicht unter den zwölf Vereinen war, so scheint der Verein in vielen Punkten ein Paradebeispiel des kapitalistischen Fußballs zu sein. Dieser Widerspruch verschwimmt aber in einem Fußball, der es uns Fans einfach macht, mit dem Finger auf vermeintlich klare Feindbilder zu zeigen: das Böse, gegen das man sich wenden muss. Das Problem in der Kommerzialisierung ist aber, dass es diesen einen bösen Verein oder Funktionär nicht gibt. Die Kommerzialisierung ist ein Symptom des kapitalistischen Fußballs, der auf der Suche nach immer neuen Möglichkeiten der Gewinnmaximierung eben auch solche Auswüchse wie den Leipziger Verein produziert.

Die Propaganda im runden Leder

Fußball ist ein Spiegel der Gesellschaft. Das Spiel mit dem runden Leder ist in der gesellschaftlichen Breite so anerkannt und akzeptiert wie sonst kaum eine Freizeitbeschäftigung. Der DFB sieht im Fußball ein Aushängeschild der Integration und spricht gerne in Schlagwörtern wie Verantwortung oder Vielfalt, die den »Fußball für alle« ausmachen würden. Was gerne unter den Teppich gekehrt wird, ist die problematische Seite des Fußballs, denn dieser zeichnet sich nicht

Ideologie – ein Kampfbegriff?

Ein kleiner Rückblick ist dafür nötig, denn ich sprach bereits von einem materialistischen Ansatz, der in dem Buch verfolgt wird. Die ökonomische Struktur bildet die Basis einer Gesellschaft und die wirtschaftlichen Gegebenheiten bewirken eine bestimmte Form von Politik oder eben auch eine bestimmte Form des Fußballs. Wir sind alle abhängig von unserem Sein. Aus diesem Sein entsteht erst ein Bewusstsein. Ist die Rede von Ideen, dann sind eigentlich gewisse Ideologien gemeint, die mit der »materiellen Tätigkeit« verknüpft sind.[6] Ideologie ist dabei kein Kampfbegriff, mit dem gewisse Ansichten grundlegend diskreditiert werden sollen, auch wenn uns das häufig in den Tageszeitungen begegnet und es eine Grundansicht der letzten Jahre geworden ist. Ideologie heißt nicht, dass jemand verblendet ist. Wir alle brauchen Ideologien, um zu verstehen, was um uns herum passiert. Eine Ideologiefreiheit kann es nicht geben, und wenn jemand von der Ideologiefreiheit einer wie auch immer gearteten politischen Mitte spricht, darf man sich sicher sein, dass auch diese Mitte ein ideologisches Gebilde ist. Wer antirassistisch ist, folgt einer Ideologie und wer rassistisch agiert, ist ebenfalls ideologisch. All die Grundeinstellungen und Wertungen, die sich in einer bestimmten Weltanschauung bündeln, sind ideologisch, es geht nicht ohne. Folgt man den Gedanken von Marx und Engels, so entsteht eine Ideologie nicht einfach so, sondern ist – eben materialistisch gesehen – Folge der wirtschaftlichen Gegebenheiten. Gewisse ökonomische Rahmenbedingungen fördern gewisse Ideologien oder: Der Kapitalismus bringt gewisse Weltanschauungen hervor, die mit ihm konform gehen und ihn erklären.

nur als weiterer Markt im kapitalistischen Leben aus, sondern geht über diese ökonomische Bedeutung hinaus. Fußball trägt gewisse Ideen in sich und ist als gesellschaftlicher Anker sehr bedeutsam. Dazu mögen auch Aktionstage gegen Rassismus, Homophobie oder andere Diskriminierungsformen zählen, mir geht es aber um unbewusste Ideen und Ideologien, die der kapitalistische Fußball stark macht.

Das Ziel dieses Kapitels besteht nicht darin, offensichtliche Propaganda im Fußball aufzudecken. Autokratische Regierungen nutzen den Fußball, um ihre Herrschaft zu sichern und all das Unrecht zu verschleiern, was geschieht. Ideologie geht aber weiter und sie findet sich in jedem Aspekt des Fußballs. Daher ist dieser Abschnitt primär als Anstoß zum Nachdenken, als eine Art Ideologiekritik, zu verstehen. Der Fußball ist nach bestimmten Interessen ausgerichtet, es sind nicht wir alle, die den Fußball inhaltlich formen. Wir können nicht bestimmen, wie der Fußball wirtschaftlich ausgerichtet ist und somit besteht auch wenig Einfluss auf die Ideologie, die im Fußball unbewusst vermittelt und reproduziert wird. Ideologiekritik versteht sich in diesem Kontext als rudimentäre Befreiung. Über die Verallgemeinerung von Interessen der herrschenden Gruppe im Fußball in Form von Ideologie soll aufgeklärt werden. Ein Spiel in Form von Analyse und Kritik, um auf all die uns umgebenden Probleme aufmerksam zu machen.

Gabriel Kuhn stellte in seinem Buch *Die Linke und der Sport* einige Punkte der herrschenden Ideologie im Sport und im Fußball vor. Er benennt ebenfalls zu Beginn den herrschaftssichernden Aspekt im Sport, den ich hier als »Brot und Spiele« bezeichnet habe. Die Corona-Pandemie zeigt uns diesen ideologischen Aspekt sehr deutlich auf, denn der kapitalistische Fußball hat ein herrschaftssicherndes Element, das nicht zu unterschätzen ist. Im Kapitalismus verkommt der Fußball zu einem Produkt, das wir ruhig konsumieren sollen und das uns ablenken soll. Die Sprüche à la »Politik hat nichts im Stadion zu suchen!« sind das Ergebnis dieser Ideologie. Man will einmal die Woche Ruhe haben und sich gepflegt ein Fußballspiel angucken. Je spektakulärer, desto höher der Unterhaltungswert. Fußball wirkt somit nicht nur herrschaftssichernd, sondern er wird auch entpolitisiert. Dass das Politische im Fußball aber genau deswegen enthalten ist, ist bereits zur Sprache gekommen.

Der uns bekannte Fußball ist auf Wettbewerb getrimmt. Der Zustand wird kaum noch bewusst wahrgenommen, aber er ist das Grundmerkmal des professionellen Fußballs. Knapp einjährige Saisons in einem Ligensystem, das nach gewissen Regeln des Wettbewerbs funktioniert. Ab- und Aufstiege auf Grundlage eines Wettbewerbs bestimmter Vereine gegeneinander. Finanzielle Erfolge durch gutes Abschneiden im Wettbewerb. All die Grundlagen des professionellen Fußballs basieren auf Wettbewerb. Dieser unbedingte Wettbewerb, diese maximale Konkurrenz in jeder Situation, das ist eine Idee, die wir vom Kapitalismus kennen, geht über das Spielfeld und die direkt betroffenen Personen hinaus. Fußballfans leben die Konkurrenz. Der Wettbewerbsgedanke wird nicht nur hier zu einem Teil der Ideologie des kapitalistischen Fußballs, bei dem man sich fragen sollte, ob man ihn in dieser Form gut finden kann. Timm Beichelt stellte daran anschließend einen Gedanken an, der sich in seinen Auswirkungen lohnt, nachverfolgt zu werden. Er sieht den unbedingten Wettbewerbscharakter bereits im Kinder- und Jugendalter beginnen, der sich mit steigendem Alter nur noch maximiert. Wer im Profibereich des Fußballs ankommt, hat mindestens ein Jahrzehnt harten Wettbewerb durchgemacht und überstanden. Überstanden, weil der Selektionsprozess in den Nachwuchsleistungszentren dieser Republik wohl einer der härtesten im Sport überhaupt ist. Maximale Konkurrenz sorgt in solchen Strukturen aber nicht nur für Höchstleistungen, sondern auch für einen ungesunden Umgang mit dem eigenen Körper, wie die Dokumentation *Pillenmittel – Schmerzmittelmissbrauch im Fußball* beweist. Der Fußballprofi Neven Subotic spricht dort von einem uns bekannten Auswuchs dieser maximalen Konkurrenz: »Was ich in den letzten 14 Jahren mitbekommen habe: Ibuprofen wird wie Smarties verteilt.« Menschen, die über ihre eigenen Schmerzgrenzen gehen und damit ihre Gesundheit gefährden: Das ist das Produkt der Ideologie des Wettbewerbs im Fußball. Das Beispiel Neymar und seine Schauspielerei zeigt exemplarisch die verzwickte Situation rund um diese Ideologie. Er sucht den maximalen Vorteil und das ist in einer Struktur, die exakt darauf ausgelegt ist, vollkommen legitim. Aber aus meiner Kritik am Wettbewerbsgedanken zu schließen, ich möchte jede Form von Konkurrenz entfernen, wäre zu harsch. Sozialistische Sportgruppen experimentierten mit der Eliminierung jedweden Wettbewerbs und man kann sich denken, dass gemeinsame Wander- oder Radtouren nicht ganz so beliebt sind wie der Fußball. Das Problem hinter dem Wettbewerb im kapitalistischen Fußball ist seine Existenz als Hyperbel des eigentlichen Wettbewerbs, er ist eine Übertreibung, die in der Konsequenz nicht nur das Spiel verschlechtert, sondern auch das gesellschaftliche Miteinander auf ein Siegen oder Verlieren reduziert, ohne Rücksicht auf Verluste nehmen zu wollen.

Ein weiterer Aspekt des Fußballs ist der Nationalismus, der im europäischen Raum in regelmäßigen Abständen zutage tritt – sei es bei Europa- oder Weltmeisterschaften. Wo Völkerverständigung und Austausch als hehre Ideale hochgehalten werden, hat sich in Wahrheit ein zutiefst rückständiges Bild entwickelt. In Deutschland mögen sich noch viele mit Freude an die Heim-WM im Jahr 2006 zurückerinnern, die einen angeblich gesunden Patriotismus hervorgebracht habe, doch die vorgebliche Trennung von Patriotismus zu Nationalismus ist schwer auszumachen. Spiele der Nationalmannschaft im Fußball und ihre hervorgehobene Wichtigkeit durch Länderspielpausen und große Turniere fördern ein kollektives Nationalgefühl. Das Gefühl einer nationalen Kollektivität, die eigentlich aus einem leeren Nichts besteht. Wieso sollte ich stolz auf die Leistung einiger Fußballspieler sein, die zufällig den gleichen Pass haben wie ich? Selbst der DFB hat eine klare Marschroute aufgezeigt, wenn es um Nationalismus geht. Auf dessen Website unter der Überschrift »Vielfalt/Anti-Diskriminierung« findet sich im zweiten Absatz eine Aussage, bei der man überlegen kann, warum der DFB dann in Form einer Nationalmannschaft überhaupt bei den großen Turnieren antritt. Dort steht: »Der erstarkende Rechtspopulismus und eine damit einhergehende zunehmende gruppenbezogene Menschenfeindlichkeit in der Bevölkerung können zu einer Normalisierung und Ausgrenzung von Frauen und Minderheiten beitragen. Dem gilt es sich entgegenzustellen.« Man könnte fast meinen, der DFB könnte hier eine progressive Richtung einschlagen, aber die Verknüpfung von Patriotismus und Nationalismus wird nicht gemacht. Ganz anders hält es das Hip-Hop-Trio K.I.Z, die in ihrem im Mai 2015 erschienenen Track *Boom Boom Boom* die Lines rappen:

Ihr Partypatrioten
Seid nur weniger konsequent als diese Hakenkreuz-Idioten
Die geh'n halt noch selber ein paar Ausländer töten
Anstatt jemand zu bezahl'n, um sie vom Schlauchboot zu treten
Die Welt zu Gast bei Freunden und so
Du und dein Boss ham nix gemeinsam bis auf das Deutschlandtrikot

K.I.Z fassen die Probleme des Party-Patriotismus im Fußball gut zusammen und verweisen auf den eingangs erwähnten Effekt, dass Länderspiele im Fußball zu einer nationalen Identität beitragen, die die eigentlichen Konflikte der Gesellschaft verschleiern. Wir sind nicht gleich, weil wir den gleichen Reisepass haben. In der letzten Line spielen K.I.Z darauf an, dass der zentrale Konflikt in kapitalistischen Gesellschaften ein Klassenkonflikt ist. Durch die Trennung von wenigen Eigentümern – oder im modernen Sprech Arbeitgeber – und vielen Lohnabhängigen entsteht nicht nur eine »weltweit vorherrschende Form ökonomischer Herrschaft«, sondern auch das »Charakteristikum der sozialen Struktur der Gesellschaft.«[7] Der Grundkonflikt ist durch den Nationalismus verschleiert. Zwischen all dem Party-Patriotismus lässt sich kaum noch erkennen, dass die Unterschiede nicht bei den Nationalitäten liegen, womit wir bei strukturellen Formen der Diskriminierung im Fußball angekommen wären.

Strukturelle Diskriminierung ist bei weitem nicht so anerkannt, wie es den Anschein hat. Zwar verwendet eine steigende Anzahl von Menschen in Deutschland den Begriff, aber das Bewusstsein dafür, was strukturelle Diskriminierung eigentlich heißt, ist dadurch nur wenig gestiegen. Begriffe wie struktureller Rassismus gehören zu den *keywords*, die ein Unternehmen nennen sollte, aber die Bedeutung dahinter ist unklar, wenn dann gefordert wird, durch Workshops und Gespräche zu sensibilisieren. Strukturelle Benachteiligung braucht mehr als sich dem entgegenzustellen und das fängt bei der Anerkennung an, dass alles in unserer Gesellschaft inhärent Diskriminierung in sich trägt. Das soll weder Anklage noch Verurteilung sein, sondern Bewusstsein schaffen. Der Historiker Ibram X. Kendi schreibt in seinem Buch *Stamped from the beginning*, dass Diskriminierung von gesellschaftlichen Gruppen in der Gesamtgesellschaft begründet ist. Rassismus beginnt nicht erst in dem Aussprechen des N-Worts, sondern ist ein wesentlicher Teil des Fundaments unserer Gesellschaft. Gesellschaftliche Formen von Diskriminierung übertragen sich auch auf das Feld des Fußballs, wo es durch die übliche Abgrenzung von Fans zu anderen Fans auf fruchtbaren Boden trifft. Der Grundaufbau des Fußballs und seine gesellschaftliche Position sorgen für eine Erhaltung struktureller Diskriminierungsformen, seien es Antisemitismus, Sexismus oder Rassismen.

Viertelfinale des DFB-Pokals, Saison 2019/20. Das Spiel zwischen Schalke 04 und Hertha BSC endet nach Verlängerung 3:2 für den Gastgeber, doch die sportlichen Geschehnisse rücken schnell in den Hintergrund, als bekannt wird, dass der Berliner Innenverteidiger Jordan Torunarigha rassistisch von Fans beleidigt wurde. Affenlaute und Bananenwürfe waren bis in die 90er Jahre noch gang und gäbe in den Stadien Deutschlands, doch offensichtlich hat sich ein solches Verhalten bis heute nicht vom Fußball losgelöst. Nicht nur der offensichtliche Rassismus ist erschütternd, sondern insbesondere die Reaktion von Schiedsrichter Harm Osmers. Er wurde noch während des Spiels über die Vorkommnisse informiert, befragte allerdings weder den Spieler noch unterbrach er das Spiel, wie es eine DFB-Leitlinie eigentlich vorgesehen hätte. Der sogenannte Drei-Stufen-Plan sieht vor, dass die Schiedsrichter bei Rassismus und anderen Formen von Diskriminierung klare Konsequenzen zu ziehen haben, die nach Aufrufen und Spielunterbrechung sogar einen Spielabbruch vorsehen. Der Plan wurde – bis auf eine Ausnahme im Spiel MSV Duisburg gegen VfL Osnabrück Ende 2021 – nie für solche Fälle angewendet. Zurück in die Saison 2019/20. Wenige Wochen nach dem rassistischen Angriff auf Torunarigha kam der Stufenplan dennoch zum ersten Mal zum Einsatz: bei den Protesten der Bayern-Fans gegen Dietmar Hopp. Die Ausweitung des Drei-Stufen-Plans auf Beleidigungen und Bedrohungen zeigt die strukturelle Dimension von Diskriminierung auf, denn wo bei eindeutig rassistischen Vorfällen nicht agiert wird, Milliardäre aber vor gerechtfertigter Kritik mit aller Macht geschützt werden, da erleben wir genau diese strukturelle Diskriminierung. Der DFB hierarchisiert Vorfälle und wertet Diskriminierungsformen in Stadien ab, indem er persönlichen Beleidigungen nicht nur formal auf dieselbe Stufe stellt, sondern auch dafür sorgt, dass ausgerechnet nur bei diesen durchgegriffen wird. Wie muss sich Jordan Torunarigha gefühlt haben?

Es gibt neben strukturellen Formen von Diskriminierung, Nationalismus und Wettbewerb noch viele andere Ideologien, die sich im Fußball verfestigt haben, doch auch diese eingehend zu behandeln, würde den Rahmen sprengen. Der Körperkult im Fußball findet sich als Ideologie auch in vielen Bereichen unseres digitalen Lebens (man denke nur an Influencer), sein Wertkonservatismus lässt sich durch die Benachteiligung von FLINTA-Personen (Frauen, Lesben, intersexuelle Menschen, nicht-binäre Menschen, Transmenschen und Agender) nachweisen. Die Propaganda im Fußball bezieht sich eben nicht nur auf Einnehmungsversuche des vermeintlich unpolitischen Fußballs durch autoritäre Regierungen oder in *sports washing* durch Konzerne. Fußball ist ideologisch geprägt, wie es unsere Gesellschaft ist, und es lohnt sich hinzugucken, aufzudecken und zu kritisieren.

Was bleibt vom kapitalistischen Fußball? Um ihn zu verstehen, betrachten wir die verschiedenen Dimensionen, die ihn ausmachen und sich in folgenden Stichpunkten zusammenfassen lassen:

- Der kapitalistische Fußball ist politisch, das ist seine Grundlage. Die Verbindung von Sport- und politischen Institutionen auf allen Ebenen verdeutlicht das und beweist, dass ein vermeintlich unpolitischer Sport nicht existiert. Der Fußball ist nicht autonom und noch viel mehr: Er ist kapitalistisch erschlossen und funktioniert gemäß den Sachzwängen des Marktes. Er muss profitorientiert arbeiten und läuft nach dem Primat der Ökonomie.
- Der Kapitalismus im Fußball sorgt für eine anwachsende Kluft zwischen einigen reichen Vereinen und einer Mehrheit auf der anderen Seite. Dominanz ist im Fußball beileibe nichts Neues, doch die voranschreitende Kommerzialisierung sorgt für institutionelle Einflüsse und Herrschaft, wodurch die Spielregeln durch die Großen gesetzt werden können. Die Reform der Champions League zum Jahr 2024 verdeutlicht das Problem auf praktische Weise.
- Kommerzialisierung muss als Symptom des kapitalistischen Fußballs verstanden werden, nicht als Ursache aller Probleme. Die Kritik gegen den Kommerz steht noch oftmals allein im Raum, ohne die Wurzel der Probleme anzugehen. Künstliche Vereine oder eine auf Maximierung getrimmte Verbreiterung der Zielgruppen sind Symptome eines Fußballs, der auf ökonomischen Zwängen beruht und andere Dimensionen des Spiels und seine Bedeutung vernachlässigt.
- Fußball im Ist-Zustand erzeugt Ideologien, die ihn und seine kapitalistische Funktionsweise absichern. Maximaler Wettbewerb ohne Rücksicht auf Verluste, Nationalismus in Form von Länderspielen und Kontinental- oder globalen Turnieren. Spezifische Form von struktureller Diskriminierung sind Teil der Ideologien, die den kapitalistischen Fußball nach bestimmten Interessen abdecken. Eine vollständige Analyse und Kritik des Fußballs muss sich all der Ebenen bewusst werden, will man den Fußball zumindest von den auffälligen Problemen befreien.

Der Stand der Dinge ist damit zusammengefasst: Der Fußball ist kein Spiel mehr, das im Kapitalismus funktionieren muss. Es ist zu einem kapitalistischen Spiel geworden, in dem für eine Handvoll Vereine und Funktionäre die Variablen des Zufälligen ausgemerzt und Profite gesichert werden sollen. Ein Spiel, das keines mehr sein darf. Nun soll der Blick auf die Fans gerichtet werden, um ihre Rolle in diesem kapitalistischen Spiel besser zu verstehen. Sind Zuschauer und Fans im Stadion wirklich so elementar, wie es Ex-DFL-Chef Christian Seifert während der Geisterspiele behauptete?

Der Fan wird abgehängt

Fans: Um sie geht es im Fußball, zumindest hört man das häufig. Als die Super League in sich zusammenbrach, könnte man meinen, dass die vielen Menschen, die gegen sie protestierten, dafür verantwortlich waren. Einige Fans von Manchester United stürmten sogar ihr eigenes Stadion, um ihre Ablehnung der Super League und der Vereinsinvestoren öffentlich zu machen. Für einige Stunden stand das Spiel Manchester United gegen den FC Liverpool am 2. Mai 2021 auf der Kippe, während Fans ihre gewohnte Umgebung, ihr Terrain für ihre Forderungen nutzten und aufbegehrten. Wogegen sie sich richteten, ist bereits geklärt worden: Der kapitalistische Fußball schluckt nach und nach alles, was wir vom Fußball als tradiert und normal kennengelernt haben, und lässt das Spiel mit dem runden Leder mehr und mehr als ein Geschäftsmodell erscheinen. Das Produkt Fußball ist ein Sport, der auf seine ökonomischen Belange heruntergekürzt ist und nach dem Primat der Wirtschaftlichkeit funktionieren muss. Ein solcher Fußball kann mit kritischen Fans, wie sie in Manchester kurzzeitig sichtbar wurden, nicht viel anfangen. Er will sie in dieser Position auch gar nicht, denn Fans könnten die Marktkonformität bedrohen.

Die Pandemie hat die Loslösung des Sports von seinen Fans eindrücklich bewiesen. Natürlich war es sinnvoll, in Zeiten einer Pandemie auf volle Stadien zu verzichten. Dass man allerdings nicht auf die Spiele verzichtete, zeigte die Prioritätensetzung des vorherrschenden Fußballs eindrücklich auf. In einer »etwas besseren Welt« hätte man wohl davon ausgehen können, dass der Fußball sich mit allen anderen Sportarten solidarisch zeigt und einfach wartet. Sport ist nur so viel wert, wie er aus einer Gesellschaft heraus bewegen kann. Ein Zeichen, das naturgemäß nicht kam, und man kann es den verantwortlichen Personen nicht einmal verdenken, denn sie müssen ihre Interessen verfolgen. Ein kapitalistischer Fußball kann nicht auf einmal Sachzwänge für nichtig erklären, um Solidarität zu üben. Das würde seinem Charakter widersprechen. Deshalb sind die bisherigen Erkenntnisse als Grundlage so wichtig: Sie zeigen einen Fußball auf, der eben nicht durch gierige Einzelpersonen korrumpiert wurde, sondern durch die Einfügung in die ökonomischen Realitäten eine Wesensveränderung erlebte. Die Ballsportart neoliberaler Art ist ein entfesselter, kapitalistischer Sport. Er kann nicht einfach das Primat der Ökonomie verwerfen und Solidarität üben. Erst recht nicht, wenn das wirtschaftliche Überleben auf der Kippe steht. Deshalb kam es auch nicht zu einem längeren Aussetzen der Bundesliga oder der europäischen Vereinswettbewerbe, man konnte es sich aus wirtschaftlicher Perspektive schlicht nicht leisten.

Die Spiele fanden statt, mit einer Ausnahme: Die Fans mussten draußen bleiben. Fußball in einer Pandemie wirkte unwirklich, das haben wohl alle gesehen. Fernab idealistischer Gedankenspiele war das Spiel in seiner traurigsten Form wirklich zu einem Spiel verkommen, ohne merkbare Relevanz, weil sich im Stadion nichts rührte. Die gesellschaftliche Bedeutung des Fußballs war von einer auf die andere Sekunde auf seine Brot-und-Spiele-Funktion reduziert. Nichts mehr mit erlebter Gemeinschaft im Stadion, mit Tausenden von Menschen, die der einen oder der anderen Mannschaft nicht nur die Daumen drückten, sondern sie oftmals bedingungslos anfeuerten. Die gesellschaftliche Bindung zwischen Menschen, die sich durch den Fußball als eine Art zweite Familie bzw. andere Familie (ein Schlagwort von Bayer Leverkusen) verstanden, war zerstört. Für mehr als ein Jahr. Die Pandemie zeigte dadurch in dem viel zu häufig zitierten Brennglas auf, was im kapitalistischen Fußball wichtig ist und was eben nicht. Ein Fußball, der auch wirtschaftlich noch von Fans direkt abhängig wäre, hätte nicht stattfinden können. Aber ein Fußball, der größtenteils von Medieneinnahmen, TV-Verträgen und Merchandise-Verkäufen lebt, der konnte weitergeführt werden. Wenn Vereine davon reden, dass für sie das Stadionerlebnis an oberster Stelle steht, dann belügen sie sich in der Regel selbst, die Pandemie beweist die Lage. Man kann von einer Wunschvorstellung reden und sagen, man möchte wieder an einen Punkt ankommen, an dem die Fans im Stadion tatsächlich wieder die absolute Priorität genießen. Die Realität sieht leider anders aus.

In all den Aspekten der voranschreitenden Kommerzialisierung des Fußballs ist vor allem diese eine Sache oft vernachlässigt worden: die Fans. Ihre Rolle als einer der entscheidenden Akteure im Fußball und die gesellschaftliche Funktion des Sports sind unterschätzt oder werden zurückgedrängt. Und das, obwohl der Fußball nur durch die gesellschaftliche Funktion seine wirtschaftliche Macht erlangen konnte. Fans werden seit Jahrzehnten aus den Stadien gedrängt. Je unkritischer sie sind, desto besser. Die nordamerikanische Basketballliga NBA zeigt mit ihrem »Stadionerlebnis« die traurige Zukunft auf, die den europäischen Fußball erwartet, wenn sich nichts ändert. Egal, ob das Heimteam in der NBA vorne oder hinten liegt, bei jeder Auszeit findet in der Halle Entertainment auf unterstem Niveau statt und die Fans klatschen begeistert mit, tanzen zu Hits aus dem Jahr 2013 oder küssen sich, weil es ihnen eine Kiss Cam befiehlt. Die vorprogrammierte gute Laune. Nichts unterscheidet dort noch das Stadion- oder Hallenerlebnis vom gemütlichen Schauen des Bergdoktors im ZDF. Für kommerziellen Sport ist das nichts Schlechtes. Kritische Fans werden nach und nach verdrängt und an ihrer statt eine neue Art von Fan empfangen, der sich der belanglosen Unterhaltung hingibt und keinerlei Erwartungen artikuliert.

Um solche Entwicklungen zu verhindern, braucht es ein Verständnis für die Rolle von Fans im marktkonformen Fußball. Welche Funktion nehmen sie in dem Produkt ein? Nur, wenn wir ein adäquates Bild der Wirklichkeit aufzeigen, kann es gelingen, wirkungsvolle Gegenpunkte zu setzen und ein kritisches Bewusstsein im Fußball zu erhalten bzw. neu zu erwecken.

Gefangen in der Doppelrolle

Fußballfans sind gefangen, so könnte man die Lehre der Pandemie auch beschreiben. Sie durften zwar nicht zurück in »ihre« Stadien, aber viele haben trotzdem nicht abgeschaltet. Die Einschaltquoten der Bundesliga wie der Champions League sind nicht zurückgegangen und Fernsehrechteinhaber wie Sky haben sich sehr über ihre gestiegene Relevanz gefreut. Nie zuvor konnte man so gut sehen, auf welchen Säulen der »moderne Fußball« wirklich steht. Es sind nicht die Fans in den Stadien, sondern die Konsumenten zuhause, die sich nicht zu schade sind, allein für die erste Bundesliga mehrere Verträge abzuschließen, damit sie alles gucken können. Das ist auch nicht ihre Schuld, schließlich zwingen einen die Umstände dazu, ein Abonnement bei Sky und eins bei DAZN abzuschließen. Wer dann noch, wie bei der Euro 2020 (im Jahr 2021) geschehen, wirklich alle Spiele sehen möchte, brauchte in dem Fall noch ein Abonnement bei MagentaTV, dem Streamingdienst der Telekom. Heile Welt klingt anders, aber es ist für uns alle wohl zur bitteren Realität geworden und man hat sich mit der Zeit ja daran gewöhnt. Fußballfans sind demnach in einer Rolle gefangen, die sie als Konsumenten ihres Sports auszeichnet. Sie sorgen für die Umsätze von TV und Streamingdiensten, die dann für Milliarden Euro Lizenzrechte bei der DFL erwerben. Rund 1,5 Milliarden Euro pro Saison nimmt die DFL dadurch ein. Und Fans fangen nicht erst beim Gucken an, das Produkt Fußball zu konsumieren.

Eine meiner ersten Erinnerungen an den Fußball ist die Bundesliga-Saison 2005/06. Davor hatte ich bereits Fußball geschaut, die EM 2004 ist mir bis heute verschwommen im Gedächtnis geblieben und meine ersten Stadionbesuche bei Union Berlin datieren aus einer ähnlichen Zeit. Aber die Bindung zum professionellen Fußball, die kam 2005. Die Saison war reichlich spannend, beim Hamburger SV spielte ein junger Mittelfeldspieler namens Rafael van der Vaart, der vor der Saison von Ajax Amsterdam kam und als großes Talent gehandelt wurde. Für mich war er aber vor allem deshalb faszinierend, weil er den gleichen Vornamen wie ich trug. Ich kann mir bis heute nicht erklären, wieso ausgerechnet der HSV in dieser Saison meine Unterstützung gewann, aber er hat bis heute einen Teil meines Fußballherzens inne. Die Spiele gegen den FC Bayern München waren tatsächlich noch spannend und an das zweite Aufeinandertreffen der beiden Vereine am 24. Spieltag werde ich mich noch lange erinnern können. Lange Zeit führte der HSV in der neuen Allianz-Arena, bis knappe zehn Minuten vor Schluss ein gewisser Mehmet Scholl den Ausgleich schoss und es so schien, als ob der HSV damit seine letzte Möglichkeit auf die Meisterschaft verlor. Richtig gehört, das war ein Satz, der die Wörter HSV und Meisterschaft nicht ironisch miteinander verknüpfte. Die letzten Minuten des Spiels gestalteten sich offen, bis eine Halbfeldflanke auf den Kopf von Nigel de Jong das Schicksal der Bayern wenige Momente vor Schluss besiegelte und drei Punkte aus München stahl.

Doch es war nicht nur die Hamburger Mannschaft, die mich das erste Mal für die Bundesliga interessieren sollte, es war ein Stickersammelheft. Ich entdeckte zu Beginn der gleichen Saison die Sammelhefte von Panini und begann, für 50 Cent die Packung zu sammeln. Das Heft müsste noch bei meinen Eltern herumliegen und in einigen Jahren eine gewaltige Wertsteigerung erfahren, denn ich hatte es tatsächlich bis zum letzten Sticker voll bekommen. Dass ausgerechnet Panini in mir die Begeisterung für die Bundesliga entfachte, mag nun etwas absurd klingen, aber es ist eben auch ein Paradebeispiel für den kapitalistischen Fußball, der immer auf der Suche nach neuen Gewinnmöglichkeiten ist. Ich sprach bereits von der Milliardenbranche der Sticker und Sammlerkarten, allerdings geht die Bedeutung solcher Nebenprodukte häufig unter. Solche Hobbys binden Menschen an den Fußball und die Türöffner-

Funktion haben die Nebenprodukte nie aufgegeben. Sorgten damals noch Panini-Hefte für eine Bindung an die Bundesliga, so sind es heute vor allem Online-Managerspiele.

Uli Hoeneß hatte recht, als er in den kommerziellen Kinderschuhen steckend in die USA flog und sich alles abguckte, was er fand. In Nordamerika sind Manager- und Fantasyspiele zu den großen Sportarten seit Jahrzehnten fester Bestandteil der Sportkultur. Auch sie erhielten eine Türöffner-Funktion und sorgen bis heute bei den Spielenden für ein nachhaltiges Interesse am Sport. Ob sie dadurch neu an eine Liga gebracht oder langfristig gebunden werden, ist dabei zweitrangig. Die Öffner- und Schmierfunktion existiert in jedem Fall. Mittlerweile gibt es im deutschen Fußball nicht mehr nur die Kicker-Managerliga und jährliche Versionen eines Fußballspiels für Spielkonsolen, dessen Preis seit Jahren nicht mehr zu rechtfertigen ist, es gibt auch Formate wie die App *Kickbase*, die sich wachsender Beliebtheit erfreut und auch bei mir für ein neues und enorm gesteigertes Interesse an der Bundesliga sorgte. Vor der Saison 2020/21 war das Interesse an dem Produkt Bundesliga bei mir merklich gesunken und befand sich auf einem neuen Tiefpunkt. Selbst mit der Teilnahme meines Herzensvereins konnte die Liga keine neuen Sympathiepunkte bei mir gewinnen. Mich nervt die erste Liga seit Jahren: kaum Spannung, kein wirklicher Wettbewerb um die europäischen Plätze, künstliche Vereinskomplexe. Geändert hat sich diese Haltung nicht nur durch das erfolgreiche Abschneiden der Eisernen, sondern durch *Kickbase*. *Kickbase* funktioniert wie die großen Geschwister aus den USA, allen voran das NFL Fantasy Game für den American Football. Man stellt sich innerhalb einer Liga mit anderen Managern (meistens Bekannte und Freunde) einen Kader aus Spielern zusammen, die Woche für Woche Punkte für ihre Leistungen in der Realität erhalten. Simpel gesagt: Robert Lewandowski ist einer der wertvollsten Spieler der App in der Saison 2020/21, einfach weil er unfassbare Statistikwerte ablieferte. Durch dieses Spiel hatte ich auf einmal Interesse an vielen Vereinen der Bundesliga, denn ich hatte ja gewiss ein paar Spieler der Vereine in meiner Mannschaft.

Die Bundesliga selbst fesselte mich nicht mehr vor den Fernseher, die App tat es allerdings.

Die Funktion ist nicht sonderlich spezifisch, die Umstände werden nur seit Jahrzehnten verfeinert. Wo früher Sticker ein Anreiz waren, sind es heute ausgeklügelte Spiele. Der moderne Mechanismus dahinter heißt *Gamification*. Die Entdeckung der Verhaltenspsychologie, dass Menschen auf spieltypische Elemente mit Anpassung und Motivationssteigerung reagieren, hat vieles verändert. Nicht nur im Fußball. Das Phänomen findet sich bei Amazon und bei Krankenversicherungen und ist so etwas wie der letzte Schrei im Marketing. Das Sammeln von Erfahrungspunkten oder der Levelaufstieg ist in spielfremde Kontexte integriert und sorgt für die Unternehmen dafür, dass ich als Kunde am Ball bleibe und sogar mein Verhalten ändere. Träger einer Smart Watch können das sicherlich bestätigen, denn die zu schließenden Kreise mit Fitness-Tageszielen sind genau das: Elemente der *Gamification*.

Fußball bindet seine Fans also auf viele verschiedene Weisen. Das Gemeinsame ist die Rolle der Fans als Konsumenten. Fans sorgen für ein gewinnbringendes Produkt Fußball, aber sie sind eben nicht nur Teil der Maschinerie des Konsums, sie finden sich in einer Doppelrolle wieder. Fußballfans produzieren den Fußball mit. Das hat die Pandemie ebenfalls gezeigt und war auch vorher schon ein wichtiger Faktor. Ein lebendiges Stadion, Fans mit Emotionen, Pyro-Aktionen und Choreographien sind ein elementarer Teil des Produkts Fußball. Als ich in Malaysia war, zeigte sich die Doppelrolle der Fans in der Werbung der DFL. Der internationale Slogan der Bundesliga lautete: *football as it's meant to be*. Fußball wie er sein sollte. Das Aushängeschild der Bundesliga im internationalen Wettbewerb sind die Fans und die Fußballkultur. Ein Vergleich mit England zeigt den Vorteil deutlich auf, denn dort sind Stehplatztribünen seit Jahrzehnten verboten und die Ticketpreise zeitgleich in die Höhe geschnellt. Die Entwicklung findet auch in Deutschland statt, aber bisher nicht in einer solchen Dramatik. Es gibt noch Stehplatztribünen, in jedem Stadion. Zwar oftmals nur noch als Ultrablöcke, aber wenigstens ein paar. Die dort erzeugte Stimmung kann ein ganzes Stadion ergreifen und sorgt für ein Fußballerlebnis, dass es woanders in Westeuropa kaum noch gibt. Ich habe mich vor ein paar Jahren darüber gewundert, dass Union Berlin so viele britische Fans hinzugewonnen hat, bis mir in einem Gespräch gesagt wurde, dass Union den Fußball noch so anbietet, wie es früher einmal war. Fußballromantik als Verkaufsargument.

Man sollte sich nicht täuschen lassen, denn die DFL ermöglicht solche Freiheiten nur, solange sie darin ein Verkaufsargument erkennt. Die Fans sind da egal, solange sie in ihrer Rolle als Mitproduzenten des Produkts Fußball funktionieren. Diese Doppelrolle ist die Wirklichkeit der Fußballfans. Ohne sie verliert der Fußball an wirtschaftlichem Wert. Man denke nur an Bundesligaspiele mit Beteiligung der Bayern. Der Münchner Verein ist allen Realitäten so enteilt, dass es seit zehn Jahren keinen anderen deutschen Meister gibt und die nationale Konkurrenz sich gerne als solche betitelt, aber ganz offensichtlich keine ist. Ohne Fans leben solche Spiele von nichts. Welche Chance hat man gegen den FC Bayern München? Sportlich ist die Ausgangslage klar. Die Fans erzeugen erst den Reiz, der solche Spiele spannend macht. Und das ist ein Verkaufsargument.

Fans sind integraler Bestandteil des kapitalistischen Fußballs, solange sie Spannung und Stimmung erzeugen. Doch sie lassen sich auch bereitwillig gefangen nehmen und leben in einem Fußball, der sie ausbeutet, während sie für alles Geld bezahlen. Der Irrsinn fängt bei einem Blick auf die wirtschaftliche Entwicklung der DFL an. Seit ihrer Gründung als Tochter des DFB im Jahr 2000 zeigt der Pfeil steil nach oben. Die anfänglich knapp 1 Milliarde Euro Gesamtumsatz ist mehr als vervierfacht worden. Ein wichtiger Grund sind die gestiegenen Einnahmen aus der medialen Vermarktung, zu der eben auch die Fans zählen. Natürlich lässt nicht genau aufschlüsseln, weshalb sich die Steigerung so beschleunigt hat, und die DFL würde sich vermutlich eher ein Bein amputieren lassen, als zuzugeben, dass auch die Fans ihren Anteil der wirtschaftlichen Entwicklung der Bundesliga haben. Dennoch sind die Fans auch für sie ein wichtiger Faktor, der zudem ein ziemlich günstiger ist. In der Doppelrolle zwischen Konsum und Produktion sind die Fans entmachtet. Sie geben Geld für alles aus: Stadiontickets, Trikots, Pay-TV-Sender etc. Sie produzieren das Produkt mit, aber bezahlen dafür noch Geld. Man stelle sich vor, man ist integraler Bestandteil eines Unternehmens, ein wichtiger Angestellter. Das Unternehmen ist wirtschaftlich enorm erfolgreich, steigert seinen Wert von Jahr zu Jahr und fährt immer höhere Gewinne ein. Doch als Angestellter erhält man weder Lohn noch wirkliche Anerkennung. Man hört zwar ab und zu was von anerkennenden Worten in der Chefetage, doch von den Milliardenumsätzen sieht man nichts. Im Gegenteil: Man muss Jahr für Jahr mehr zahlen, um in dem Unternehmen überhaupt arbeiten zu können. Gefangen in den Strukturzwängen, die uns umgeben, denn das Unternehmen wechseln kann man nicht. Der kapitalistische Fußball ist alternativlos. Und die Fans sind gefangen in der Doppelrolle.

Karl M. – ein Ultra

Karl Marx ist der wichtigste Stichpunktgeber der Fußballfans, zumindest sollte er das sein. Ultras und aktive Fans sprechen oft von einem Kampf um den Fußball, aber der Kampf ist eigentlich schon längst entschieden. Die Strukturen, die uns umgeben, sind politisch. Der Fußball ist nicht in einem Dauerkonflikt gespalten, er unterliegt längst den Sachzwängen und dem daraus resultierenden Prozess der Kommerzialisierung. Der Kampf der Fans um ihren Fußball geht vielfach von Möglichkeiten der Teilhabe aus. Die DFL und der DFB bieten ja alle paar Jahre Gespräche an, man darf an Taskforces teilnehmen. All das lässt eine klare Sicht auf die Rolle der Fans als Akteur im Fußball verschwimmen. Die Doppelrolle mag sich einfach anhören: Die Fans konsumieren den Fußball nicht nur, sie produzieren ihn auch mit. Das Problem: Der Fußball gehört nicht allen, und erst recht nicht den Fans. Sie kriegen keinen Gegenwert für das von ihnen mit erbrachte Produkt, und das Produkt Fußball ist hochwertig, das ist klar. Dass daraus ein Grundkonflikt entsteht, ist aber nicht im Bewusstsein der Fans.

Plakate und Spruchbänder gegen die Verbände, Vereinskonstrukte oder Einzelpersonen hochzuhalten, gehört zur aufmüpfigen Kultur vieler Fans. Ein abstraktes Bewusstsein eines »Wir gegen die da oben« scheint vorhanden zu sein. Im Mai 2017 brachte die Dresdner Fanszene dieses diffuse Bewusstsein auf eine neue Stufe, als man mit martialischem Auftreten dem Deutschen Fußball-Bund den Krieg erklärte. 2.400 Menschen in Camouflage-Shirts und Fischerhüten kamen nach Karlsruhe und beschworen unter dem Motto »Krieg dem DFB« eine neue Einheit der Fanszenen Deutschlands. Grund für die Aktion war eine Teilkollektivstrafe, die der DFB den Karlsruher Fans aufgebrummt hatte, weshalb das Stadion an jenem Spieltag anstelle von knapp 15.000 Fans nur 6.000 Fans Platz bot. Das Thema Kollektivstrafen ist insbesondere bei Ultras ein heißes Eisen, denn an keinem anderen Punkt kann man so gut sehen, wie sich die DFB-Sportgerichtsbarkeit von rechtsstaatlichen Grundsätzen entfernt.

Bürgerrechte gelten nicht für Fußballfans, das ließe sich als Überschrift einer solchen Thematik gut lesen und fasst die Probleme zusammen. Rechtsstaatliche Prinzipien sind für den Schutz des Individuums vor dem Staat geschaffen worden. Ist die Sprache von Rechtsstaat und Demokratie, so müssen die beiden Begriffe scharf voneinander getrennt werden, denn ihre Verknüpfung ist historisch gesehen recht jung. Aus eurozentrischer Sicht kennt man aus der Schulzeit noch die griechische Form einer Demokratie, die sich kaum noch mit heutigen Verständnissen deckt und interessanterweise keine rechtsstaatlichen Prinzipien kannte. Wurde ein Mann – Frauen spielten im antiken Griechenland politisch keine Rolle – für einen gewissen Posten ausgelost, musste er diesen auch einnehmen und ausüben. Tat er das nicht, wurde er verbannt. Der Schutz des Individuums vor dem Staat ist ein Ergebnis der Neuzeit, das sich mit der französischen Revolution durchsetzte und es muss auch für Fußballfans gelten. Sie argumentieren gegen die Kollektivstrafen und begründen ihren Unmut damit, dass nicht ganze Gruppen oder (wie oftmals geschehen) ganze Menschenansammlungen im Stadion für das vermeintliche Fehlverhalten Einzelner bestraft werden sollen. Kollektivstrafen umfassen dabei meist den Ausschluss von einzelnen Spielen oder den Ausschluss von Auswärtsfans. Die Anti-Hopp-Proteste sind deshalb so eskaliert, weil die Fans des BVB kollektiv von Spielen ihres Vereins in Sinsheim für zwei Jahre ausgeschlossen wurden und weil 2018 eine Übereinkunft mit dem DFB gefunden werden konnte, dass man Kollektivstrafen insgesamt aussetzt. Es ist müßig, als Nicht-Jurist zu erklären, warum Kollektivstrafen eventuell trotzdem die ein oder andere Begründung haben könnten. Mir geht es an diesem Punkt mehr um das aufkommende Gefühl der Ohnmacht, die viele Fans verspüren. Nicht umsonst hat fast jede Ultragruppe ein Transparent im Stadion dabei, das auf die Stadion-Verbotler aufmerksam macht. An die Fans, die von ihrem Hobby ausgeschlossen wurden.

Das Gefühl der Ohnmacht führt uns paradoxerweise zu dem Theoretiker Karl Marx. Marx setzte sich – und dafür ist er mehr als bekannt – mit der Wirtschaftsweise des Kapitalismus auseinander und tat dies in vielfältiger Weise, weshalb er nicht nur bis heute mit seinen Gedanken zum Verständnis unserer Gesellschaft beiträgt, sondern auch als ein Mensch, der sich gegen Ungerechtigkeiten stellte, bekannt ist. Einer der berühmten Denker der Aufklärung, Immanuel Kant, lieferte bereits im ausgehenden 18. Jahrhundert einen sehr bekannten moralischen Kompass, der bis heute viel zitiert wird: »Handle nur nach derjenigen Maxime, durch die du zugleich wollen kannst, daß sie ein allgemeines Gesetz werde.« Marx formulierte die Maxime um und schuf damit zugleich die Quintessenz seiner Arbeit: »Alle Verhältnisse umzuwerfen, in denen der Mensch ein erniedrigtes, ein geknechtetes, ein verlassenes, ein verächtliches Wesen ist.« Das Leiden von Menschen ist für Marx nie naturgegeben, sondern muss in gesellschaftlichen Verhältnissen gedacht werden. In einer Zeit, in der psychosoziale Krankheiten wie Burn-Out oder Depressionen immer häufiger auftreten, hilft es demnach nicht, das Individuum verantwortlich zu machen. Es hilft auch nicht, mit Begriffen wie Leistungsgesellschaft um sich zu werfen. Marx hat für solche Phänomene den Begriff Entfremdung genutzt, der sich im Übrigen hervorragend eignet, um die Entfremdung der Fußballfans von dem Fußball zu beschreiben.

Marx sieht den Ausgang der Entfremdung in der Entfremdung von Arbeit. In einer historisch anmutenden Argumentation zeigt er auf, wie im europäischen Mittelalter die Arbeit eng an das entstehende Produkt geknüpft war. Ein Steinmetz stellt beispielsweise eine Fassadenplatte her und übt den gesamten Prozess der Herstellung aus. Er ist Herr der Lage. Im Kapitalismus wandelt sich der Begriff von Arbeit. Arbeiter sind im Kapitalismus dazu gezwungen, ihre Arbeitskraft zu verkaufen, wodurch der Mensch, genauer seine Arbeitskraft selbst zu einer Ware wird. Entfremdung von Arbeit meint damit den Verlust von Kontrolle. Die Hoheit über das erstellte Produkt ist entzogen, man kann seine eigene Arbeit nicht verwalten. Es entstehen daraus zwei Probleme: Einerseits entfremdet sich der Mensch dadurch von der Natur und dem Menschsein und der Soziologe Oliver Nachtwey fasst das Problem anschaulich zusammen, wenn er schreibt: »So bestimmt sich sein Verhältnis zu anderen Menschen oft instrumentell und konkurrenzhaft, weil er in der entfremdeten Arbeit den Menschen nur in dem Maßstab und Verhältnis gegenüber tritt, in dem er sich selbst befindet.«[8] Wir verlieren uns in der Gesellschaft. Ein zweites Problem der Entfremdung ist in der Reproduktion der Verhältnisse zu suchen, denn der Kapitalismus baut auf Ausbeutung. Die produzierte Ware beschert nicht dem arbeitenden Menschen den Profit, sondern dem Kapitalisten, der die Eigentumshoheit hat. Zynisch gesprochen: Wir, die wir jede Woche arbeiten gehen müssen, tragen automatisch zu den Herrschaftsverhältnissen im Kapitalismus bei. Auch wenn man sich dessen bewusst ist, sind Arbeitskämpfe, in denen man auf seine Rechte pocht, natürlich von Bedeutung wie sähe es erst ohne sie aus?

Fußballfans entfremden sich vom Fußball, wie es arbeitende Menschen im Verhältnis zu ihrer Arbeit machen. Die Entfremdung ist bei Marx kein spezifischer Prozess, der nur in der Lohnarbeit stattfindet. Sie ist ein gesellschaftliches Verhältnis, das über Lohnarbeit hinaus geht. Wo der kapitalistische Fußball ist, ist Entfremdung nicht weit. Der Fußball entfernt sich von seinen Fans, und diese sind auch noch gezwungen, dazu beizutragen. Christian Bartlau hielt diese Erkenntnis auf bemerkenswerte Weise fest, als er die Verknüpfung sprachlich deutlich machte, denn die Fans sind Mitproduzenten der Ware Fußball und tragen dementsprechend zu den Verhältnissen bei, die den Fußball doch offensichtlich zerstören. Fußballfans stecken in einem Ausbeutungsverhältnis, dem sie sich nicht entziehen können, wenn sie sich nicht vom Fußball trennen und ihn vollständig boykottieren. Aber es gibt auch eine andere Lösung, auf deren Suche sich dieses Buch befindet. Karl Marx hilft deshalb auch auf zwei verschiedenen Ebenen: Er gibt ein Ziel vor, an dem es sich zu orientieren gilt und er schafft die Grundlage einer Analyse, die für Fans der Ausgangspunkt sein muss. Die Analyse der Verhältnisse im Fußball zeigt, dass Fußballfans beileibe nicht so frei und unabhängig sind, wie sie es gerne denken. Sie werden nicht nur vereinnahmt, sondern tragen in ihrer emotionalen Rolle dazu bei, das Produkt Fußball zu verkaufen. Sie können sich dem nicht entziehen und finden sich in einem Ausbeutungsverhältnis wieder, in dem der Fußball ihnen alles nimmt und nichts zurückgibt. Die ökonomische Spaltung findet zwischen den vielen Fußballfans auf der einen Seite und der kapitalistischen Struktur auf der anderen Seite statt. Es ist der Grundkonflikt im heutigen Fußball.

»Da müssen die Fans sich mit abfinden!«

Einen bemerkenswerten Einblick in die Gemütslage der Menschen, die vom Fußball unserer Tage profitieren, lieferte die Dokumentation »Der Prozess – Wie Dietmar Hopp zur Hassfigur der Ultras wurde«. Uli Hoeneß durfte erklären, dass Hopp für ihn ein Ehrenmann sei und der Hopp-Anwalt Christoph Schickhardt lieferte eine ganze Reihe an Aussagen, bei denen Fans genauer hinhören sollten. Angesprochen auf die Fanproteste gegen die Kommerzialisierung des Fußballs erörterte Schickhardt, dass die Kommerzialisierung ein bereits weit fortgeschrittener Prozess sei – egal ob in Dortmund oder bei St. Pauli. Seine Schlussfolgerung, dass die Fans sich damit abfinden müssten, ist interpretatorisches Beiwerk. Nichtsdestotrotz lieferte der Anwalt in der Dokumentation einige Stichpunkte, die man sich in dieser Klarheit auch von Fanbündnissen oder Ultragruppierungen wünscht.

»Die Kommerzialisierung ist durch.« Was Schickhardt feststellt, gleicht dem Sargnagel des Fußballs für die Traditionalisten. Einen Weg zurück gibt es für den Fußball nicht mehr. Das Amateurideal wird nicht wiederkommen und auch die Kommerzialisierung wird kein Ende finden. Es ist das Problem vieler Fußballfans, die sich im Konflikt von Tradition oder Kommerz wiederfinden. Der Blick geht nicht weiter als eine gefühlte Entfremdung, ohne aber zu verstehen, was den modernen Fußball ausmacht und wieso solche Prozesse entstehen. Ultras, aktive Fans und Stadiongänger sind in den letzten Jahren nicht untätig geblieben, sie haben protestiert. Aber die Proteste richteten sich ausnahmslos gegen Symptome: Die ersten 15 Minuten schweigen, weil der Gegner ein Dosenverein aus Leipzig ist. Gegen den modernen Fußball wettern und Montagsspiele boykottieren. Bei gebrochenen Versprechen einen Milliardär auf Spruchbändern angreifen. Das kann ein sinnvoller Protest von außen sein, wenn er in einen Kontext eingebettet ist. Allerdings fand das nie ausreichend statt. Fans richteten sich mal gegen den DFB, dann wollten sie wieder von ihm eingeladen werden. Montagsspiele sind plötzlich die Grenzüberschreitung einer Kommerzialisierungswelle, aber dass Montagsspiele kein isoliertes Phänomen sind, wurde kaum öffentlich diskutiert. Zehn Jahre lang hat man Dietmar Hopp auf Plakaten verhöhnt und am Ende mussten sich die Ultras in der Öffentlichkeit rechtfertigen, ohne auch nur einen Schritt in die richtige Richtung gemacht zu haben. Der kapitalistische Fußball existiert unwidersprochen, wenn ausschließlich seine Auswüchse zu Problemen erklärt werden.

Die Zeit der Freiheit in den Kurven ist vorbei. Die angesprochene Dokumentation beweist ebenfalls vermutete Diskussionen im DFB-

Präsidium, was den Umgang mit Ultras und aktiven Fans angeht. Dass die Dokumentation nicht nur auf den persönlichen Konflikt zwischen dem ehemaligen DFB-Präsident Reinhard Grindel und seinem Vize Rainer Koch eingeht, muss man ihr hoch anrechnen, denn beide Personen erzählen unabhängig voneinander über Diskussionen, die wachrütteln müssen. Grindel berichtet von recht konkreten Plänen Kochs, der mithilfe privater Sicherheitsfirmen eine Art DFB-Verfassungsschutz aufbauen wollte. Private V-Leute sollten die Ultragruppierungen unterwandern, wichtige Personen der jeweiligen Szenen identifizieren und dadurch kritische Fans kriminalisieren und aus den Stadien drängen. Das klingt absurd, aber es ist die Realität eines Fußballs, der ohne Fans besser klarzukommen scheint. Fans sind in ihrer Rolle als Konsumenten gern gesehen, denn ohne sie ließen sich keine besseren Fernsehverträge oder Sponsorendeals aushandeln. Doch in dem Moment, wo sich der Mitproduzent zu Wort meldet und die Umstände kritisiert, wird er gefährlich. Fans können das System Fußball zu Fall oder zumindest in arge Bedrängnis bringen. Ohne sie funktioniert der Fußball nicht und das macht die Angelegenheit so gefährlich. Da der Profi-Fußball zu einem Teil der Unterhaltungsindustrie degradiert wurde, sind die Fußballfans zu einem Absatzmarkt geworden und der funktioniert nach Marktlogiken. Bricht der Absatz ein, ist das Produkt Fußball nicht mehr profitabel und bricht in sich zusammen. Die Organisatoren des kapitalistischen Fußballs sind also gut beraten, wenn sie sich nicht offen gegen ihre Geldgeber wenden. Fans dürfen sich nicht abwenden, sie müssen nur unmündiger werden.

Die großen Sportarten in Nordamerika liefern gute Beispiele für einen »modernen Fan«. Die dortige Entwicklung der letzten Jahrzehnte liefert eine Blaupause dafür, was bei uns noch in den Kinderschuhen steckt. Uli Hoeneß ist wohl nicht der einzige, der sich in den USA umguckt. Kritische Fans gibt es in Nordamerika kaum noch, sie sind verdrängt durch eine Eventisierung, wie sie uns noch bevorsteht. Allerdings gibt es noch einige Fans, die sich auf bestimmte Traditionen und Vereinshistorien berufen und damit nicht so weit von dem entfernt sind, was auch Ultras vielerorts definiert. Ultras in Fußball-Deutschland entwickelten sich aus einer kritischen Fankultur der 1990er Jahre. Sie fielen nicht nur durch ausgefeilte Choreographien auf, sondern auch durch »eine kontinuierliche und organisierte Kritik an der vorherrschenden Vereinspolitik, die den drohenden Ausverkauf von Vereinstraditionen anprangerte.«[9]

Die Fanidentität der Ultras basiert neben der abstrakten Kritik auch auf konkreten Traditionen des eigenen Vereins, in dessen Historie man sich stellt. Beispielhaft dafür ist die *Schickeria München*, eine Ultragruppe des FC Bayern München, die an vergessene Geschichten ihres Vereins anknüpft. Kurt Landauer war vor und nach der Nazizeit Präsident des Vereins und wird von den Ultras jährlich durch eine Choreographie geehrt. Die jüdische Herkunft Landauers sorgte dafür, dass er 1933 sein Amt als Bayern-Präsident niederlegen und 1938 mehrere Wochen im KZ Dachau verbringen musste. Eine solche Erinnerungskultur ist enorm wichtig und wurde vom DFB ausgezeichnet. Und trotzdem lässt sich ein strukturelles Phänomen aufzeigen, über das sich Ultras im Klaren sein müssen. Die Ver- und Anknüpfung an historische Ereignisse kann von der kritischen Teilidentität losgelöst existieren und funktioniert auch in einem Fußball, der kritische Fans nicht mehr zulässt. Viele Ultragruppierungen leben in dem Widerspruch, dass sie sich einerseits in bestimmten historischen Ereignissen zu einem Verein bekennen und andererseits dem kapitalistischen Fußball in seinen Auswüchsen entsagen wollen. Der Widerspruch richtet sich an die vermeintliche Konfliktlinie zwischen Tradition und Kommerz, wobei diese beiden Phänomene nicht so gegeneinander stehen, wie man es im Fußball gerne hätte. Tradition bedeutet auch, dass sich in den Geschichten der letzten Jahrzehnte auch Profitorientierung findet. Der Gründungspräsident des 1. FC Köln, Franz Kremer, hat nicht nur dafür gesorgt, dass durch die Fusion zweier Stadtteilvereine ein großer und über die Region hinaus bedeutender Club entstand, er hat auch aktiv an einer profitorientierten Weiterentwicklung des deutschen Fußballs gearbeitet. Geschichte lässt sich nicht einfach von den unbändigen Ultragruppierungen einnehmen, sie wird schlussendlich doch vom Sieger geschrieben, und der ist im Fußball eben nicht bei diesen Fans zu suchen. Vereine wie Verbände schmücken sich mit solch historischen Figuren, auch wenn sie nicht in die zeitgenössische Realität passen. Greifen Ultras trotzdem auf identitätsbildende Historie zurück, besteht für sie die Gefahr der Vereinnahmung, denn Vereine wie Verbände haben kein Problem damit, sogar abweichende Figuren (z. B. Landauer) in ihre Tradition und in ihre Geschichtsschreibung zu stellen. Wird an diesem Punkt nicht Kritik formuliert, sind auch Ultras nicht davor gefeit, in historischer Glückseligkeit auf einmal Hand in Hand mit den Menschen zu stehen, die sie eigentlich aus Gründen der Vereinstradition bekämpfen wollten.

Die Pandemie hat gezeigt, dass man auf die Fans verzichten kann. Der Anteil der Ticketeinnahmen sinkt seit Jahren und ein Blick auf die Einnahmequellen der umsatzstärksten Fußballclubs der Welt verdeutlicht das. Bei einer Aufschlüsselung der Einnahmen nach Spieltags-, Fernseh- und Werbeeinnahmen sowie des Merchandising verdeutlicht das Papier *Football Money League*, dass die Spieltagseinnahmen bei keinem neu-reichen Klub über 20 Prozent der Gesamteinnahmen ausmachen. Fans in den Stadien verlieren ihr wirtschaftliches Gewicht, vor allem dort, wo sie auch vor der Pandemie nur Beiwerk waren. Andere Arten von Fans werden wichtiger, das zeigen die Sportligen Nordamerikas. Dort sind die Fernsehverträge und Sponsorendeals ebenfalls enorm wichtig und gehen weit über den heimischen Markt hinaus. Die US-amerikanische Basketballliga NBA hatte unter anderem mehrere wichtige Verträge mit chinesischen Unternehmen, was zu einer bedeutsamen Entwicklung in der Pre-Season Anfang Oktober 2019 führte. Die NBA schickt in jeder Saisonvorbereitung mehrere Teams in andere Länder. Das Ziel ist die Etablierung auf neuen Märkten – und im europäischen Fußball nichts Unbekanntes. Bayern hält seine Trainingslager seit einigen Jahren in Katar ab und so ziemlich alle großen Vereine waren in den letzten Jahren zu Vorbereitungsturnieren in den USA. Das Problematische einer solchen Verlagerung ist nicht nur die Entwertung der Fans vor Ort im eigenen Stadion, sondern auch eine politische Beliebigkeit. Man schafft einen politischen Möglichkeitsrahmen, der von den eigenen Fans nicht akzeptiert werden kann und dennoch stattfindet, um neue Einnahmemöglichkeiten zu akquirieren. Die bereits angesprochene Schickeria protestiert seit Jahren mit vielen weiteren organisierten und unorganisierten Bayern-Fans gegen die Trainingslager in Katar, wird aber von der Vereinsführung ignoriert. Diese Abwertung der eigenen Fans kann auch noch dramatischer ausfallen, wie es das Beispiel aus der NBA-Saisonvorbereitung im Oktober 2019 zeigt, als unter anderem die Houston Rockets in China spielen sollten. Der damalige Sportdirektor der Rockets, Daryl Morey, veröffentlichte bei Twitter in dem Zeitraum eine Nachricht, in der er Proteste in Hongkong unterstützte. Liest man hiesige Medien, könnte meinen, dass es sich dabei um ein wichtiges und richtiges Statement gegen autoritäre Bestrebungen eines Staates handelt. Aber das Primat der Ökonomie lässt solche Aussagen nicht zu. Innerhalb von Stunden kündigten mehrere Sponsoren an, ihre Verträge mit der NBA zu kündigen und auch der chinesische Fernsehdeal mit der NBA drohte zu platzen. Wie reagierte die NBA darauf? Man zeigte sich keineswegs auf der Seite westlich orientierter Kräfte, sondern ergab sich einer vermeintlichen politischen Neutralität. Daryl Morey musste sich öffentlich für den Tweet entschuldigen und der NBA-Boss Adam Silver ließ sich zu einer wahren Schlingertour hinreißen. Die Profite müssen an erster Stelle stehen.

Fans werden in diesem Prozess mitgezogen und marktkonform gemacht. Fans in den Stadien verlieren nicht nur an wirtschaftlicher, sondern auch an ideeller Macht. Kritische Fans werden nach und nach verdrängt, und an ihre Stelle rückt eine Art Fan, der weniger auf das Stadionerlebnis getrimmt ist, sondern durch Highlight-Clips und Interaktionen in den Sozialen Medien an den Verein gebunden wird. Die geschilderte Entwicklung ist keinesfalls ein Schreckensszenario der Zukunft, sondern findet momentan schon statt. Die Pandemie sorgte für eine Verlagerung, die zwar unfreiwillig geschah, aber die Verdrängung der Fans aus den Stadien beschleunigte. Vereine mussten lernen, ohne die Einkünfte an Spieltagen zu wirtschaften und auf andere Weise mit ihren Fans zu interagieren. Das kann und wird für Traditionsvereine nicht so bleiben, denn für sie sind die Fans im Stadion noch wichtiger – insbesondere wirtschaftlich. Denken wir aber an recht neue Vereine (oder schon ältere Konzernvereine, die sich als Werksclubs inszenieren) in der Bundesliga, dann lässt sich schnell schlussfolgern, dass es dort nachhaltig zu Veränderungen kommt. Das Stadionerlebnis rückt in den Hintergrund und macht Platz für einen Fußball, der noch mehr Unterhaltung und weniger Sport beinhaltet. YouTube-Präsenzen durch Highlight-Videos oder ein ganzer Sportstreamingdienst, der in seinem Auftreten an Netflix erinnert. All das sind Hinweise auf einen Prozess, der die Eventisierung des Fußballs auf eine neue Stufe hebt. Ein Prozess, in dem die Fans verloren gehen.

Die Analyse der Fans wirkt bis hierhin ambivalent. Sie sind in einer Doppelrolle gefangen, die es ihnen nicht ermöglicht, Teil des Spiels zu sein. Nehmen sie am Fußball teil, unterstützen sie seine kommerzielle Entwicklung. Sie sind unwidersprochener Teil des kapitalistischen Fußballs. Die fortlaufende Entwicklung und Veränderung des Spiels sorgt ebenfalls für einen Wandel der Fans. Die Wichtigkeit der Fans in den Stadien dieser Welt nimmt ab, an ihre Stelle rücken Fans, die kaum ortsgebunden sind und sich einfach nur unterhalten sehen möchten. Doch noch ist nicht aller Tage Abend. Im Fußball halten sich viele Fans bzw. deren Strukturen, die solche Entwicklungen nicht unwidersprochen lassen. Und auch wenn ich sie bisher an vielen Stellen kritisiert habe, sind sie der Fels in der Brandung. Sie können die kommerzielle Vereinnahmung des Fußballs stoppen.

Der Fels in der Brandung

Ultras. Ich sprach bereits häufiger von diesen Fans, ohne genau zu erklären, wer damit eigentlich gemeint ist. Wir alle haben wohl ein Bild von ihnen im Kopf. Seit Ende der Nuller Jahre stehen sie im medialen Feuer: zwischen Fernsehtalkshows und der *Bild*-Zeitung. Fußballkommentatoren benennen Ultras seit vielen Jahren als Idioten, die angeblich nichts mit dem Fußball zu tun hätten. Sie würden Chaos auf die Ränge und Gewalt in die Stadien bringen, das ist der Tenor einer Öffentlichkeit, die nichts mit alternativen Strukturen in einer Gesellschaft anfangen kann. Das Abbrennen pyrotechnischer Erzeugnisse macht noch lange keine Gewalttäter aus, das beweisen die großen Shows vor Finalspielen der Champions und Europa League. Ultras und anderweitig aktive Fans, die sich in Bündnissen organisieren und Einfluss nehmen auf den Fußball und seine Kultur, sind die wichtigste Triebfeder einer denkbaren kritischen Fußballkultur. Sie können ganze Stadien mit ihrer Stimmung anstecken und darüber hinaus dafür sorgen, dass wir nicht aus den Augen verlieren, was mit dem Fußball passiert.

Doch einmal von vorn: Wer oder was sind Ultras überhaupt? Nun, sie sind so vielfältig und heterogen, wie man es sich kaum vorstellen kann. Das Problem einer einheitlichen Definition bei dem Phänomen Ultra ist ihre fehlende Einheitlichkeit. In den Fußballstadien Deutschlands kann man die Heterogenität jedes Wochenende aufs Neue erleben, denn die Münchner Schickeria funktioniert in vielen Punkten anders als es beispielsweise Ultragruppierungen in Aachen oder Dresden tun. Gemeinsam ist ihnen vermutlich nur eine Mentalität, die sie von vielen anderen Fans unterscheidet. Wer einmal in einem Stadion war und auf die eine Kurve geachtet hat, in der nicht nur Trommeln den Takt, sondern Vorsänger den Fangesang vorgeben, der weiß, wovon die Rede ist. Ultras leben ihren Verein. Ihre Entstehungsgeschichte fängt in Deutschland in den 1990er Jahren an, als das Phänomen Ultra von Italien aus in die Republik schwappt. Der Nährboden der Ultras war die erste große Welle der Kommerzialisierung, die in England für eine Abschaffung der Stehplatztribünen verantwortlich war und länderübergreifend eine schlechtere Stimmung in den Stadien produzierte. Der Fanforscher Jonas Gabler spricht in seinem Buch in diesem Zusammenhang von einer Welle der Entproletatisierung, denn die Tickets wurden erheblich teurer und das Produkt Fußball fing an, wirtschaftlich schwache Gesellschaftsgruppen auszuschließen. Es ist kein Zufall, dass das Stadion von Arsenal London mit dem Spottnamen *The Library* (übersetzt: die Bibliothek) bedacht wird. Als die Stehplätze verbannt und mit Sitzplätzen ausgetauscht wurden, stiegen die Ticketpreise, wodurch sich viele Fans eine Dauerkarte nicht mehr leisten konnten. Sie wurden verdrängt und an ihrer statt kamen Event-Fans. Sie brachten den Vereinen zwar mehr Profite, doch dafür verschwand die Stimmung. Da auch in Deutschland eine solche Entwicklung absehbar war, formierten sich die Fans. Das Ziel war es, die Stimmung in den Stadien zu verbessern und gleichzeitig eine kritische Fußballkultur aufzubauen. Aus dieser Absicht heraus entstanden die zwei unüberhör- und unübergehbaren Gruppen unter den Fußballfans in Deutschland. Einerseits aktive Fans, die sich in Bündnissen deutschlandweit vernetzten und für einen weniger kommerziellen Fußball kämpfen, und andererseits Ultras. Wenn ich die beiden großen Fangruppen häufig zusammen nenne, dann rührt das aus deren historischen Verzahnung in den Kurven. Trotzdem muss klar sein, dass aktive Fans und Ultras keineswegs eindeutige personelle Überschneidungen aufweisen, denn Ultras sind seit je her eine Jugendkultur gewesen. Was sie eint, ist eine diffuse Ablehnung des modernen Fußballs.

Fußballfans engagieren sich demnach in politischen Kontexten. Viele haben bereits davon gehört, dass es ohne die Ultras nie gelungen wäre, den Rassismus aus den Stadien zu vertreiben. Die jüngste Debatte um Ultras (im Kontext der Anti-Hopp-Proteste Anfang 2020) brachte diese Feststellung erneut in die Öffentlichkeit. Es waren aber keineswegs die Ultras allein, sondern auch eine Bandbreite an Fan-Bündnissen, von denen einige bis heute recht präsent sind. Beispielhaft ist das Bündnis aktiver Fußballfans, kurz BAFF. Sie haben einen erheblichen Anteil an der Sensibilisierung und Bekämpfung rechter Ideologien im Kontext der Fußballkultur und warben und werben für einen Sport frei von jeglichen Diskriminierungsformen. Nach Jahrzehnten rechtsoffener Fankulturen wie Hooligans oder auch Kutten etablierte sich mit den Ultras und anderen aktiven Fans eine Kultur, die Brandmauern nach rechts zog. Das soll aber nicht heißen, dass Ultras eine vornehmlich linke Kultur sind. Wie erwähnt begreifen sich bis heute viele Ultragruppierungen als unpolitisch. Die damit einhergehenden Probleme einer fehlgeleiteten Analyse und der reinen Bekämpfung von Symptomen sind bereits geschildert worden. Die Macht der Ultras hat dagegen noch zu wenig Aufmerksamkeit bekommen.

Der Fels in der Brandung, das können Ultras sein. Sie erfahren auch in Deutschland besonders harte Repressionen durch den Staat. Alle paar Jahre fordert ein neuer Innenminister das Verbot von Ultragruppierungen und Haus- und Wohnungsdurchsuchungen stehen bei Ultras längst auf der Tagesordnung. Selbst Gefährderansprachen durch die Polizei finden seit einigen Jahren statt, was Spekulationen auslösen könnte, wann die ersten Ultragruppierungen in einem Verfassungsschutzbericht auftauchen. Versucht man, die staatliche Repression zu verstehen, dann muss man sich die gesellschaftliche Macht der Ultras angucken. Sie werden oftmals als größte Jugendkultur Deutschlands bezeichnet und das kommt nicht von ungefähr. Ihr gesellschaftlicher Einfluss speist sich aus zwei Aspekten. Auf der einen Seite wird die staatliche Unterstützung von Jugendlichen seit Jahren zurückgefahren. Der Berliner Senat beschloss im Juni 2021 einen neuerlichen Sparkurs, der junge Menschen trifft. Jugendzentren lassen sich kaum noch finanziell halten, wenn der Staat den Geldhahn zudreht, und an dessen Stelle treten Ultras. Sie bieten Unterstützung für Jugendliche, zeigen eine Perspektive in einer Gemeinschaft auf und können dabei ohne gesellschaftliche Autoritäts- und Hierarchiemodelle agieren. Es gibt bei Ultras kein Lehrpersonal, das mit einer gottgegebenen, natürlichen Autorität auftritt. Die von ihnen selbst verwalteten Räume ermöglichen eine weitreichende Autonomie, die an dem Punkt aber eben auch staatlichen Einfluss untergräbt. Auf der anderen Seite haben Ultras einen enormen gesellschaftlichen Einfluss, der sich aus der

Rolle des Fußballs ergibt. Fußball bewegt die Menschen wie kaum ein Ereignis sonst. In autoritären Systemen haben Ultras deshalb Aufstände und Revolutionen angeführt, weil sie in den Gesellschaften anerkannt waren. Die sogenannten Gezi-Proteste im Jahr 2013 gegen die autoritären Maßnahmen des türkischen Staats demonstrierten den gesellschaftlichen Einfluss von Ultras. Ultras aller drei großen Istanbuler Vereine schlossen sich zusammen, bekämpften mit vielen anderen Bürgernden türkischen Repressionsapparat und sorgten für weltweite Aufmerksamkeit. Die Gezi-Proteste speisten ihren politischen Einfluss und die Macht auf den Istanbuler Straßen durch den Zusammenschluss der Ultras. Anders als viele andere Protestierende kannten Ultras das Vorgehen der Polizei bereits und standen dadurch in der ersten Reihe. Auch während des arabischen Frühlings, insbesondere in Ägypten, nahmen Fußball-Ultras eine wichtige Rolle innerhalb der gesellschaftlichen Aufstände ein.[10]

Ultras und aktive Fans haben einen enormen Einfluss auf die Gesellschaft. Der Arroganz vieler »Gelehrter« zum Trotz sind es oftmals Fußballfans, die gesellschaftliche Missstände offenlegen und Dinge konkret ändern. Ihr Einfluss ist nicht zu unterschätzen und im Kampf gegen den kapitalistischen Fußball sind sie die Akteure, auf die es ankommt. Aber bevor wir weitergehen, was können wir aus der systematischen Betrachtung der Fußballfans mitnehmen?

- Fußballfans nehmen im kapitalistischen Fußball eine Doppelrolle ein. Sie konsumieren den Sport nicht nur, sie nehmen auf ihn Einfluss und produzieren ihn mit. Die DFL macht mit der Stimmung in deutschen Stadien überall auf der Welt Werbung und erhöht auch dadurch ihre jährlichen Einnahmen.
- Der Rückblick auf Karl Marx' Analyse zeigt, dass Fußballfans durch die Doppelrolle in dem System gefangen sind. Die ökonomische Verwertung ihrer Stimmung in den Stadien und ihre Funktion als Absatzmarkt, der dem kapitalistischen Fußball immer mehr Profite einbringen soll, zeigt die Wirklichkeit auf. Der Fußball mag einigen Menschen gehören, aber gewiss nicht den Fußballfans. Ihnen ist der Fußball entrissen worden.

- Fußballfans stecken in einem Ausbeutungsverhältnis fest. Der kapitalistische Fußball ist keineswegs frei von Herrschaft und er profitiert von dem Gerede vieler, die in dem Spiel mit dem runden Leder noch von einem unpolitischen Raum reden.
- Die Entwicklungen im Fußball geben kritischen Fans immer weniger Raum. Das Fansein transformiert sich durch die Umstände. Aus kritischen Fans in den Stadien werden »moderne Fans«, die seichte Unterhaltung im Fußball suchen. Die Eventisierung des Fußballs hat gerade erst begonnen und das Fansein wird sich in den nächsten Jahren weiter wandeln.
- Der Kampf gegen die Ausbeutung und die Verdrängung kann nur mit und durch die Ultras und aktiven Fans gelingen. Ihr gesellschaftlicher Einfluss darf nicht unterschätzt werden und ihr kommerzialisierungskritischer Ausgang in den 1990er Jahren prägt sie bis heute. Fußball bewegt die Massen. Ultras und aktive Fans bewegen die Stadien. Sie können der Anker einer Bewegung sein, die sich gegen den kapitalistischen Fußball richtet.

Der Fußball ist in seinen grundlegenden Zusammenhängen analysiert und auch die Rolle der Fans ist nun betrachtet worden. Sie sind Teil des kapitalistischen Fußballs, ob sie wollen oder nicht – und trotzdem sind sie der Schlüssel für einen anderen Fußball. Nicht indem sie einfach ausblenden, wie die aktuellen Zustände sind, sondern weil Fans und insbesondere Ultras und aktive Fans die Macht haben, Dinge zu ändern. Ihr Nein könnte das Aus des aktuellen Fußballs bedeuten und die Kritik an Kommerz und entfremdetem Fußball lässt einen stutzig werden: Warum sind Ultras und aktive Fans bisher so wirkungslos?

Die Mobilisierung ist fehlgeschlagen

Die Fans sind der entscheidende Akteur im Fußball. In Zeiten von Pandemie und Geisterspielen als zwischenzeitlicher Standard mag die Aussage vermeintlich an Wert verloren haben, doch wer auf die

Wortmeldungen aller Beteiligten achtet, wird die Wichtigkeit der Fans erkennen. Es mag Augenwischerei sein, wenn selbst der (Ex-) DFL-Chef Seifert die Abwesenheit von Fans als Verlust für den Fußball benennt, aber die Reaktionen der Spieler ist eindeutig. Jubelwellen vor einer leeren »gelben Wand« oder die Freude über die zurückgekommenen Fans am Ende der Saison 2020/21 in einigen Stadien: Fans sind der entscheidende Akteur im Fußball. Ohne sie wird der Fußball zu einem Spiel zweier Mannschaften auf zwei Tore. Ihre besondere Bedeutung erhält die Sportart durch die Fans.

Ich hatte mit einem Freund, der Schiedsrichter ist, eine lebhafte Diskussion zu dieser Überlegung. Aus seiner Perspektive heraus sind die Spieler und Schiedsrichter das wichtigste Element des Fußballs und er mag auf einer rein logischen Ebene recht haben. Natürlich funktioniert der Fußball nicht ohne die Menschen, die ihn spielen. Er funktioniert nicht ohne die Berücksichtigung grundlegender Regeln wie die Größe der Teams oder die Frage, wann ein Foul ein Foul ist. Aber nimmt das Spiel mit dem runden Leder eine solch große Rolle im gesellschaftlichen Leben ein, wenn keine Fans kommen? Nein, natürlich nicht. Fans sind die Grundlage des kapitalistischen Fußballs und diese Grundlage speist sich aus den Millionen an Menschen, die dem Fußball verfallen sind. Keine Sportart hat auch nur ansatzweise diesen Einfluss auf Gesellschaften. Das erklärt die mittlerweile zahllosen Versuche von Regierungen und Privatunternehmen, ihren Ruf durch den Sport aufzupolieren. Es erklärt aber auch die gesellschaftliche Macht, die der Fußball ausübt.

Ultras verstehen sich als Speerspitze dieser Massen. Viel haben die normale Stadiongängerin und der Ultra mutmaßlich nicht gemeinsam, aber sie lieben beide den Fußball. In den Stadien Deutschlands kommen Menschen aus allen gesellschaftlichen Schichten zusammen. Der vielzitierte Spruch von »In der Kurve steht der Arbeiter neben der Akademikerin« trifft tatsächlich zu. Keine andere soziale Bewegung hat es in den letzten Jahrzehnten geschafft, so viele Menschen zu vereinen, keine Protestbewegung konnte kontinuierlich solche Massen an Menschen organisieren. Der Fußball besitzt eine gesellschaftliche Kraft, die nicht zu unterschätzen ist. Bei der Protestaktion *12:12* wurde gemeinschaftlich in allen Stadien die ersten zwölf Minuten und zwölf Sekunden geschwiegen, die Proteste gegen die erneute Einführung von Kollektivstrafen, die in die sogenannten Anti-Hopp-Proteste mündeten, waren tagelang Thema Nummer Eins in der medialen Öffentlichkeit. Und der Blick über den deutschen Tellerrand zeigt bei den großen gesellschaftlichen Protesten gegen autoritäre Regierungen eine Gemeinsamkeit: Fußballfans stehen überall mit an der Spitze.

Es gibt Gründe, warum auch in Deutschland Ultras staatlicher Repression ausgesetzt sind. Historisch gesehen sind die Repressionsmaßnahmen durch die sportlichen wie politischen Institutionen eigentlich nicht für Ultras vorgesehen, sie wurden schlicht übernommen. Als die Hooligans aus den Stadien verdrängt wurden und sie ihre Vorherrschaft in den Stadien verloren, blieben die Maßnahmen erhalten. Die Polizei baute die Maßnahmen auf einer Grundlage auf: Gewalt. Gewalt in den Stadien war die Begründung für die Repression und sie ist es bis heute. Die Polizei ist selbstverständlich an einer Aufrechterhaltung der Maßnahmen und deren Einsatz interessiert. Dass Hooligans und Ultras bis auf die Gewaltanwendung wenig gemein haben, wird dann uninteressant. Es ist die typische Verkürzung, durch die der Staat solche Repressalien begründet. Doch was ist Gewalt von solchen Gruppen in einer Welt, die gewalttätiger nicht sein kann? Wir haben in der Saison 2021/22 in der französischen Ligue 1 außerordentlich viel Gewalt in den Kurven erlebt. Die Kreise, die das zog, gingen sogar bis zum französischen Präsidenten, der die Vorkommnisse scharf verurteilte und die französische Variante von *thoughts and prayers* schickte. Auch in Deutschland wurden die Geschehnisse unter der Fragestellung aufgegriffen, warum so viel Gewalt in den Fußballstadien sichtbar ist, nachdem doch endlich überhaupt wieder Fans nach der pandemiebedingten Wartepause in ihre Kurven durften. Eine Erklärung jenseits mainstream-artiger Ansätze, die sich auf oft pseudowissenschaftliche

Begründungen beziehen, wonach Fußball ein gesellschaftlicher Hort des Archaischen ist, könnte sich auf die wahrgenommene Entfremdung zum Profifußball und seinen Strukturen beziehen. Wenn Menschen das Gefühl haben, dass sie etwas verlieren, dann können sie darauf durch Gewalt reagieren. Und was hat sich nicht entfremdeter angefühlt als Geisterspiele? Anstelle solcher Auseinandersetzungen wird der Begriff Gewalt mit Vorliebe von der Polizei benutzt, um Proteste oder eben Fußballfans in ein schlechtes Licht zu rücken. Kein Wort ist so negativ besetzt wie Gewalt. Wer als gewalttätig bezeichnet wird, verliert in unserer Gesellschaft an Ansehen. Aber: Die Bedeutung von Gewalt wird verkürzt, wenn es nur noch um eine direkte Anwendung von Gewalt geht. Ein Beispiel verdeutlicht diese problematische Verwendung des Begriffs. Der Friedens- und Konfliktforscher Johan Galtung skizzierte Anfang der 1970er Jahre einen neuartigen Gewaltbegriff. Er verstand Gewalt nicht als physische oder psychische Gewalt, sondern fasste die Bedeutung weiträumiger: »Gewalt wird (…) definiert als die Ursache für den Unterschied zwischen dem Potenziellen und dem Aktuellen, zwischen dem, was hätte sein können, und dem, was ist.«[11] Galtung ermöglicht mit der Definition den Blick auf die Vielfältigkeit von Gewalt. Er erläutert die Erweiterung durch ein prägnantes Beispiel: In der Steinzeit wäre eine Lebenserwartung von 30 Jahren der normale Zustand. In unserer heutigen Welt ist eine Lebenserwartung von 30 Jahren nicht nur eine Ungerechtigkeit, sondern eben Gewalt. Wir haben die technologischen Möglichkeiten und die Hilfsmittel, eine deutlich höhere durchschnittliche Lebenserwartung zu erreichen. Können diese aber nicht allen zugänglich gemacht werden, ist das strukturelle Gewalt – und sie ist allgegenwärtig. Die Pandemie muss auch hier ein aktuelles Beispiel liefern, denn die Frage nach Impfstoffen ist auch eine Frage nach Gewaltausübung. Die Menschheit hat Impfstoffe entwickelt, die Voraussetzungen sind also geschaffen, um die von Corona ausgehenden Gefahren zu minimieren. Doch anstelle einer Patentfreigabe und dem Abbau der Hürden zu solchen Impfstoffen verschließt der globale Norden um Westeuropa und die

USA die Tür. Die Impfstoffe sind da, die Freigabe der Patente wäre eine Frage von Stunden. Man könnte diese Pandemie und v. a. deren Folgen in einer gerechten Welt innerhalb von Monaten in den Griff bekommen. Stattdessen braucht es Gipfel des globalen Nordens, wo man sich gütigerweise auf Lieferungen von Impfstoffen zu ihren Konditionen einigt. Sterben Menschen massenhaft an Corona, obwohl es schon Impfstoffe gibt, reden wir über strukturelle Gewalt. Es hätte nicht sein müssen. Die ausbleibende Impfstofffreigabe hat nichts mit der angeblichen Logik des Marktes zu tun, sondern basiert auf einer Welt, die von Herrschaft geprägt ist. Gewalt ist, wie gesagt, die Ursache für den Unterschied zwischen dem, was möglich wäre und dem, was ist.

Unsere Gesellschaft ist demnach latent gewalttätig. Wirst du in wirtschaftlich ungünstige Verhältnisse geboren, hast du in Deutschland kaum noch Chancen, dich wirklich frei zu verwirklichen. Über Deutschland hinaus sind die strukturellen Unterschiede so gravierend, dass es jedes Jahr eine Vielzahl von Menschen gibt, die in den globalen Norden fliehen. Doch eine solche Gewalt fällt den meisten nicht auf, sie ist ja allgegenwärtig. Selbst dann, wenn die EU eine Behörde etabliert und mit weitreichenden Befugnissen ausstattet, die nur dafür da ist, Menschen zurück ins Mittelmeer zu treten. An diese strukturelle Gewalt haben wir uns gewöhnt, schließlich schützt sie »unseren« Wohlstand. In einer solchen Gesellschaft kann der Gewaltbegriff nicht so gefasst werden, wie es Johan Galtung tut, sonst könnte wohl kaum ein Mensch am Morgen mit einem guten Gewissen aufstehen. Die Verkürzung des Gewaltbegriffs auf eine rein personale, direkte Form von Gewalt ermöglicht es den herrschenden Verhältnissen, potenziell gegenherrschaftliche Gruppen zu kriminalisieren. Ultras fallen damit in eine Situation, in der sie gesellschaftlich ausgegrenzt werden sollen. Ihr Potenzial und ihr möglicher Einfluss auf die Gesellschaft macht sie gefährlich. Ihre Organisation außerhalb staatlich kontrollierter Räume macht sie gefährlich. Überall dort, wo Strukturen von unten aufgebaut werden, guckt der Staat genauer hin.

Die Gewaltanwendung von Ultras in einem Fußballkontext ermöglicht ihre Kriminalisierung. Darauf aufbauend half natürlich ihre Verwendung von Pyrotechnik, die in Stadien verboten ist und dadurch eine Verfolgung seitens der Polizei hervorruft. Fußballfans in Deutschland werden von staatlichen Organen verfolgt, an Spieltagen ausgegrenzt und überwacht. Es existiert eine bundesweite Datei, die sich »Datei Gewalttäter Sport« nennt und Informationen über zahllose Fußballfans sammelt. Die fadenscheinige Begründung dahinter lautet, dass man mögliche Straftäter auf dem Schirm haben möchte, doch ein Blick auf die statistische Entwicklung der Datei wirft Fragen auf. Von März 2020 bis März 2021 hat die Polizei 71 Neueintragungen veranlasst, obwohl in diesem Zeitraum kein einziges Spiel unter Beteiligung der Ultras stattfand. Die Polizei nutzt die Datei, um Platzverbote aussprechen zu können oder Fans vorab davon abzuhalten, (Auswärts-)Spiele zu besuchen.

Fußballfans und vor allem Ultras werden nicht nur dadurch seit Jahren kriminalisiert. Ihr potenzieller Einfluss und autonome Organisationsstrukturen machen sie zu einer herrschaftsgefährdenden Gruppe. Sie könnten den Fußball grundlegend verändern, doch die Entwicklungen der letzten Jahre zementieren nur ihr vorläufiges Scheitern. All die Proteste gegen mäzengeführte Vereine, Montagsspiele und dergleichen haben kaum Änderungen hervorgebracht. Das Problem der Fans hat zwei Gründe: das fehlende Verständnis für die Herrschaftsstrukturen im kapitalistischen Fußball und die fehlende Mobilisierung aller Fußballfans. Bevor wir uns im nächsten Kapitel der Herrschaftssicherung im Fußball widmen, muss der Blick auf die fehlende Mobilisierung gerichtet werden. Wer den kapitalistischen Fußball ändern möchte, muss dafür die Mehrheit der Fußballfans gewinnen. Statt einer breiten Vernetzung innerhalb organisierter wie unorganisierter Fans wirkt es momentan allerdings so, als igelten sich viele Ultragruppierungen ein. Sie sind kein Ansprechpartner für den Großteil der Fußballfans und ohne eine entschiedene Offensive der Vielen wird sich nicht viel ändern können. Was ist in den letzten Jahren schiefgelaufen und wo liegt die Ursache dieser Probleme?

Die immer neue Abgrenzung

Viele Ultragruppierungen in Deutschland funktionieren nach einem Motto, das nicht so recht mit den aufgezeigten Ideen zusammenpassen möchte. Man sieht sich zwar in einem die Traditionen erhaltenden Kampf gegen die durchdringende Kommerzialisierung des Fußballs, möchte dabei aber vielerorts unter sich bleiben. Ein Problem aus dieser Einstellung ist die Anschlussfähigkeit nach rechts. Ultras und die gegenwärtige Fußballkultur im Allgemeinen sind nicht automatisch links oder herrschaftskritisch. Sie sind zwar staatlichen Repressionen unterworfen und entstammen einer kommerzkritischen Bewegung der 1990er Jahre, aber sie deshalb als links einzuordnen, verkennt die Lage. Eine verkürzte Kritik des Fußballs kann sich schnell in einen »Kulturkampf« verwandeln, der von faschistischen Ideen eingenommen werden kann. Vereine wie Alemannia Aachen, Energie Cottbus oder der Chemnitzer FC sind bekannte Phänomene einer Fankultur, die in ihrem Kern unzufrieden ist, aber die Unzufriedenheit mit Ausgrenzungs- und Spaltungsmechanismen verknüpft. Das klingt recht akademisch für die einfache Feststellung, dass es auch in Deutschland rassistische und antisemitische Ultragruppierungen gibt, die sich selbst ebenfalls in einem Kampf gegen den Kommerz im Fußball sehen.

Ultras sind eine vielschichtige Kultur und sie sind politisch nicht direkt greifbar. Der Ruf nach dem unpolitischen Fußball und den unpolitischen Kurven mag anfangs noch dazu gedient haben, antirassistische Bewegungen in den Stadien überhaupt Raum zu geben. In Fankurven, die von rechter Ideologie dominiert waren, konnten sich durch die unpolitische Einstellung der Ultras viele Jugendliche vereinen, die sonst keinerlei Anlaufstelle gehabt hätten. Mittlerweile verkommen solche Parolen zu billigen Ausflüchten von Ultras, die gegnerische Fans wieder mit antisemitischen Sprüchen beleidigen. Die Cottbusser Fanszene hat in den letzten Begegnungen mit Babelsberg 03 eindrucksvoll gezeigt, wie offen sich faschistische Einstellungen im Stadion zeigen können. Hitlergrüße und Fangesänge mit eindeutig antisemitischem Bezug waren oftmals zu sehen und zu hören. Sie lassen sich in der Dokumentation *Babelsberg 03 – Fußball radikal: Ein linker Verein und seine Gegner* nachvollziehen. Es sind keineswegs nur (alte) Hooligans, die rechte Stimmung in den Stadien machen, es sind auch rechte Ultragruppierungen. Das Problem hinter dieser Entwicklung ist auch die Ursache für die fehlende Mobilisierung von Fanmehrheiten. Ultragruppierungen agieren in Deutschland überwiegend nach dem Motto »exklusiv statt integrativ« und schaffen durch ihre stetige Abgrenzung eine eigene Form von Korpsgeist.

Ich gehe seit vielen Jahren mit einer Freundin zu Union Berlin, die ein gewisses Interesse an Ultras hat. Sie besucht jedes Heimspiel, fährt auch gerne bei Auswärtsfahrten mit und entwickelte eine Art Begeisterung für Ultras, die für eindrucksvolle Choreographien und eine bemerkenswerte Stimmung verantwortlich sind. Die Zugangsvoraussetzungen bei den Ultragruppierungen von Union sind denkbar einfach: Man muss in einem gewissen Zeitraum (meistens ein Jahr) so gut wie alle Spiele der eigenen Mannschaft besuchen und zeigen, dass man mehr beitragen möchte als ein normaler Fan. Für meine Freundin gibt es nur eine unüberwindbare Hürde: ihr Geschlecht.

Ultras sind eine vorwiegend männliche Kultur. Das mag der Fußball insgesamt sein und doch findet sich das Merkmal der Männlichkeit im Speziellen bei Ultragruppierungen, die fast überall ausschließlich aus (heranwachsenden) Männern bestehen. Bei der Frage nach Ideologien im Fußball erwähnte ich bereits kurz den inhärenten Sexismus und er zeigt sich auch bei den Ultras in praktischer Form. Die Fokussierung auf den Wettbewerbsgedanken erzeugt ein überholt geglaubtes Bild von Männlichkeit, das auf Kraft und Stärke aufgebaut ist. Es zeigt auch die patriarchalen Zustände unserer Gesellschaft im Mikrokosmos Fankurve auf. Die Geschlechterordnung unserer Gesellschaft ist hierarchisch. Und ist dieser Zustand in gesamtgesellschaftlichen Verhältnissen oftmals verschleiert, zeigt er sich im Fußball ziemlich offen. Frauen sind das »schwache Geschlecht«: Das ist die gedachte Grundlage eines Sports, der Männlichkeit als Ideal repräsentiert und vermittelt. Frauenfußball ist die kleine Schwester des vermeintlich richtigen, professionellen Männersports. Fußball erscheint als ein Raum, der überkommen geglaubte Männlichkeitsideale vertritt und der schon mit Outings nicht-heterosexueller Spieler seine Probleme hat. Trotz zahlreicher Aufrufe und Unterstützungskampagnen der letzten Jahre liegt die Anzahl der Outings im deutschen Männerfußball unter Aktiven bei null. Kein Spieler traut sich, von der heterosexuellen Norm abzuweichen, und die Gründe liegen in der sexistischen Kultur des Fußballs vergraben. Der Fußball hat ein Geschlecht und die Ultras ebenfalls: Sie sind männlich.

Meine Freundin wäre eine hervorragende Ultra, davon bin ich überzeugt. Sie denkt kritisch über den Fußball nach, liebt ihren Verein und würde gern mehr tun als nur zu unterstützen. Dass viele Ultragruppierungen Frauen dennoch nicht aufnehmen, hat mit einer Identität zu tun, die offensichtlich toxisch ist. In Gesprächen mit einigen Ultras hört man ein Argument gegen Frauen dabei immer wieder: Eine Ultragruppierung mit Frauen steht im bundesdeutschen Vergleich schlecht und verliert an Ansehen. Der Wettbewerbsgedanke des Fußballs zeigt sich auch in seiner Fankultur auf eine abstrakten Weise. Das Ideal von Männlichkeit baut im Fußball auf Kraft und Stärke auf, die auch bei mutmaßlichen Gewaltanwendungen zum Tragen kommt. Verabreden sich Ultragruppierungen im Wald zu einer verregelten körperlichen Auseinandersetzung, dann sind für viele die Ideale Kraft und Stärke automatisch mit Männlichkeit verbunden. Den Grund dafür sieht der Forscher und Journalist Simon Volpers ebenfalls in der Ideologie des Wettbewerbs: »Im spielerischen Wettkampf mit den Gruppen anderer Vereine wird Männlichkeit in der Welt der Ultras stets aufs Neue zum Einsatz gebracht und es gilt, das jeweilige Gegenüber zu übertrumpfen.«[12] In einer solchen Welt machen sich nicht-männliche Mitglieder offensichtlich nicht gut in den eigenen Reihen. Man verliert an Ansehen bei anderen Ultragruppierungen.

Männlichkeit ist dadurch ein Problem. Nur wenige Ultragruppierungen haben Menschen nicht männlichen Geschlechts in ihren Reihen. Schließt man aber einen großen Teil der Fußballfans aus, so kann man auch nicht darauf hoffen, dass man mit seinen Forderungen mehrheitsfähig wird. Solche rückwärtsgewandten Ansichten sorgen für eine Abgrenzung der Ultras im schlechten Sinn. Sie geben große Teile des Fußballstadions auf, indem sie ein völlig überholtes Bild von Männlichkeit propagieren.

Ein weiteres Problem vieler Ultragruppierungen ist ihre Organisationsform. Die Problematik rechtsoffener Fanlager ist kein spezifisches, sondern in der Art und Weise der Organisation begründet. Laut dem Soziologen Marcus Sommerey verfügen die Ultragruppierungen größtenteils über hierarchische Strukturen. Gemeint ist damit eine Form von Organisation, die über gewisse Ebenen verfügt und somit Mitgliedern unterschiedlich viel Macht zuspricht. Die hierarchische Einteilung in Vorstandspersonen und die Verteilung von Aufgaben wie Pressearbeit sind Strukturmerkmale, die bei vielen Ultragruppierungen anzutreffen sind. Doch was ist das Problem einer hierarchischen oder arbeitsteiligen Organisation? Genau gesagt sind es zwei Probleme, die mit einem gewissen Grad an Hierarchisierung einhergehen. Das erste Problem lässt sich schnell erklären, wenn sich die Frage stellt, ob man ein Ultra werden möchte oder nicht. Wie bereits geschildert, entfällt eine solche Überlegung ja schon für knapp 30 Prozent der Fans im Stadion, aber eben nicht für männliche. Möchte man Mitglied einer Ultragruppierung werden, hat man nicht von Anfang an gleiche Rechte, auch wenn das formal so wirken mag. Man muss sich seinen Einfluss erarbeiten, indem man Fahnen trägt und jahrelang auf freie Wochenenden verzichtet. Erst mit dem Alter und der Erfahrung nimmt der Einfluss zu und die eigene Stimme gewinnt an Gewicht. Auf eine Gruppenarbeit, die in solchen Strukturen funktioniert, hat nicht jeder Lust und sie lockt vor allem autoritätsbezogene Menschen an. Es gibt auch Ultragruppierungen, die streng basisdemokratisch funktionieren und sich über flache Hierarchien definieren, aber sie sind wie beim Thema Männlichkeit eine Seltenheit in der deutschen Ultrakultur und nicht repräsentativ. Trotzdem müssen Gruppen wie die Schickeria aus München, die Corillo Ultras aus Freiburg oder die Ultrá Sankt Pauli genannt werden, sie sind aber eben eher Ausnahme denn die Regel.

Das zweite Problem von ausgeprägten Hierarchien knüpft an dem Punkt der Basisdemokratie an, denn wo strenge Hierarchien herrschen, können sich demokratische Elemente nicht ausreichend entwickeln. Prinzipien wie Mitbestimmung, gleiches Recht für alle und Entscheidungen auf Mehrheitsbasis können in hierarchischen Strukturen nur bedingt funktionieren, auch wenn sie formal ausgeübt werden. Doch wer stellt sich im Zweifelsfall gegen den Vorstand der eigenen Ultragruppierung? Strenge Hierarchien schaffen Anknüpfungspunkte zu Menschen, die man eigentlich nicht mehr in der eigenen Kurve sehen möchte. Ich erinnere mich recht gut an ein Vorkommnis, als einige Union-Fans bei einem Auswärtsspiel in Klamotten der faschistischen *Identitäre Bewegung* erschienen und wegen eines Bruchs der Kleiderordnung entfernt wurden. Warum sich solche Menschen zumindest im Dunstkreis von Ultragruppierungen aufhalten, wurde meines Wissens nach nie richtig aufgearbeitet.

Ich unterstelle an dem Punkt nicht, dass alle Ultragruppierungen vorsätzlich hierarchisch organisiert sind. Es ergibt ab einer gewissen Größe einfach Sinn, die Erarbeitungsprozesse zu vereinfachen und Diskussionen zu limitieren. Gleichberechtigte Diskussionen werden dadurch aber unterwandert und können nicht in der gewünschten Weise geführt werden, denn Hierarchien sorgen für ungleiche Machtverhältnisse, die dauerhaft und unbewusst Einfluss auf demokratische Vorgänge nehmen. Es gibt aber auch Gegenmodelle wie bei der Schickeria München, die trotz einer hohen Mitgliederzahl möglichst basisdemokratisch und antihierarchisch arbeitet. Das hängt mit gewissen Idealen zusammen, die sich auch mit »Ultra« verbinden lassen. Eine angestrebte Gleichheit ist die Grundlage der organisatorischen Überlegungen und führte bei der Schickeria dazu, möglichst hierarchiefrei zu arbeiten. Das führt selbstverständlich zu mitunter aufreibenden Diskussionen, aber eben auch zur Erfüllung der Freiheit jedes Einzelnen. Ultragruppierungen müssen sich hinterfragen, inwiefern sie hierarchische Modelle für ihre Gruppenarbeit nutzen wollen. So leidet nicht nur die Attraktivität nach außen, sondern auch die Möglichkeiten demokratischer Teilhabe. Hierarchien ermöglichen es den Alteingesessenen, viele ihrer Forderungen durchzusetzen und entgegen möglicher anderer Mehrheiten zu entscheiden.

Ultras wollen den Fußball ändern, das kommunizieren viele Gruppierungen auch dementsprechend deutlich. Doch der Kampf gegen die Kommerzialisierung des Fußballs ist ein widersprüchlich geführter Kampf. Die unkritische Übernahme von überholten Männlichkeitsidealen und die hierarchisch geprägte Struktur vieler Gruppierungen sorgt nicht für mehr Flinta-Personen im Stadion, sondern ist Teil des Problems. Anstelle der immer neuen Abgrenzung im Stadion durch Sexismus muss eine Offenheit treten, die die Hürden senkt und eine gleichberechtigte Teilhabe aller ermöglicht.

Eine Kultur der Ablehnung

Fußball funktioniert durch eine Abgrenzung: Wir gegen sie. Elf gegen Elf. Fans von Team A gegen die Fans Team B. Konkurrenz und Wettbewerb sind in einem gewissen Maße in diesen Sport integriert. Schon im Kinder- und Jugendbereich ist der Fußball eine Sportart, die den Menschen auf das Gegeneinander im Miteinander trimmt. In meiner Kinderzeit bei einem örtlichen Fußballverein war meine Mannschaft in der F-Jugend eine der erfolgreichsten Berlins. Doch zu den dauerhaften Erfolgserlebnissen durch die Siege gesellte sich auch die Erfahrung der gegnerischen Mannschaften. Sieg der einen bedeutet im Fußball auch immer Niederlage der anderen Mannschaft. Bereits in jungen Jahren ist man im Fußball darauf geprägt zu siegen und sollte man den Sieg nicht erreichen, stehen nicht selten Frust und Wut im Raum. Von der E-Jugend an erinnere ich mich an zahllose Ausschreitungen und abgebrochene

Spiele, die durch dieses System hervorgerufen wurden: Es geht um Siegen, *that's it.*

Auf dieser Ebene hat der DFB die Probleme erkannt und plant deswegen seit einigen Jahren eine Reform des Kinder- und Jugendfußballs, die das Miteinander in den Mittelpunkt stellen soll. Kleinere Teams auf mehreren Spielfeldern verteilt sollen allen Kindern Ballaktionen und individuelle Erfolge ermöglichen und damit die Dualität zweier konkurrierender Teams in den Hintergrund stellen. Doch weil man den Fußball in seinem Kern nicht gänzlich verändern kann, sollte man den Blick gerade auf den professionellen Fußball richten. Es mag zunächst abwegig klingen, aber die sich zuspitzende Kommerzialisierung im deutschen Fußball seit Gründung der Bundesliga im Jahr 1963 ist ein wichtiger Faktor für die Dualität und das zunehmende Wettbewerbsdenken. Waren Sieg oder Niederlage auch vorher schon wichtig, wurden sie durch die Einführung von Profi-Ligen und damit verknüpfte Einnahmen zur existenziellen Frage. Ein Blick nach Gelsenkirchen oder Bremen reicht, um das Problem zu verdeutlichen. Für beide Mannschaften bedeutete der Abstieg in der Saison 2020/21 nicht nur einen sportlichen k.o., sondern auch eine extrem angespannte wirtschaftliche Situation. Niederlagen bringen demnach nicht nur sportlichen Misserfolg, sondern lassen ganze Vereine vor dem Aus stehen. Siege sind die Währung, mit der die Profite erwirtschaftet werden. Je erfolgreicher ein Verein in der Bundesliga abschneidet, desto mehr Gelder erhält dieser und zieht er durch eine erfolgreiche Saison in einen europäischen Wettbewerb ein, erhöht sich der finanzielle Gewinn noch bedeutend. Sieg und Niederlage sind im Fußball eng an finanziellen Erfolg oder Misserfolg verknüpft.

Der existenzielle Dualismus wirkt sich auch auf die Fans aus, die die Konkurrenz auf dem Feld in die Stadionkurven tragen. Bei Ultras zeigt sich das Merkmal der Konkurrenz noch gesteigerter. Der eigene Support muss den der gegnerischen Fans übertreffen, das Bild von Freund und Feind, Mit- und Gegeneinander wird verstärkt. Der Dualismus wird zu einem optimalen Nährboden von Hass und

Von Carl Schmitt zur Frage nach Sieg und Niederlage

Die Freund-Feind-Konstellation analysierte bereits ein Vordenker des deutschen Faschismus: Carl Schmitt. Schmitt lebte von 1888 bis 1985 und gilt bis heute als einer der wichtigsten deutschen Staatsrechtler der Neuzeit, auf den sich auch heute vielfach von Konservativen bezogen wird. Ganz nebenbei war er auch ein politischer Philosoph, der sich insbesondere mit der Staatstheorie auseinandersetzte und theoretische Grundlagen für die NS-Herrschaft schuf. Er wird bis heute recht unkritisch thematisiert, es muss aber jedem Menschen bewusst sein, dass Carl Schmitt nicht nur in den 1920er und 30er Jahren darüber schrieb, wie ein in seinen Augen ein guter Staat zu funktionieren habe, sondern er auch ein glühender Antisemit und überzeugter Nazi war. Schmitt stellte unter anderem das Konzept des »totalen Staats« auf und lieferte damit, noch vor der Machtergreifung 1933, eine legitimatorische Grundlage für die Vereinigung von Staat, Gesellschaft, Kultur und Religion. In seinem Hauptwerk »Der Begriff des Politischen«, das er selbst als seine beste Schrift ansah, schreibt Schmitt über die Notwendigkeit des Freund-Feind-Verhältnisses für den Staat. Der Text liegt in mehreren Versionen vor, die sich bereits beim ersten Satz unterscheiden. Die bis heute zugängliche Version von 1932 beginnt mit der Feststellung »Der Begriff des Staates setzt den Begriff des Politischen voraus.« In einer Version von 1933 ist dieser Satz umformuliert und weist auf die zentrale Bedeutung des Dualismus im Politischen hin: »Die eigentliche politische Unterscheidung ist die Unterscheidung von Freund und Feind.« Schmitt stellt in seiner Überlegung zur Funktionsfähigkeit des modernen Staats fest, dass dieser sich in der Identifizierung von Feinden legitimiert. Ohne einen konkreten Feind kann Politik und dadurch der Staat nicht existieren. Erst in dem Feld zwischen Freund und Feind entsteht die Notwendigkeit von Politik und Staat. Schmitt erkennt in dem Verhältnis eine ideologische und tiefgreifende

Form von Machtsicherung. »Der politische Gegensatz ist der intensivste und äußerste Gegensatz und jede konkrete Gegensätzlichkeit ist um so politischer, je mehr sie sich dem äußersten Punkte, der Freund-Feindgruppierung, nähert.«[13]

Die Etablierung von Freund-Feind-Verhältnissen sorgt für eine Stärkung des Politischen und die Notwendigkeit einer übergeordneten Institution. Schmitt leitet aus der vermeintlichen Grundordnung des gesellschaftlichen Lebens zwei Dinge ab: erstens erkennt er eine notwendige Homogenität des »Wir«. Der Dualismus sorgt für eine Einteilung in guter und schlechter Seite und die Abgrenzung muss deutlich sein. Zweitens liefert Schmitt durch die Freund-Feind-Konzeption und die Priorisierung der staatlichen Ordnung ein Argument für das Brechen der Verfassung. Für die Sicherung des Staats ist es möglich, die eigene Verfassung zu suspendieren.

Abneigung. Gewisse Rivalitäten zwischen den Fans haben sicher ihren Reiz. Derbys im Ruhrgebiet sind mit Fans ein Spektakel, doch die Abneigung bleibt nicht auf den Rängen, sondern zieht sich ebenfalls in die Fanarbeit und in klaren Trennlinien mitten durch Ultra-Deutschland, die eine Fanszene kann mit der anderen nicht, weil man über drei Ecken mit der rivalisierenden Fanszene verbündet ist. War oben die Rede von dem Problem Männlichkeit und hierarchischer Organisation, muss auch die Kultur der Ablehnung zwischen den Fans thematisiert werden. Wo die sportliche Konkurrenz und der Wettbewerb zu Feindbildern auf den Rängen und darüber hinaus führen und ein Freund-Feind-Denken entsteht, kann keine gemeinsame Arbeit und kein gemeinsamer Kampf um den Fußball wachsen. Auch an diesem Punkt erzeugt die spezifische Form des Fußballs gewisse Ideen, die ihn nicht nur auf einer rein ökonomischen Ebene absichern, sondern ihm Legitimation verschaffen. Wo Herrschaft ist, muss sie erklärt und begründet werden. Im Fußball sind das nicht nur die bereits angesprochenen vermeintlichen Ideale von maximalem Erfolg durch größtmögliche Konkurrenz und Wettbewerb oder die strukturelle Ausgrenzung und Diskriminierung, sondern eben auch das Freund-Feind-Verhältnis. Der kapitalistische Fußball erzeugt, indem er Sieg oder Niederlage an Existenzen knüpft, ein Zerrbild. Gewinnst du nicht, kannst du schnell von der Bildfläche verschwinden.

Was bedeutet das für den kapitalistischen Fußball und eine Fankultur, die auf ein solches Freund-Feind-Verhältnis aufgebaut ist? Zum einen sichert ein solches Verhältnis den Fußball in seinem Ist-Zustand, denn die Etablierung von Feinden innerhalb des Akteurs »Fußballfans« sorgt für eine Trennung. Wo Abneigung und Hass auf ein extremes Niveau projiziert werden, kann sich keine gemeinsame Identität als Fußballfans ausprägen, die den herrschenden Verhältnissen im Fußball gefährlich wird. Für die Fankultur und insbesondere die Ultras bedeutet die Freund-Feind-Konzeption eine praktische Trennung. Die übermäßige Rivalität führt zu einer Kultur der Ablehnung, die nicht einfach zu überwinden ist. Deshalb sind gemeinsame Proteste und gemeinsame Aktionen von Ultras so selten, obwohl sie sich bisher als äußerst vielversprechend erwiesen haben.

Gemeinsame Aktionen in allen Stadien schaffen einen Druck, der sich in der Aktion *12:12* als erfolgreich präsentierte. Das gemeinsame Schweigen und die gemeinsame Ausarbeitung einer inhaltlichen Grundlage des Protestes sorgte für eine bundesweite Solidarisierung unter den Fan- und Ultragruppierungen, zumindest in diesem Zeitraum. Ein gemeinschaftliches Vorgehen im Kampf um den Fußball wird von dem kapitalistischen Zerrbild des Freund-Feind-Verhältnisses verhindert. In dem Gegensatzpaar eines »Wir gegen Die« ist ein Zusammenkommen erschwert und verhilft den Fußballverbänden zu ihrer ideologischen Absicherung. Es existiert folglich nicht nur eine von den Ultras selbst herbeigeführte Trennung zwischen ihnen und den Mehrheitsfans, sondern auch ein Spalt innerhalb der Ultras. So oft ich von Fußballfans als den entscheidenden Akteuren gesprochen habe, so sehr ergibt sich in der Realität ein Scherbenhaufen. Dies zu erkennen, ist Voraussetzung, um zusammen um den Fußball zu kämpfen.

Alle Monster müssen sterben

Die Abneigung gegen den Bundesligaverein aus Leipzig ist vermutlich das einzig Verbindende zwischen vielen Ultragruppierungen. Seit dem Auftauchen des Vereins im Profibereich vergeht kaum ein Spieltagswochenende ohne Proteste, einige organisierte Anhängerschaften bleiben den Spielen in der sächsischen Metropole ganz fern. Und das nicht von Ungefähr: Kein Klub ist so künstlich, tritt vereinsrechtliche Regularien so sehr mit Füßen und legt eine ganze Bandbreite an Problemen des kapitalistischen Fußballs offen. Die Proteste offenbaren aber auch ein Problem der Ultras und aktiven Fans: Sie bekämpfen lieber ein Symptom der Kommerzialisierung, weil sich ansonsten kein gemeinsamer Nenner finden lässt. Wo eine gemeinsame Analyse über die Lage und die Ursache der Probleme fehlt, rückt ein Vereinskonstrukt in den Mittelpunkt der Proteste.

Die erste große Protestwelle begann mit dem Aufstieg des Leipziger Vereins in die dritte Liga. Einigen sind die Videos bekannt, die den Rostocker Auswärtsblock im Leipziger Zentralstadion (seit 2010 offiziell eine nach dem Sponsor benannte Arena) zeigen. Die Proteste der Rostocker Fans bilden damit den Ursprung des Versuchs vieler Ultragruppierungen, das Vereinskonstrukt eines österreichischen Dosenherstellers und Brausemilliardärs nicht zur neuen Normalität werden zu lassen. Da an dieser Stelle auch nicht das erste Mal über diesen Verein gesprochen wird, müssen ein paar Gedanken über die Sprachregelung in dem Kontext aufgezeigt werden. Ich spreche den Verein nicht als RB Leipzig an oder als Rasenballsport Leipzig, wie die Abkürzung offiziell ausgeschrieben wird. Legitimation fängt mit der Sprache an und der Verein hat eigentlich kaum eine Berechtigung im Fußball stattzufinden. Er ist ein Produkt des Milliardärs Mateschitz, der nebenbei nicht nur über Jahre den »Heimatsender des österreichischen Rechtspopulismus« (Süddeutsche Zeitung, 12.10.2018), gemeint ist ServusTV, via Red-Bull-Tochterunternehmen kontrolliert, sondern auch die Plattform *Addendum* anstieß. Letztere wurde über eine Privatstiftung von Mateschitz finanziert und stellte bis zu ihrer Einstellung im Sommer 2020 gerne Fragen über den Nutzen von Demokratie. Das war so offensichtlich, dass sich selbst der Journalist Peter Münch in der *Süddeutschen Zeitung* fragte, wo denn noch der Unterschied zu dem US-amerikanischen Medienunternehmen Breitbart liege, das Donald Trump tatkräftig unterstützte und allgemein als faschistische Plattform eingeschätzt wird. Das alles ist nur leider kein Scherz. Der Eigentümer von einem milliardenschweren Unternehmen unterstützt demokratiefeindliche Überlegungen und schafft dafür eine Plattform, die er auch noch finanziell unterstützt. Der Sport wird von Mateschitz aus zwei Gründen genutzt: Marketing und *sports washing*. Ob Formel 1, Extremsportarten oder eben der Fußball, Red Bull ist überall präsent und nutzt die Plattformen zur Vermarktung seines Produkts. Um deutlich zu machen, wie wichtig das ist: Mateschitz' Imperium besteht aus einem einzigen Kernprodukt und erwirtschaftete im Jahr 2020 einen weltweiten Umsatz von über 6 Milliarden Euro. Der Getränkehersteller ist somit extrem finanzstark. Aus diesem Milliardenumsatz erklärt sich auch die aggressive Marketingstrategie, die zwar mit 1,4 Milliarden Euro recht teuer ist, sich aber offensichtlich lohnt. Der zweite Grund für die Nutzung des Sports besteht in dem schon angesprochenen Phänomen des *sports washing*. Red Bull nutzt den Sport, um einen positiven Ruf in der Öffentlichkeit zu erhalten, und steigert damit sein Ansehen. Es verschafft dem Unternehmen ebenfalls ein Charisma von Innovation und Erfolg, denn in allen Sportarten ist man erfolgreich. Das liegt natürlich an den Geldern, die dort investiert werden, aber am Ende geht es um das sportliche Abschneiden. Der Leipziger Verein hat sich binnen weniger Jahre als Spitzenverein der Bundesliga etabliert, der unternehmenseigene Formel-1-Rennstall gehört zu den erfolgreichsten der letzten Jahre und die finanzierten Extremsportler vermitteln das Gefühl von erfolgreichem Dasein.

Das konsequente Engagement eines Dosenherstellers im Sport ist aber nicht der Auslöser der Kommerzialisierung, es ist lediglich ein Symptom einer Entwicklung. Die Ultragruppierungen von Union Berlin hängten am letzten Spieltag der Saison 2020/21 ein Banner auf, das die Abneigung gegen den Leipziger Verein zugespitzt auf den Punkt brachte: »Alle Monster müssen steRBen«. Einige Wochen zuvor äußerte sich der Unioner Präsident Dirk Zingler bereits mit sehr ähnlichen Worten in einem Gastbeitrag der *Berliner Zeitung*. Die Unschärfe der Analyse ist verblüffend ähnlich. Da werden bestimmte Auswüchse des kapitalistischen Fußballs verteufelt und verurteilt, aber die Kritik verharrt in einer absurden Mischung aus vulgärer Kapitalismuskritik und Reformangeboten. Es geht um die sich verschärfende Kluft zwischen den reichen und den vielen nicht so reichen Vereinen, um die Verteilung der Fernsehgelder und das Abstimmungsverhalten deutscher Vertreter in der UEFA, als es um die Champions-League-Reform 2024 ging. Als Antwort darauf finden sich seichte Ideen, die in den nächsten Jahren wohl auch so kommen werden: Deckelung der Gehälter und der Ablösesummen sowie eine Begrenzung des Marktes Fußball. Zingler glaubt, dass die Begrenzung der Privatisierung im Fußball reicht, um den Menschen ihren Fußball zurückzugeben: »Kriegen wir diesen Bedarf in den Griff, indem wir die Finanzströme deckeln, retten wir unseren Fußball.«[14]

Doch die Forderung, die von einigen Medien als Revolution aus Köpenick dargestellt wird, ist in den kapitalistischsten Sportmärkten der Welt schon längst Realität. Die nordamerikanischen Sportarten arbeiten seit Jahrzehnten mit den sogenannten *salary caps*, den Gehaltsobergrenzen und sie haben das Phänomen der Ablösesummen fast gänzlich eliminiert. Gehört den Fans deshalb der Sport? Wohl eher nicht. Und auch die Erhaltung der 50+1-Regel, über die im nächsten und übernächsten Kapitel noch zu reden sein wird, schützt eine solche Entwicklung nicht im Alleingang. Die Fokussierung auf die Symptome des kapitalistischen Fußballs, die beispielhaft für große Teile der deutschen Ultragruppierungen und aktiven Fans steht, ist enorm problematisch. Der Abbau einiger

Symptome ändert an den herrschenden Verhältnissen im Fußball nichts. Er befördert nur eine Befriedung der kritischen Fußballfans. Reinhard Grindel (DFB-Präsident 2016-19) beschreibt in der Dokumentation »Der Prozess« eben jene Gedankengänge, wenn er davon spricht, man müsse die Fans in die Institutionen holen. Man bindet sie an die Verbände, entfernt ihren radikalen Charakter und sorgt mit einigen wenigen Änderungen dafür, dass sich im Fußball grundlegend nichts ändern muss. Die Fans stehen an vielen Punkten noch am Anfang. Wollen sie den Kampf um ihren Fußball wirklich angehen, braucht es eine selbstkritische Reflexion:

- Ultragruppierungen in Deutschland müssen ihre unbewussten Abgrenzungsstrategien verwerfen und überdenken. Das vielerorts verbreitete Ideal einer Männlichkeit ist nicht zukunftsträchtig. Die strukturelle Ausgrenzung von Menschen anderen Geschlechts und hierarchische Organisation der Gruppen sind von außen schwer nachvollziehbar und schaffen ein Gefühl der Exklusivität. Wenn sie es aber ernst meinen mit dem Kampf um den Fußball, müssen sie integrativ arbeiten. Sie sollen keineswegs inhaltlich beliebig werden, aber Ausgrenzungsmechanismen ablegen.
- Der kapitalistische Fußball lässt aus dem Spiel um Sieg oder Niederlage ein Spiel um Existenzen werden. Das daraus entstehende Freund-Feind-Verhältnis reproduzieren auch Fans, die somit gespalten werden und kaum gemeinsame Aktionen durchführen. Abneigung und Hass sind optimale Werkzeuge der Herrschaftssicherung. Die Konzeption eines »Wir gegen die« muss hinterfragt und in ihrem jetzigen Zustand verworfen werden. Fanrivalitäten sind Anziehungspunkt des Fußballs, keine Frage. Aber die aktuellen Verhältnisse schaffen nur mehr Konkurrenz und Wettbewerb unter den Fußballfans.
- Die Bekämpfung von Symptomen zeigt die inhaltliche Unschärfe der Ultragruppierungen und vieler (aktiver) Fans auf. Die Ablehnung einzelner künstlicher Vereinskonstrukte ist der kleinste gemeinsame Nenner und verspricht weder eine Verbesserung

der jetzigen Lage noch eine radikale Veränderung der Verhältnisse im Fußball.

Nach der Betrachtung der momentanen Lage geht es nun um die Analyse des kapitalistischen Fußballs oder genauer Methoden seiner Herrschaftssicherung. Ein völlig unterschätztes Thema: Wir stehen zwischen einer – vorsichtig formuliert – komisch abgelaufenen Euro 2020 und einer FIFA-WM in Katar. Viele Fußballfans lehnen den Fußball in seiner jetzigen Form ab, aber die Proteste und Kämpfe laufen immer wieder ins Leere. Der Fußball ist politisch und der Journalist Jonas Junack stellte fest:

> »Mein sechsjähriges Ich hat sich in den Fußball verliebt, ohne etwas von Politik zu verstehen. Zwanzig Jahre später tut diese Liebe weh, denn ich weiß jetzt: Politik ist nicht nur im Stadion – sie ist das Stadion. Die Mächtigen haben uns den Fußball genommen, um daran Milliarden zu verdienen. Und sie werden ihn uns nicht kampflos zurückgeben.«[15]

Die Bestandsaufnahme hat aufgezeigt, was die Basis des kapitalistischen Fußballs ist, welche Rolle die Fans in ihm einnehmen und warum sie bisher im Kampf um den Fußball gescheitert sind. Aber sie sollten sich nicht unterkriegen lassen, denn sie haben eine Macht, vor der sich selbst Staaten zu schützen versuchen. Repressionen durch den deutschen Sicherheitsapparat sind kein Zufall. Nur wenn die Fußballfans ein gemeinsames Verständnis von den Herrschaftstechniken des kapitalistischen Fußballs bekommen, haben sie eine Chance, ihren Fußball zurückerkämpfen und ihn wirklich allen zu geben. Die Utopie des Fußballs für alle Menschen muss keine Utopie bleiben, wenn wir verstehen, wie der aktuelle Fußball funktioniert und vor allem welche Rolle die Verbände einnehmen. Die Kritik der letzten Jahre ist nicht ausreichend. Es braucht weniger blinden Aktivismus und Ablehnung, stattdessen mehr Analyse, wie der Fußball sich absichert und wie er geschützt wird. Also auf zu den Agenten der Kommerzialisierung, zu den Agenten des kapitalistischen Fußballs: zu den Verbänden.

2.
Die Transformation des Fußballs

Wer organisiert den Fußball?

Das Verständnis eines kommerzialisierten Fußballs, der in seinem Kern noch neutral und unpolitisch sei, ist gescheitert. Viele Fußballfans orientieren sich noch immer an dem Ideal des unpolitischen Spiels, das sollte die Europameisterschaft 2021 eindrucksvoll beweisen. Im letzten Vorrundenspiel der deutschen Männernationalmannschaft ging es gegen die ungarische Mannschaft. Ungarn war zu dem Zeitpunkt der erste Staat, der trotz Pandemie eine fast vollständige Auslastung seines EM-Stadions erlaubte und auch durch eine im Stadion präsente Gruppe in die Kritik geriet. Die schwarz gekleidete Gruppe hinter dem Tor fiel in den zwei vorangegangen Spielen bereits auf. Und schnell stellte sich heraus, dass sie zur berüchtigten *Carpathian Brigade* gehört, einer neonazistischen Gruppe. Der französische Nationalspieler Kylian Mbappé wurde mit Affenlauten rassistisch beleidigt, gegen kniende Spieler hatte man ein Plakat im Stadion. Fünf Jahre zuvor fiel die Gruppe bereits mit Hitlergrüßen auf. Einige Experten schätzen Carpathian Brigade als paramilitärische Gruppierung ein, was die Frage nur noch verstärkt, wieso solche Menschen bei einer EM so präsent auftreten können? Die Frage beantwortet sich in einem Blick auf den Zustand des politischen Systems in Ungarn, das unter dem Ministerpräsidenten Viktor Orbán in eine sogenannte illiberale Demokratie transformiert wurde. Orbáns Selbstbezeichnung – in Abgrenzung zum westeuropäischen Modell einer liberalen Demokratie – ist eher als sprachliche Beschönigung einzuschätzen, denn er hat über die letzten Jahre

Rechtsstaatlichkeit und demokratische Ideale untergraben. Eine unabhängige Justiz ist kaum noch vorhanden und die Pandemie sorgte für eine willkommene Möglichkeit, das Parlament in seinen Rechten weiter einzuschränken. Demokratische und rechtsstaatliche Grundprinzipien sind in Ungarn elementar beschädigt. Ideologisch gesehen richtet sich Orbán mit dem Begriff des Illiberalen gegen Freiheitsrechte und baut auf einen völkischen Nationalismus. Damit kommen wir wieder beim Nutzen des Fußballs an, denn – wie bereits geschildert – bietet der kapitalistische Fußball nationalistischen Ideologien einen unvergleichlich großen Nährboden. Orbáns Bewegung in Richtung der extremen Rechten führt zu einem Kampf gegen geflüchtete Menschen, eine antisemitisch aufgeladene Kampagne gegen politische Gegner und gegen Freiheitsrechte wie sexuelle Vielfalt oder die Gegnerschaft zu Rassismus. In seinem völkischen Nationalismus machen sich Hooligans als Stimmungsmacher einer Europameisterschaft ziemlich gut: Sie schaffen Stimmung im Stadion und erzeugen eine gewisse Konformität. Sie sind quasi der verlängerte Arm einer Politik, die im Fußball eine Möglichkeit sieht, ihre Ideologie hoffähig zu machen. Es scheint zu funktionieren.

Die Zurschaustellung unpolitischen Fußballs wird von einem Akteur in besonderer Weise zelebriert und hochgehalten: den Verbänden. Der europäische Fußballverband UEFA hatte die regenbogenfarbene Allianz Arena verboten und sieht sich als Beschützerin des Sports vor politischen Einflüssen. Wenn der Fußball aber in seinem Kern politisch ist, dann sind es auch seine Organisatoren. Die Fußballverbände sind nicht neutral, auch wenn das gerne kommuniziert wird. Keine Institution der Welt ist neutral. Alle entstanden in einer gewissen Zeit, gegründet von bestimmten Personengruppen mit bestimmten Absichten. Zu glauben, dass Institutionen – seien sie auf der Ebene des Sports oder auf der Ebene der Politik – neutral und damit unpolitisch sind, ist ein Trugschluss. Auf den Fußball bezogen bedeutet das, dass Verbände eine wichtige Rolle im Erhalt und der Organisation des kapitalistischen Fußballs haben. Die Rede vom Dreiklang von Fußball, Fans und Kapitalismus ist in dem Zusammenhang keineswegs zufällig gewählt. Der Kapitalismus als wirtschaftliche Ordnung lässt nur eine Minderheit profitieren. Das Vermögen in Deutschland ist beispielsweise ungleich verteilt, die obersten zehn Prozent besitzen zwei Drittel des Gesamtvermögens. Das oberste Prozent allein hält 25 Prozent des Vermögens. Eine solche wirtschaftliche Ordnung lässt sich nicht einfach so aufrechterhalten, denn es gibt viele Menschen, die davon nicht profitieren und diverse Formen von Ungerechtigkeit erfahren. Die Direktheit solcher Ungleichheit ist schnell aufgedeckt: Eine Barista in einem Starbucks-Store hat nach 31 ausgegebenen Bechern die vom Konzern kalkulierte Handelsspanne umgesetzt, die als Summe für ihren Tageslohn vorgesehen ist, wird aber noch 219 weitere in ihrer achtstündigen Schicht verkaufen. Somit entsteht aus Ihrer Arbeitsleistung ein Überschuss (produzierter Mehrwert): Nach den 31 ersten Bechern geht der Mehrwert ihrer Arbeitsleistung an den bzw. die Betreiber des Stores. Hier entsteht der Grundkonflikt des Kapitalismus, der als abstraktes Paar von Arbeit vs. Kapital bekannt ist. Die Konfliktlinie prägt eine kapitalistische Gesellschaft, auch wenn wir uns dessen nicht immer bewusst sind.

Sprechen wir über den sozialen Frieden eines Landes, dann meinen wir damit die Aufweichung oder Aufhebung des Konflikts um die ungleiche Verteilung des Vermögens. Der Zusammenhalt einer Gesellschaft wird in diesem Kontext nicht ohne Grund beschworen, denn ohne sozialen Frieden bricht eine kapitalistisch organisierte Gesellschaft auseinander. Institutionen sind dabei der Schlüssel für den sozialen Frieden, denn sie nehmen eine herrschaftssichernde Funktion ein. Das politische System der liberalen Demokratie basiert grundlegend auf dem Parlamentarismus, und das Parlament als Institution ermöglicht die Teilhabe aller in Deutschland lebenden und über einen deutschen Pass verfügenden Menschen. Der Wahlakt als zentrales demokratisches Prinzip ermöglicht nicht nur die einfache Teilhabe, sondern sie hat auch eine befriedende Funktion. Empfindet ein Mensch seine gesellschaftliche und wirtschaftliche Rolle als ungenügend, so wählt er bei der nächsten Wahl eine Partei, die seine Aussichten verbessert. Das ist der Grundgedanke und er ist explizit von einem der »Väter und Mütter des Grundgesetzes« benannt worden. Der Politikwissenschaftler Ernst Fraenkel schrieb nicht nur am Grundgesetz und damit der politischen Ordnung der Bundesrepublik Deutschland mit, er dachte auch über die befriedende Funktion der liberalen Demokratie nach. Seiner Auffassung nach ist der Pluralismus und die zugrundeliegende Meinungsvielfalt innerhalb der Institution des Parlaments das wichtigste Werkzeug zum Interessensausgleich und zum Kompromiss, ohne den das politische System und die wirtschaftliche Ordnung nicht auskommen können.[1]

Nun sind die Fußballverbände nicht unmittelbar für den sozialen Frieden eines Landes verantwortlich und dennoch bildet sich auch im kapitalistischen Fußball eine Ungerechtigkeit heraus, die bereits herausgestellt wurde. Fußballfans sind die Ware des Fußballs. Ohne sie kann er sich nicht verkaufen und verliert seinen Wert. Der Fußball braucht seine Fans. Allerdings erhalten die Fußballfans nicht nur eine Rolle in der Produktion, ohne ihren Konsum geht nichts. Das Gefängnis der Doppelrolle ist aber nicht nur für die Fans gefährlich. Die Verbände erhalten im kapitalistischen Fußball die Aufgabe einer Sicherung der Verhältnisse und damit auch die Aufgabe nach Befriedung der Fans. Sperren die sich gegen den Fußball und fallen die Fernsehquoten und die Zuschauerzahlen in den Stadien rapide ab, ist der kapitalistische Fußball am Ende. Um das zu verhindern, braucht es Institutionen. Sie sind der Kitt im Fußball: Sie halten die Fans und den Fußball zusammen. Und deshalb können sie nicht neutral sein. Sie sind die Agenten des kapitalistischen Fußballs.

Ich werbe in diesem Buch für einen theoriegeleiteten Aktivismus von Fans im Kampf um ihren Fußball. Die Rolle der Verbände wird vielerorts nicht mitgedacht oder man verbleibt bei diffusen Gedanken um den Kommerz im Fußball. Kommerzialisierung und Kapitalismus gehören aber zusammen, denn der Kommerz ist nur ein Symptom des Kapitalismus. Wer den Fußball gegen den Kommerz schützen möchte, muss sich bewusst werden, dass der Fußball grundlegend politisch ist. Ein politischer Sport nutzt Institutionen zur Organisierung und Absicherung der Verhältnisse und damit kommen wir zu den Verbänden. Man könnte an dieser Stelle den Einspruch erheben, dass Verbände nicht alleinig kritisiert werden sollen, aber die Abmilderung der Rolle der Verbände ginge auf Kosten einer Analyse, die den Anspruch hat, Herrschaftsverhältnisse im Fußball greifbarer zu machen. Natürlich müssen reiche Vereine mitberücksichtigt werden, aber eben nicht alleinig. Sie nehmen Einfluss auf die Verbände, aber sie können den Fußball nicht ohne die Verbände steuern. Die Super League und ihre (vorerst) geplatzte Durchsetzung ist das beste Beispiel für die Verteilung von Herrschaft im Fußball: Ohne die Verbände ist nichts zu machen, sie sind die Trägerinnen politischer Macht im Fußball und sie müssen ins analytische wie aktivistische Fadenkreuz.

Für eine umfangreiche Analyse der Rolle der Verbände nutze ich an einigen Stellen politische Theorie. Die Übertragung auf die Verhältnisse im Fußball ist nicht immer einfach, denn diese Theorien haben den Anspruch, gesellschaftliche und nicht fußballspezifische Verhältnisse zu erklären. Dennoch lässt sich vieles übertragen, was die Diskussion bereichert und einen neuen Blick auf die Verbände im Fußball ermöglicht. Sollen die Verbände im Fußball unter die Lupe genommen werden, braucht es dafür auch Institutionen-Theorien aus der politischen Theorie, weil wir Institutionen meist nur aus dem Bereich des Politischen kennen.

Die Analyse in diesem Kapitel teilt sich in drei Aspekte auf: Zunächst muss der Blick dem kapitalistischen Fußball und der grundlegenden Bedeutung der Verbände gelten. Der Herrschaftscharakter im Fußball und den Verbänden wird analysiert, um im zweiten Schritt auf die konkrete und praktische Rolle der Verbände einzugehen. Wir gehen also von der abstrakten zur konkreten Ebene der Analyse, um dann im dritten Schritt eine Einordnung der Fußballfans als Akteur im kapitalistischen Fußball vorzunehmen, denn die Doppelrolle ist nur der Ausgangspunkt der Frage, wie und warum sich Verbände den Fußballfans gegenüber so konfliktbeladen und gleichzeitig kompromisssuchend verhalten. Keine Sorge, bei all der Analyse kommt das Verständnis nie zu kurz. Die Entwicklungen der letzten Jahre haben genug anschauliche Beispiele für die Rolle der Institutionen im Fußball hervorgebracht. Sei es die Super League oder die *Taskforce Zukunft Profifußball* von DFL und DFB: Die Theorie der Funktionsweise des kapitalistischen Fußballs ist eine Kritik der gegenwärtigen Verhältnisse.

Die Grenzen des Denkbaren erschüttern

Der kapitalistische Fußball ist unsere Realität. Jede Analyse der Verhältnisse im Fußball ist entweder umfassend oder kommt über einen bestimmten Punkt nicht hinaus. Ein prominentes Beispiel für letzteres ist die Sendung von Jan Böhmermann, der sich im Magazin Royale im März 2021 dem deutschen Profifußball widmete. Unter dem Titel *Warum der Profifußball rollt – trotz Pandemie!* fasst Böhmermann in knapp 20 Minuten zusammen, wie eng DFL und DFB mit den politischen Institutionen in Deutschland zusammenarbeiten. Das Magazin Sport Bild des Axel-Springer-Verlags sorgte für den Austausch zwischen Hans-Joachim Watzke (Geschäftsführer Borussia Dortmund AG), Karl-Heinz Rummenigge (2002-2021 Vorstandsvorsitzender der FC Bayern München AG) und dem damaligen Bundesgesundheitsminister Jens Spahn. Damit ist die Grundlage der personellen Verstrickungen rund um die schnelle Fortführung der Bundesliga aufgezeigt. Politiker, Sportfunktionäre und Medien arbeiten Hand in Hand, um das Produkt Bundesliga wieder zum Laufen zu bringen und davon finanziell zu profitieren. In diesem Zusammenhang greift Böhmermann auch den DFB wegen seiner Skandale der letzten zwei Jahrzehnte an. Die Korruptionsaffäre um das Sommermärchen der WM 2006 im eigenen Land hat steuerrechtliche Konsequenzen und den Fokus auf das wirtschaftliche Gebaren eines vermeintlich gemeinnützigen Dachverbands gelenkt. Doch was bleibt am Ende der Show übrig? Kritisiert wurden weder die grundlegende Organisation des Profifußballs noch der DFB. Lieber diskutierte Böhmermann mit seinem Kumpel Arnd Zeigler (WDR-Moderator und Stadionsprecher bei Werder Bremen), der so etwas wie der Chefromantiker des Fußballjournalismus ist. Die Kritik bleibt auf der personellen Ebene: Rummenigge und Watzke als vermeintliche Totengräber des Fußballs, früher war der Kommerz noch nicht so weit und überhaupt war alles besser. Eine Kritik auf der Ebene der Moral, die Einzelpersonen reine Gier vorwirft, ist wenig hilfreich.

Das Problem hinter dieser Sendung ist die zwar häufig verhandelte Kritik am Fußball, aber eben ohne den Verweis auf die Ursachen solcher Missstände. Eine Kritik am modernen Fußball geht nicht darüber hinaus, dass die augenfälligsten Punkte aufgezeigt werden, um dann nur auf Einzelpersonen zu verweisen. Dadurch bleibt die Struktur unangetastet, die Wurzeln solcher Probleme bleiben unentdeckt.

Ein weiteres Beispiel dieses Phänomens liefert die Berichterstattung rund um die aufsehenerregende und bereits mehrfach genannte Dokumentation »Der Prozess« von Jochen Breyer. In dem 45-minütigen Film thematisiert Breyer den Ausgangspunkt der Proteste gegen den Milliardär und beleuchtet nicht nur den darunter schwelenden Konflikt zwischen Ultras und Verbänden, sondern auch den konkreten Umgang beim Spiel TSG Hoffenheim gegen Bayern München. Die erste halbe Stunde widmet sich dem Konflikt, versucht ihn aufzurollen und alle Beteiligten zu Wort kommen zu lassen. Es eröffnet sich ein Abriss rund um Kollektivstrafen und die Kommerzialisierung des Fußballs, bis die Sprache auf den Führungskonflikt im DFB kommt. Koch gegen Grindel. Vize-Präsident gegen Präsident des DFB. Ihre Äußerungen in der Dokumentation geben einen tiefen Einblick in das ideologische Rüstzeug, mit dem der Verband gegen kritische und aktive Fußballfans vorgeht. Dass der DFB in seiner Führungsetage offen darüber diskutiert, wie man Ultras und damit die größte Jugendkultur der Republik kriminalisieren und auflösen kann, offenbart die herrschaftssichernde Funktion des Fußballverbands. Doch darüber wurde nie ausführlich berichtet. Stattdessen warf sich der Fußballjournalismus auf den Investigativmoment des Films, an dem deutlich wurde, dass die Spielunterbrechung wegen der beleidigenden Plakate gegen Hopp lange im Voraus geplant wurde. Eine Posse, eine geplante Inszenierung der Macht. Statt eines wachsenden Bewusstseins über strukturelle Probleme im deutschen Fußballverband und der Überlegung, dass der Fußball sich offensichtlich gegen seine eigenen Fans absichern muss, bleibt der Blick auf fragwürdig handelnde Einzelpersonen.

Die bisherige Kritik am Fußball bleibt auf der Ebene von Einzelpersonen. Mal ist es ein fragwürdiger Milliardär, mal ein Fußballfunktionär, der mit illegalen Geschäften noch mehr Geld verdienen möchte. Die Analyse endet dort, wo man nach der Struktur fragen sollte. Doch wie kann eine ganzheitliche Kritik aussehen? Die Analyse des kapitalistischen Fußballs im ersten Kapitel hat den Blick auf die Funktionsweise des Fußballs geschärft. Dessen Eingliederung in kapitalistische Verhältnisse und seine Unterwerfung unter die Sachzwänge des Primats der Ökonomie haben den Fußball grundlegend verändert. Fußball und Kommerz sind nicht zu trennen, auch wenn das viele romantisierende Fußballfans gerne anders hätten. Ein kapitalistischer Fußball ist auf einer Einbahnstraße gefangen, hin zu noch mehr Kommerzialisierung.

Aus Analyse muss Kritik werden, aus Bewusstsein erwächst Haltung. Der kapitalistische Fußball funktioniert in seinem Ursprung nach einer Logik, die mit den eigentlichen Ideen des Fußballs nichts zu tun hat. Die Unterwerfung unter kapitalistischen Sachzwang, der die Wirtschaftlichkeit über alles stellt und die damit verbundenen Folgen für den Fußball und seine Fans stellt, bedeuten eine Wesensveränderung. Über dieses Wesen muss nicht nur analysierend geschrieben werden, es muss kritisiert werden. Und deshalb braucht es eine Kritik des Fußballs. Nicht des modernen oder marktkonformen Fußballs, sondern des einzigen Fußballs, den wir kennen: des kapitalistischen Fußballs. Um da zu beginnen, müssen wir uns Hilfe aus der politischen Theorie holen.

Leitmotiv Subversion. Der bereits genannte Ernst Fraenkel lehrte und forschte am John-F.-Kennedy-Institut der Freien Universität Berlin. Zu seiner Zeit, im Jahr 1962, suchte ein Kollege von ihm, Professor Ossip K. Flechtheim, einen neuen Assistenten. Fraenkel verwies auf einen Wissenschaftler, der aus Italien stammte und auf der Suche nach einer neuen Stelle war: Johannes Agnoli. Fraenkel förderte den jungen Kollegen und hielt stets seine schützende Hand über ihn. Agnoli erarbeitete sich bei Fraenkel einen Namen als unablässiger Kritiker, der die Deutschen zu einer Auseinandersetzung mit dem Faschismus zwang. Fraenkel selbst wurde von den Nazis aus Deutschland vertrieben und empfand – trotz der inhaltlichen Differenzen mit Agnoli – eine Art Sympathie für ihn. Agnolis Hauptwerk »Die Transformation der Demokratie« beschäftigte sich jedoch nicht nur mit dem Faschismus, sondern auch mit der Form Staat (Marx). Seine Kritik an der Form Staat, die sich als Kritik an den bürgerlich-kapitalistischen Verhältnissen entpuppt, ist die Grundlage seiner Arbeit und seines Engagements. Agnoli hat dadurch die 1968er Bewegung entscheidend mitgeprägt. Eine kleine Anekdote verdeutlicht seine Bedeutung zur damaligen Zeit: Bei einem Sit-in im Jahr 1967 kommt Rudi Dutschke auf Agnoli und seine Frau zu und bietet dem damaligen Assistenten an, mit ihm zusammen das Gespann der Bewegung zu sein. Er lehnte zwar ab, aber Agnolis Einsatz für die Studierenden und seine kritische Haltung gegenüber den herrschenden Verhältnissen führten in der Folge immer häufiger dazu, dass sein Beamtenverhältnis kritisch beäugt wurde. Unter anderem Ernst Fraenkel ist es zu verdanken, dass Agnoli zeit seines Lebens nicht den Lehrstuhl verlor.

Etliche Jahre später wurde Agnoli gebeten, an einem Band mitzuwirken, der über das Verständnis der Politikwissenschaft reflektieren sollte. Ein Einführungsband für Studierende der Politikwissenschaft. Für Agnoli bedeutete das, eine Abrechnung mit der Politikwissenschaft vorzunehmen und seine Grundhaltung als Kritiker der Form Staat zu verdeutlichen. Einige Jahre nach seinem Tod schrieben zwei Kollegen in einem Aufsatz über Agnoli, dass er im besten Sinne ein Vorsokratiker gewesen sei. Ein Mensch, der die gesellschaftlichen Verhältnisse aus einer radikalen Perspektive heraus kritisiert und hinterfragt. Weil die Ideale der Freiheit und Gleichheit nicht an die jeweilige Realität angepasst sein sollten, sondern universell gelten müssten, ohne eine gedankliche Barriere, die gegenwärtige, scheinbar unveränderliche Verhältnisse nicht überschreitet. Aus Freiheit und Gleichheit leitete Agnoli das Primat der Befreiung von Herrschaft ab. Kritikwürdig seien alle Verhältnisse, in denen der Mensch in Knechtschaft gezwungen ist. Agnoli war ein kritischer Denker, der sich weder mit gesellschaftlichen Konventionen seiner Zeit noch anerkannten Denkmustern aufhielt. Mit seiner eigenen Marx-Lesart ließ er sich eindeutig nie zu- und einordnen. Die Kritik und die praktische Befreiung des Menschen von Herrschaft ist die Grundlage seiner Schriften.

Ein einfaches Beispiel macht seine Herangehensweise deutlich. Agnoli kritisiert Herrschaft auch im Sinne aller Einschränkungen, die jeder Mensch aufgrund der materiellen Zwänge des Kapitalismus erfährt. Der Zwang, aus dem Überleben heraus arbeiten gehen zu müssen, ist für ihn ein Mühsal oder wie es bereits Karl Marx einmal benannte: »Das Reich der Freiheit beginnt in der Tat erst da, wo das Arbeiten, das durch Not und äußere Zweckmäßigkeit bestimmt ist, aufhört.« Agnoli interpretiert seinen Marx aus einer äußerst freiheitlichen Perspektive. Aus diesen Grundüberzeugungen entsteht sein Aufsatz *Von der kritischen Politologie zur Kritik der Politik*, der aufgrund seiner Herangehensweise eine Menge Potenzial für eine Kritik des Fußballs birgt. Agnolis Leitmotiv ist die Subversion, die für ihn die Antwort auf die Frage ist, wie die bürgerlich-kapitalistischen Verhältnisse zu überwinden sind. Wer heutzutage von Subversion spricht, meint damit meist die Zerstörung von etwas. Agnoli interpretiert den Begriff auf seine Art um und entdeckt in der Subversion ein befreiendes Element. Als Befreiung von der kapitalistischen Lebensweise, die die individuelle wie gesellschaftliche Freiheit einschränkt. Subversion wird dadurch zu einer Freiheitslehre, die über vermeintliche Sachzwänge hinwegblickt und stets den Anspruch hat, ganzheitlich zu wirken. Agnolis Idee einer befreienden und kritisch wirkenden Subversion zeigte sich bei ihm ganz konkret: Agnoli war zwar ein sehr beliebter Professor, doch hat er nie Schüler seiner Lehre hervorgebracht. Das hat wenig mit fehlender Wirkmächtigkeit zu tun, sondern mit seinem Anspruch. Sein Ziel in der Lehre war es, andere nicht einfach zu überzeugen, sondern sie zum kritischen Denken anzuregen. Agnolis Frau Barbara Görres Agnoli vermerkte dazu in einer biographischen Skizze: »Erst wenn ein Student einen seiner Texte kritisch lese und beginne, das Gelesene zu kritisieren, beginne er zu denken.«[2]

Sein Grundmotiv von Subversion lässt sich auf die Verhältnisse im Fußball übertragen. Die Fußballfans merken, dass der Fußball ihnen aus den Händen gleitet. Ultras und aktive Fans sehen sich in einem Ringen um ihren Fußball. Um die herrschenden Verhältnisse im Fußball zu verstehen und zu bekämpfen, braucht es Subversion. Und es braucht einen Blick auf Agnolis Theorien, die die bis heute herrschenden, bürgerlich-kapitalistischen Verhältnisse kritisieren.

Er hielt Vorträge bei den Belegschaften von Volkswagen in Wolfsburg oder in Turin bei Fiat, er thematisierte die Ausbeutung in Autoproduktionsstätten, kritisierte die dortigen Zustände dann aber in einem gesamtgesellschaftlichen Rahmen und fand sich stets an der Seite der Unterdrückten wieder. Agnoli dachte über die Funktionsweise von Herrschaft nach, die Menschen in die Unfreiheit des Kapitalismus drängen, die von Lohnarbeit abhängig sind und trotzdem in einer Demokratie leben. Naiv gedacht, müsste ein demokratisches System es doch ermöglichen, dass man die Verhältnisse ändert und sie abwählt. Doch das passiert nicht, weshalb Agnoli sich auf eine Spurensuche macht, die bei der Kritik der Politik beginnt. Eine Kritik der Politik muss für Agnoli nicht nur die Analyse mitdenken, sondern eine radikale Form der Kritik eröffnen. Für die Gesellschaft bedeutet das, an die wirtschaftliche Wurzel zu gehen, an den Kapitalismus. Die Kritik der Politik ist für Agnoli eine Kritik des Kapitalismus und dadurch eine Kritik der Herrschaft. Aus einer materialistischen Perspektive baut sich eine

Form von Gesellschaft eben aus den wirtschaftlichen Gegebenheiten heraus. Liberale Demokratien können folglich nicht ohne die Bedingungen des Kapitalismus gedacht werden, der in einer Gesellschaft Antagonismen erzeugt. Antagonismus meint hier einen unauflösbaren Gegensatz, der durch die wirtschaftliche Verteilung von Vermögen und Eigentum erzeugt wird. Oder wie der Hamburger Rapper Disarstar es mal eingängig im Song *Glücksschmied* unterbrachte: »Diese Welt teilt sich in Knechte und in Herrscher / Viele werden Letzte, manche Erster«. Die ungleiche Verteilung in einer Gesellschaft erzeugt nicht einfach nur eine Kluft zwischen Arm und Reich, sie erschafft eine Klassengesellschaft, die zutiefst gespalten ist. Und diese Spaltung findet nicht nur zwischen den vielen lohnabhängigen, arbeitenden Menschen und den Eigentümern statt, die Spaltung hat viele Formen. Der Kapitalismus ist ein Spaltungswerkzeug, der sich auch durch die verschiedenen Formen von Rassismus, von Sexismus und anderen Unterdrückungs- und Diskriminierungsformen am Leben hält. Und die Grundlage all dieser Ungerechtigkeiten kritisiert Agnoli, indem er eine radikale Kritik der Politik übt. In deren Zentrum: nicht Einzelpersonen, die einfach nur gierig seien bzw. sind, sondern die Struktur, die solche Sachzwänge erst hervorbringt.

Heutzutage wähnt man sich an vielen Punkten deutlich weiter und näher an der Agnoli'schen Kritik. Wir erinnern uns kurz an die EM 2021 zurück: Das letzte Gruppenspiel der deutschen Nationalmannschaft gegen Ungarn. Der europäische Kontinentalverband UEFA geriet in ziemlich schlechtes Licht, als er der Stadt München untersagte, die Allianz Arena in Regenbogenfarben leuchten zu lassen. In der Folge war in der Öffentlichkeit viel über das Fehlverhalten des Verbands zu lesen, der sich nicht zum ersten Mal sehr freundlich und zuvorkommend gegenüber repressiven bzw. autoritären Staaten zeigte. Die Kritik erreichte die üblichen sprachlichen Dimensionen einer vermeintlich kaputten Struktur, doch eine kritische Sprache macht noch lange keinen kritischen Inhalt. Der Monitor-Redaktionsleiter Georg Restle schrieb für die Sportschau einen Kommentar, der beispielhaft für diese Feststellung stehen soll. Restle schrieb von der Verlogenheit der UEFA, die mit antidiskriminierenden Kampagnen auffällt, um dann doch ja nicht die eigenen Sponsoren und wichtigen Partner zu verschrecken. Sein Fazit lautete: »Eure Alibi-Kampagnen für Diversität und Toleranz könnt Ihr euch – mit Verlaub – sonst wohin stecken.«[3] Die Analyse traf den Punkt, denn der Widerspruch zwischen eigenem, diskriminierungsfreiem Anspruch und der Wirklichkeit ist auffällig. Doch anstelle einer Kritik, die an die eigene Analyse herankommt, schmeißt man einfach mit plumpen Sätzen um sich. Kein Hinweis auf die strukturellen Tendenzen im Fußball, wodurch man sich den Sponsoren aus autoritären Staaten oder dem Big Business hingibt. Stattdessen die böse UEFA, die in diesem einen Punkt den Fußball verrät. Restle beendet seinen Kommentar mit der Schlussfolgerung, dass der Fußball Menschen vereine und die UEFA damit nichts zu tun habe. Das ist Quatsch und strotzt nur so von Unverständnis über den heutigen Fußball. Aber es zeigt eben auch, wo die Kritik stehenbleibt. Der Fußball ist in seinem Kern nicht integrativ und anti-diskriminierend, er ist kapitalistisch. Vor jeder Integrations- oder Anti-Rassismus-Kampagne steht das Primat der Wirtschaftlichkeit. Zahlt sich etwas wirtschaftlich nicht aus oder produziert es Probleme in der kapitalistischen Organisierung des Fußballs, wird es nicht gemacht. Deshalb hat die UEFA die regenbogenfarbene Allianz Arena verhindert und deshalb paktiert die FIFA fleißig mit Staaten wie Katar: Man verdient damit Geld. Und eine Kritik à la Restle, die auf Einzelentscheidungen abzielt und das große Ganze nur sprachlich erwähnt, kann keine Früchte tragen. Eine solche Kritik ist keine wirkliche Kritik, denn sie will die Ursachen nicht ändern. Man gebe an einer Stelle eine Regenbogenfahne mehr hinein und arbeitet an einer anderen Stelle nicht allzu offensichtlich mit missliebigen Staaten zusammen, aber eine grundlegende Kritik fehlt. Der kritische Fußballjournalismus überschreitet meist nicht die Grenze des Bestehenden. Es ist nicht die eine Entscheidung der UEFA, sondern der Profitzwang im Fußball, die ihn zerstört.

Eine Kritik des Fußballs nimmt folglich das große Ganze in den Mittelpunkt der Analyse und fragt nach dem Prinzip Herrschaft im Fußball. Fußball ist politisch und das bedeutet nach Agnoli auch, dass Fußball herrschaftlich ist. Ein Blick auf Umfragen unter Fußballfans lässt die Frage nach Herrschaft im Fußball nur noch deutlicher werden. Wie bereits herausgestellt, gaben bei einer Umfrage des FC FairPlay e.V. über 85 Prozent an, dass sich der Fußball nur noch um Geld dreht und eine Mehrheit sich abwenden möchte. Eine Mehrheit der Menschen, die den Fußball ausmachen, widerspricht der Grundlogik eines kapitalistischen Fußballs. Doch warum ändert sich nichts? Das hängt nicht nur mit einem fehlgeleiteten Verständnis des Fußballs zusammen, sondern auch mit einer konkreten Absicherung durch Institutionen. Mithilfe des Agnoli'schen Begriffs einer Kritik aus Sicht der Knechte und der vielen Letzten – von unten – muss der Blick auf den politischen Überbau im Fußball gerichtet werden. Die Verbände sind im Fußball elementar. Sie erhalten im Fußball die Funktion, die kapitalistischen Verhältnisse abzusichern, indem sie für immer neue Möglichkeiten des Geldverdienens sorgen und den Fußball vor den Fans absichern. Die Kritik des Fußballs ist eine Kritik der gesellschaftlichen Verhältnisse und muss die Grenzen des Denkbaren erschüttern. Kapitalistische Verhältnisse haben den Fußball verschlungen und sie sichern sich politisch ab. Kapitalismus bedarf der Herrschaft, um sich zu erhalten und nutzt dafür Institutionen. Im Fußball sind diese Institutionen die Verbände, die nicht nur den Ablauf der jeweiligen Turniere und Ligen organisieren, sondern auch dafür zuständig sind, wie man noch mehr Geld verdienen kann, um konkurrenzfähig zu bleiben. Verbände sind die Agenten des kapitalistischen Fußballs.

Reformen retten nicht

Als der Super League Ende April 2020 Leben eingehaucht werden sollte, habe ich durch mein Handy davon erfahren. Wie viele andere Menschen hat mich die Digitalität des Alltags im Sport eingeholt. Wenn ich etwas über Fußball nachschlage, mich über mögliche Transfers meines Lieblingsvereins informiere, dann passiert das über die einschlägigen Apps. Den Hinweis bezüglich der Gründung einer Liga der Umsatzstärksten und die sofort eintretenden Diskussionen bei Twitter nahm ich gelangweilt, ja angeödet auf. Es war abzusehen.

Über viele Jahre hinweg waberte eine geschlossene Liga der großen Vereine in den Hinterköpfen vieler Fußballfans und ihre Ausrufung löste in mir ein Gefühl des Abschlusses aus. Warum auch weiter im Hier und Jetzt? Der Fußball hat sich im Kapitalismus immer an einem Abgrund bewegt, zwischen maximalem Erfolg und wirtschaftlicher Sinnlosigkeit. Das Primat der Wirtschaftlichkeit ist zwar ein ehernes Gesetz des Fußballs, und doch schaffen es viele große Vereine, die Sachzwänge zu ignorieren. Als der große FC Barcelona neben Lionel Messi auch noch Neymar und Luis Suárez versammelte, konnte man vor solchem Gebaren die Augen nicht mehr verschließen. Der Fußball fing an, in seinen wirtschaftlichen und damit wirklichen Untergang zu reiten. Der Präsident von Real Madrid hat Recht, wenn er von einem Kampf um das nackte Überleben redet, denn die wirtschaftlichen Kennzahlen sehen katastrophal aus. Gucken wir auf Barcelona: Der Verein hat mittlerweile Schulden in Höhe von mehr als einer Milliarde Euro und muss alle paar Jahre mit Finanzspritzen aus dem Haushalt Kataloniens gerettet und saniert werden. Ein Verein, *too big to fail*, so lässt es sich wohl beschreiben.

Solche Nachrichten und ein solches Grundgerüst an Gedanken begleiten mein Fußballfansein, seitdem ich alt genug bin, um darüber nachdenken zu können. Mir wollte nie aufgehen, warum eine Sportart von ihren Profiten abhängig ist – dass Vereine einfach verschwinden können, weil sie sich an falsche Investoren verkauft haben oder wirtschaftlich miese Planer an der Spitze hatten. Das diffuse Gefühl des Verlusts kam oftmals hoch und ich hatte das Glück, mit dem Stadion an der Alten Försterei ein vermeintliches Traumgebilde zu haben, mithilfe dessen ich mich der Realität des

Fußballs entziehen konnte, zumindest für ein paar Stunden. Fußball habe ich davon immer ausgeklammert, ich bin schon vor meiner Volljährigkeit zu einem »Nörgler« geworden, der von vielem nichts hören wollte, aber eben ohne die Augen zu verschließen. Ich habe schon vor Jahren den Konsum von Fußball einzustellen versucht, auch wenn mir das aufgrund meines Umfelds nie wirklich gelang. Aber es galt: Der Fußball hielt mich auf Distanz. Die Geschichten von Football Leaks über eine geplante Liga, die ein Ligensystem mit Auf- und Abstiegen endgültig hinter sich lassen wollte, war da nur einer von vielen Aspekten. Deshalb blieb ich in vielen Momenten ein stiller Beobachter von Diskussionen auf Twitter oder im echten Leben, wo sich Menschen über diese oder jene Entwicklung aufregen, dieses oder jenes Einzelereignis als den Abgesang auf den *good old football* interpretieren und sich in ihren Kreisen darüber echauffieren. Ich hielt mich zurück, weil ich lange Zeit das abstrakte Gefühl hatte, dass in der Struktur etwas kaputt ist.

Den Namen Johannes Agnoli hörte ich das erste Mal an der Universität. Dass seine Kritik an der Form Staat, an eigentlich demokratischen Institutionen und der liberalen Demokratie insgesamt zu einer Kritik des Fußballs taugen, war ein Glücksfall für mich. Ich hatte bereits einige Hausarbeiten zu Agnoli geschrieben und auch meine Bachelorarbeit beschäftigte sich mit Agnolis Parlamentarismus- und Pluralismusanalyse, bis mir einige Bücher der kritischen Sporttheorie in die Hände fielen und ich das erste Mal merkte, dass eine kapitalismuskritische Analyse auch zum Fußball möglich ist. Doch die Kritik am Fußball, selbst aus radikalen Perspektiven heraus, bewegt sich in ökonomischen Sphären. Es geht um die Kapitalisierung des Fußballs, nicht um seine Absicherung. Fußball ist aber das größte gesellschaftliche Phänomen in Europa, dem Ursprung des Kapitalismus. Über die Funktion des Fußballs wurde und wird zu selten geredet, und die Rolle von Fußballfans, der Vereine und der Verbände kaum systematisch untersucht. Man verliert sich schnell in verwirrenden Abgesängen auf den DFB oder in Detailkritik an der

UEFA, die Regenbogenfarben nicht zulässt, aber doch für Gleichberechtigung und Toleranz eintritt. Eine systematische und theoretische Erfassung des kapitalistischen Fußballs liegt trotzdem nicht vor. Zu meinem Glück hat mich ein biographischer Zufall dazu gebracht, mein Studium mit Agnolis Theorien zu verbringen; und ein gleichsam glücklicher Zufall ist es, dass sich viele seiner Analysen auf den Fußball übertragen lassen. Sie ermöglichen eine Theorie der »Transformation des Arbeitersports«. Eine Analyse des Fußballs, der vorgaukelt, den Massen zu gehören, und doch einzig und allein dem Kapital dient. Dies ist die Geschichte seiner Funktionsweise.

18. April 2021. Die sechs großen Vereine aus Großbritannien, die großen drei aus Spanien sowie Italien gehen an die Öffentlichkeit und verkünden die Gründung einer paneuropäischen Liga. Keine Drohungen mehr, keine Absichtserklärungen. Die Super League, über die in den letzten Jahren immer nur in Hinterzimmern gemunkelt und deren Dokumente geleaked wurden, ist ab diesem Tag Realität. Die zwölf größten Vereine des europäischen Klubfußballs haben sich zusammengeschlossen und setzen auf ihr neues Pferd: eine geschlossene Liga mit Milliardensummen direkt zu Beginn. Die US-amerikanische Bank JPMorgan Chase finanziert die Liga mit 3,5 Milliarden Euro. Der europäische Fußball sieht sich mit einer Gefahr konfrontiert, die ihn in seinen Grundfesten erschüttern sollte und aufzeigt, wohin der kapitalistische Fußball zu gehen imstande ist. Wir reden über eine geschlossene Liga der Finanzstärksten, ohne richtigen Abstieg und ohne finanzielle Risiken. Von einer Super League aus wäre der Weg nicht mehr weit zu einem Franchise-System, wie man es von der nordamerikanischen Basketballliga NBA kennt. Investoren kaufen sich einen Verein in ihr Portfolio ein und die Mechanismen einer geschlossenen Liga schaffen Wettbewerb. Kein Scherz, Wettbewerb: Die Super League ist womöglich die beste Alternative für all jene, die den Fußball nicht grundlegend ändern, aber die herrschende Dominanz einzelner Vereine unverändert sehen wollen.

Der Grünen-Politiker Cem Özdemir ist einer von denen, die im Fußball nichts Politisches erkennen möchten und dennoch für seine Veränderung eintreten. Das Zauberwort im Sportausschuss des Deutschen Bundestags lautet: Gehaltsobergrenzen. Keine Reformidee ist von so vielen Menschen so anerkannt. Klar, die Spieler verdienen nicht alle Unsummen, aber die obersten ein bis zwei Prozent, die müssten gedeckelt werden. Gehaltsobergrenzen können ein Werkzeug für Umverteilung sein, aber sie funktionieren nicht überall. Die NBA nutzt eine Form der Gehaltsobergrenzen, den man dort unter dem Begriff des *salary cap* kennt. Spricht man dort über die Ligenstruktur, fällt sogar sehr häufig in Zusammenhang mit Werkzeugen wie der Obergrenze das für alle aufrechten Christdemokraten gruseligste Wort: Sozialismus. Natürlich ist dies eine verkürzte Assoziation und dennoch fällt die NBA als eine Liga der Umverteilung auf. Junge Spieler gelangen nicht durch ein Netz aus Nachwuchsleistungszentren in den Profibereich, sondern werden in ihrer Schule und am College ausgebildet und sportlich gefördert. Nach dem ersten Jahr dürfen sie sich für den sogenannten *NBA Draft* anmelden und werden dort von einem Team *gepickt*. Das passiert nicht einfach so: Das schlechteste Team der abgelaufenen Saison erhält das Recht auf den ersten *Pick*, also auf den besten jungen Spieler eines Jahrgangs. Die Leistungstabelle wird auf den Kopf gedreht und daraus entsteht, grob gesagt, der Verteilungsschlüssel. Umverteilung und gleiche Chancen für alle Mannschaften können jedoch nicht aus dem Nichts entstehen. Es bedarf einer geschlossenen Liga, die keine Absteiger kennt, um solch chancenerhaltende Maßnahmen zu beschließen. Die Struktur muss gegeben sein.

Überraschend ist: Umverteilung und der Erhalt gleicher Chancen stehen im Widerspruch zu den Dynastien, für die die NBA berühmt ist. Kein Mensch kommt bis heute an die Chicago Bulls der 1990er Jahre um Michael Jordan herum und auch LeBron James' Miami Heat am Anfang der 2010er Jahre sind vielen ein Begriff. Obwohl die dominanten Teams in der NBA nicht die Lebensspanne von europäischen Spitzenklubs erreichen, haben sie einen nachhaltigen Einfluss auf das globale Bild der NBA und erhöhen den finanziellen Erfolg der Liga. Die NBA ist finanziell gesehen die zweiterfolgreichste Sportliga der Welt. Mit knapp 8 Milliarden US-Dollar Jahresumsatz ist nur die NFL (American Football League) erfolgreicher. Und die NBA profitiert enorm von ihren Spitzenteams: Als LeBron James in Miami ein Superstar-Trio mit Dwyane Wade und Chris Bosh bildete, stieg der Jahresumsatz der Liga in nur drei Jahren um knapp eine Milliarde US-Dollar. Für eine solche Steigerung brauchte man davor zehn Jahre. Superteams ziehen die Fans an und doch ist die Liga auf möglichst wenig Dominanz ausgerichtet. Anders als im wenig gesteuerten Fußball schaffen es die Superteams in der NBA kaum, über mehrere Jahre erfolgreich zusammenzubleiben.

Könnte die NBA also ein Vorbild für den europäischen Fußball sein? Während der letzten zehn Jahre bayrischer Dominanz in der Bundesliga gab es sechs unterschiedliche Meister in der nordamerikanischen Basketballliga. Nicht nur deshalb fordern Politiker wie Cem Özdemir die Übernahme von Mechanismen der NBA, wobei es weniger um die Verteilung junger Talente geht, sondern um die genannten Gehaltsobergrenzen. In der NBA hat jedes Team nur knapp 109 Millionen US-Dollar an Gehaltsbudget zur Verfügung, wodurch sich die guten Spieler mit hohen Gehaltsforderungen auf die Teams verteilen sollen. Die Regelung ist zwar mit Ausnahmen versehen, aber produziert nicht nur bessere, weil abwechslungsreiche Ergebnisse, sondern auch einen spannenderen Sport. Und dennoch ist die NBA nicht das Mekka des fairen Sports, sondern vielmehr die vorläufige Endstufe des kapitalistischen Sports.

Funktionäre und auch solche Politiker, wie sie etwa in Gremien wie der einer vom DFB organisierten Taskforce Zukunft Profifußball sitzen, wollen davon vermutlich nichts hören; doch Mechanismen wie Gehaltsobergrenzen funktionieren nicht in einem luftleeren Raum. Wo der Sport kapitalistischen Logiken unterworfen ist, fungieren solche Werkzeuge nicht als Revolution, sondern als Antriebsstoff. Der europäische Fußball hat mit der versuchten Gründung einer Super League die Anfänge eines neuen, kapitalistischen

Fußballs gesehen, der für die Erhöhung der Profite alles über Bord wirft. So wie die NBA mit ihren Mechanismen nur in einem System der Geschlossenheit funktioniert, benötigt der europäische Fußball ein Pendant. Was für die einen der Sargnagel auf den Sport der Massen ist, ist für die anderen die erneute Möglichkeit auf einen wirklich ausgeglichenen und spannenden Wettbewerb. Es ist kein Wunder, dass die europäische Super League an die NBA angelehnt ist. Auch deshalb muss sie kritisch beäugt werden. So abwechslungsreich und fair die NBA auch ist, sie hält uns eine Entwicklung vor Augen, die für Sportfans beängstigend sein muss. Spätestens die Pandemie sorgte für eine Verschiebung der Fans raus aus den Stadien vor die Fernseher und in die sozialen Medien. Was im europäischen Fußball bislang nur zu erahnen ist, ist in den USA Realität geworden. Es wird kaum noch über Spiele diskutiert, stattdessen konsumieren die Fans mehr und mehr Highlight-Clips auf den Online-Plattformen und lassen die Gerüchteküche auf Twitter brodeln. Und wo Reformen eingebracht werden, ohne die Herrschaftsstrukturen kritisch zu beäugen, haben wir es mit einer interessanten Form des Neoliberalismus zu tun. Die Philosophin Nancy Fraser sprach in diesem Zusammenhang von einem progressiven Neoliberalismus, der eine Allianz zwischen neoliberaler Politik und liberal-progressiven Bewegungen beschreibt. Erheben sich im Fußball also Stimmen, die Gehaltsobergrenzen, ein Draft-System und Umverteilungsstrategien fordern, kommt es auf den Kontext ihrer Forderungen an. Natürlich sind solche Ideen nicht per se schlecht, sie bieten ja in gewisser Weise eine Utopie des Fußballs an. Aber nicht durch das *name dropping* einzelner Mechanismen, sondern durch eine grundsätzliche Kritik und Auseinandersetzung mit den Strukturen eines Fußballs, der nach Profiten giert. Ändert sich dieses Grundprinzip nicht, können auch spannend anmutende Reformideen nicht helfen.

Die Super League galt klassischerweise als die maximales Drohszenario einiger Vereine, die als Feinde des Fußballs gelten. Die Öffentlichkeit war sich schnell einig und positionierte sich eindeutig: Die Super League ist der maximale Verrat am Spiel der Massen. Die

Proteste in London oder Manchester verdeutlichen das Bild einer Reform, die alle Grenzen überschreitet, um Profite zu erzielen. Jahrelang galt eine solche Liga nur als Szenario, um die gewünschten Absicherungen (sprachlich als Veränderungen oder Reformen gekennzeichnet) zu erhalten. Champions-League-Reformen sind nicht weit weg von einer Super League, das zeigt die neueste Reform, die 2024 greift.

Die UEFA hat die Chance genutzt, nicht nur zu verdeutlichen, wer die Macht innehat, sondern sich zugleich als Interessenvertreter der Fans zu gerieren. Die Fan-Proteste in England wurden schnell dafür genutzt, die Gründungsmitglieder der Super League als maximale Verräter abzustempeln. Die Biographie des UEFA-Präsidenten Ceferin verdeutlicht dieses Abstandhalten: Der Präsident von Juventus Turin, Andrea Agnelli, soll ein sehr enges Verhältnis zu Ceferin gehabt haben. Just dieser meldete sich auch prompt nach Gründung der Super League mit klaren Worten in der Öffentlichkeit. Ceferin spricht von beispielloser Gier und einer Schande für den Fußball. Dass die Super League die aktuellen Probleme des kapitalistischen Fußballs womöglich besser bekämpft als es die Reform der Champions League tun kann, verschweigt er. So ausgebufft ist er. Ceferin weiß um die Macht seines Verbandes und wenige Tage nach dem 18. April 2021 ist es auch der ganzen Fußballwelt ins Gedächtnis gerufen worden. Binnen weniger Tage haben so gut wie alle Vereine einen Rückzieher gemacht und sind kleinlaut vor die UEFA gekrochen, um um Vergebung zu betteln. Das klingt recht mittelalterlich, doch in diesem Konflikt ging es eben auch um Herrschaft und es ist selten so anschaulich demonstriert worden, wie bei der Eroberung einer Burg oder der Bekämpfung eines Aufstands von Vereinen. Und wo von Herrschaft und Mittelalter die Rede ist, kann ein Macchiavelli nicht weit sein. Ceferin hat seine Karten gut ausgespielt, doch es war sowieso von Beginn an deutlich: Gegen den großen Kontinentalverband UEFA lässt sich nicht gewinnen. Auch dann nicht, wenn es die selbsternannten zwölf größten Vereine des europäischen Fußballs sind.

Eine Liga der superreichen Teams schien lange nur Drohkulisse, um die gewünschten Reformen durchzusetzen, doch das Pappmaché der Kulisse ist Ende April 2021 durchbrochen worden. Die Kulisse offenbart auch tiefgehende Einblicke in die Funktionsweise des Fußballs. Dieser befindet sich in einer Spirale des Wachstums und wird von Sachzwängen gefesselt. Er braucht neue Möglichkeiten der Profitmaximierung, um am Leben zu bleiben. Genau das hatte der Präsident von Real Madrid, Florentino Pérez, auch gesagt: Die Pandemie hat den großen Vereinen den Stecker gezogen, das Geld war weg, die Blase stand vor dem Platzen. Insofern hatte Pérez Recht, wenn er von der Überlebensnotwendigkeit einer Super League für seinen Verein sprach. Der europäische Fußball befindet sich ohnehin auf dem Weg in geschlossene Ligen und höhere Profite für weniger Vereine, das verdeutlicht das Beispiel der Gehaltsobergrenzen. Die diskutierten Reformen der vermeintlich Progressiven um Cem Özdemir und Co. ist nur eine Kaschierung des kapitalistischen Fußballs. Das Verhalten der UEFA gegenüber der Super League ist nur vordergründig bestandssichernd und fußballromantisch. Die institutionelle Rolle als Agentin des kapitalistischen Fußballs zwingt sie, nicht nur nach neuen Profitmöglichkeiten zu gucken, sondern auch Proteste der Fußballfans abzuwenden. Eine Super League hätte wohl zum damaligen Zeitpunkt für eine Abkehr vieler Fußballfans geführt und das Produkt Fußball in seinen Grundfesten erschüttert. Stattdessen macht man Reformen in der Champions League und kommt dort den großen Vereinen noch weiter entgegen. Die UEFA spielte im Umgang mit der Super League mit den Muskeln, weil sie musste. Die Abschottung der Großen hätte nicht zu mehr Profiten, sondern zur Gefährdung des gesamten Systems Fußball geführt. Und genau das ist die Rolle der Institutionen im Fußball: Sie sind ideelle Gesamtkapitalisten, die auf Absicherung und Markterweiterung zu achten haben. Dieses Konzept entstammt ebenfalls der marxistischen Analyse und zwar direkt aus der Feder von Friedrich Engels. Es beschreibt im Sinne der Form Staat die Funktionsübernahme bei der Schaffung und der politischen Absicherung von Rahmenbedingungen im Sinne der Wirtschaft. Institutionell betrachtet nehmen Verbände eine sehr ähnliche Rolle ein, indem sie die Organisation des Fußballs garantieren und ihn gleichzeitig strukturell absichern. Wenn Vereine zu schnell ihre Profite maximieren wollen, aber dadurch eine Abkehr vieler Fans, der Konsumenten droht, ist der Verband gefragt und schreitet als ideeller Gesamtkapitalist ein.

Die Entwicklung Involution der Verbände

Institutionen sind nicht neutral, Verbände sind es ebenfalls nicht. Doch was bedeutet beides eigentlich? Und wie muss man das Konzept von Institutionen in Bezug auf die Verbände begreifen? Die Theorieschule bleibt in der Frage nach den Institutionen sehr eindeutig, denn es handelt sich im logischen Sinn um selbstorganisierende Regelsysteme. Das bedeutet die Einführung von Ordnung in bestimmte Handlungen eines bestimmten Bereichs. Nehmen wir uns die Institution des Parlaments, dann ist sie selbstorganisiert im Verständnis von Wahlen, die die entsprechenden Abgeordneten in das Parlament befördern. Dort organisieren sie sich selbst, mithilfe der berühmt-berüchtigten Geschäftsordnung des Bundestags. Die einführende Ordnung in bestimmte Handlungen eines bestimmten Bereichs ist schnell erklärt, denn der Bundestag ist als Teil der gesetzgebenden Gewalt des Staates vor allem für den Beschluss von Gesetzen zuständig. Dort wird unser Zusammenleben geregelt und in Bahnen gelenkt.

Die Fußballverbände passen in diese Definition von Institutionen hervorragend hinein, denn sie sind der Anker des organisierten Fußballs. Sie definieren die Regeln, sie bestimmen die Ordnung des Fußballspiels und seiner Kultur. Viele Fans unterschätzen die Rolle der Verbände oder schießen sich lieber auf große Vereine oder Einzelpersonen ein, doch die Verbände sind das zentrale Ordnungsprinzip im kapitalistischen Fußball. Ohne Verbände kein organisierter Sport. Sie organisieren zwar keine gesamte Gesellschaft wie die parlamentarische Gesetzgebung, aber sie nehmen eine institutionelle Rolle für ihre Sparte ein. Und darüber hinaus gilt bereits seit vielen Jahrzehnten, dass Verbände jedweder Art für die Funktionsfähigkeit der liberalen Demokratie unabdingbar sind. Ernst Fraenkel verdeutlichte diese Meinung und brachte sie nicht nur auf einen theoretischen, sondern auch auf einen bis heute allgemein anerkannten Punkt: In einem staatlichen Pluralismus braucht es Interessenvertreter im politischen Prozess. Was wir heute gemeinhin unter Lobbyismus kennen und mit vorwiegend negativen Dingen assoziieren, gehörte nicht nur für Fraenkel zum Grundwesen einer pluralistischen Demokratie und kann damit legitimatorisch erklären, warum Fußballfunktionäre und Politiker sich oftmals so eng abstimmen. Verbände sind ein elementarer Bestandteil des Staats und sichern diesen in zwei Richtungen ab: Einerseits vermitteln sie Interessen von bestimmten Gruppen in das politische System hinein und machen sie so hörbar. Andererseits erhalten sie dadurch eine sichernde Funktion. Wo es die Möglichkeit einer Vermittlung gibt, fühlt man sich gehört.

Demokratische Institutionen haben demnach einen Anspruch: die Vermittlung von unten nach oben. Der Bundestag muss als entscheidende demokratische Institution wahrgenommen werden, um die pro-demokratische Haltung in der Gesellschaft zu wahren. Funktioniert der Parlamentarismus nicht, gefährdet das die gesamte Demokratie. Der Glaube an die Vermittlung der eigenen Interessen, indirekt durch Abgeordnete, ist das Kernstück. Was passiert aber, wenn das Herz der repräsentativen Demokratie nicht mehr die Funktion einer Vermittlung von unten nach oben wahrnimmt?

Diese Frage entstammt einer langjährigen und traditionsreichen Diskussion innerhalb der politischen Theorie. Geht man davon aus, dass Institutionen und Verbände als akzeptierte Herrschaft der Kitt einer Gesellschaft sind, müssen sie in einer Demokratie besonders gut funktionieren. Ohne den gesellschaftlichen Rückhalt schwindet die Zustimmung zu einer Herrschaftsform. Für die liberale Demokratie und das Demokratieverständnis des globalen Nordens zusammengefasst: Schwindet der Glaube an den Parlamentarismus und seine Funktionalität, so schwächt dies das System insgesamt. Schließen wir an Ernst Fraenkels Überlegungen zum Pluralismus an, merkt man schnell, wie wichtig der Parlamentarismus und die Erfahrung von Demokratie für das politische System ist. Fraenkel bezieht nicht nur das politische System ein, er redet über demokratische Neigungen, die in der Gesellschaft gestärkt werden müssen. Die Vertretung von verschiedenen Meinungen und die Teilhabe aller Menschen sind Grundfesten seines Pluralismusbegriffs. Analog erklären sich auch die Verbände, die Institutionen des Fußballs, zu demokratischen Institutionen. Sport hat eine Vorbildfunktion.

Wenn Johannes Agnoli also über den Funktionswandel des Parlamentarismus spricht, wenn er den Titel Transformation der Demokratie nutzt, so hat dies auch mit den Institutionen des Sports zu tun. Die Fußballverbände rücken nicht nur aus einer rein fußballerischen Sicht in den Fokus, sie erhalten einen herrschaftlichen Aspekt. Fußball ist nicht nur in Deutschland der mit Abstand weit verbreitetste Sport, aber der Deutsche Fußball-Bund ist der größte und reichste Einzelsportverband der Welt, sieben Millionen Menschen sind in ihm organisiert. Der DFB ist dementsprechend ein unverzichtbarer Teil im politischen System, kein Verband kann so viel Einfluss auf die Politik nehmen, einfach wegen der Anzahl an organisierten Menschen in ihm. Fußball ist eben doch König.

Institutionen sind nicht neutral. Wer dem Irrglauben verfällt, dass ein politisches System aus neutraler und interessenloser Absicht heraus etabliert wurde, kommt an einem bestimmten Punkt nicht weiter. Die Kritische Theorie der Frankfurter Schule griff für solche Überlegungen stets nach dem *Cui bono?*, dem *Wem nützt es?* Auch Agnoli machte sich die Ur-Frage allen kritischen Denkens zu eigen und fragt in der Transformation der Demokratie unentwegt nach dem Nutzen bestimmter Wesensänderungen von politischen Systemen. Auch er macht sich die Überlegung von nicht-neutralen Institutionen zunutze und geht auf Spurensuche in der Demokratie in der frühen Bundesrepublik Deutschland der 1960er Jahre. Agnoli war damals noch kein Professor, sondern wissenschaftlicher Mitarbeiter. Auf der Suche nach einem guten Ansatzpunkt für seine direkte Kritik an der Form Staat trifft er in Frankfurt auf den Sozialpsychologen Peter Brückner und die beiden verabreden kurzerhand ein gemeinsames Buch. Das daraus entstandene Buch wird wenig später als Bibel der 1968er Generation gehandelt, zumindest der radikalen Kräfte. Die »Bibel der APO« (außerparlamentarische Opposition) wird 1967 veröffentlicht und schafft die Grundlage der Agnoli'schen Kritik an der liberalen Demokratie. Institutionen sind die wichtigsten Werkzeuge der Herrschaft und – so sehr dem wohl die allermeisten der hierzulande aktiven Politiker widersprechen wollen – die liberale Demokratie ist eine Form bürgerlicher Herrschaft. Ich habe länger nicht mehr über den Kapitalismus gesprochen, aber an dieser Stelle muss er in die Analyse der Institutionen miteinbezogen werden, um Agnolis Gedanken zu verstehen.

Agnoli startet da, wo Fraenkel aufhört. Fraenkel gilt als Förderer Agnolis und dieser Ausgangspunkt macht die inhaltliche Debatte umso spannender. Wo Fraenkel vom Pluralismus als sicherndem Prinzip einer staatlichen Demokratie ausgeht, sieht Agnoli die Sicherung bürgerlicher Herrschaft in Form des Staats. Er ist ein Gegner des Pluralismus, aber nur ein Gegner der Fraenkel'schen Variante: des Pluralismus im Staat. Agnoli beginnt deshalb in der Transformation der Demokratie mit einer allgemeinen Feststellung, die viel zu häufig verkannt wird. Die Bevölkerung kann sich nicht selbst regieren, es braucht immer eine kleine Minderheit, die das übernimmt. Das mag für uns etwas merkwürdig klingen, aber der Anspruch einer demokratischen Beteiligung aller bleibt ein Wunschgedanke. »Alle Macht geht vom Volke aus« ist das Credo der Demokratie und in der Schule hat wohl jeder schon mal von der Volkssouveränität gehört. Agnoli widerspricht diesem Ansatz und wandelt das Credo einfach ab: »Alle Macht geht dem Volke aus.« Er zeigt damit die Vertikalität von Herrschaft auf, denn es sind nicht wir alle, die Dinge beschließen. Wir geben unsere Macht ab, jeden Wahlgang auf ein Neues. Wir geben unsere Zustimmung über Herrschaft ab und wählen eine kleine Gruppe, der wir die Regierungsgeschäfte oder deren Kritik zusprechen. Es sind nicht wir alle, die entscheiden. Wir wählen Menschen, die dadurch entscheidungsbefugt werden. Das kann man als ideell demokratisch ansehen, in der Praxis hat es eine Tendenz zu einer demokratisch legitimierte Oligarchie (Herrschaft der Wenigen) auf Zeit.

Das Problem der realen Oligarchie haben wir noch augenfälliger in den Fußballverbänden und das zeigt exemplarisch der erneute Blick auf die Champions-League-Reform mit den 100 zusätzlichen Spielen pro Saison. Fans haben sich dagegen positioniert, und selbst Spieler sprachen von einer Reform, die auf ihren Rücken ausgetragen wird. Warum wurde die Reform trotzdem beschlossen? Weil Fans und Spieler keinen direkten Einfluss auf die Entscheidung nehmen können. Die Entscheidungsträger mögen auf die ein oder andere Weise (demokratisch) legitimiert sein, aber die Entscheidungen werden deshalb nicht demokratisch. Es ist eine kleine Gruppe von Menschen, die als Funktionäre entscheidungsfähig sind. Sie entscheiden über das Wohl und Wehe aller Beteiligten im Fußball und offensichtlich liegen keine ausreichend demokratischen Verhältnisse vor. Wir müssen dabei von oligarchischen Strukturen reden. Wir müssen über ein Repräsentationsmodell der Demokratie reden, das deren Kern permanent auszuhöhlen droht.

Agnolis Kritik beginnt jedoch zunächst beim demokratischen Anspruch und nimmt sich dann den vermeintlichen Pluralismus in der liberalen Demokratie vor. Obwohl wir in einer Demokratie leben, ist die Grundlage unseres Lebens doch der Kapitalismus samt seiner Konfliktlinie Arbeit vs. Kapital. Ich habe bereits das Beispiel der Barista bei Starbucks erzählt und es wird überdeutlich, wie problematisch ein demokratisches System auf Grundlage einer offensichtlich undemokratisch organisierten Wirtschaft ist. Das ist die Überlegung Agnolis: Der Pluralismus im demokratischen System verdeckt den Konflikt auf wirtschaftlicher Ebene, er verdeckt den Grundkonflikt einer kapitalistischen Gesellschaft. Das hat Fraenkel nicht beabsichtigt, aber er weiß um den Grundkonflikt. Deshalb versuchte er im Grundgesetz eine Befriedung des Konflikts zu erkennen. Was heute abwegig erscheint, war damals nämlich noch anerkannt: die Existenz einer Klassengesellschaft. Fraenkel hat daraus auch keinen Hehl gemacht und er war definitiv kein Marxist. Aber sein Verständnis von Pluralismus hat wohl in Teilen dafür gesorgt, dass das Bewusstsein darüber schwindet. Eine kapitalistische Gesellschaft ist von diesem Grundkonflikt geprägt, der auch als Widerspruch oder Antagonismus bezeichnet wird. Dieser antagonistische Charakter definiert sich als Dualismus zwischen der bürgerlichen Klasse (herrscht) und unterdrückten Klassen (beherrscht). Der Konflikt bildet eine Klassenstruktur. Auch wenn diese heutzutage verästelt und verdeckt wirkt, so ist sie doch existent. Die Formen von Unterdrückung sind heute schwerer zu erkennen, weil wir beim Proletariat den Industrie- und Stahlarbeiter vor Augen haben. Die Formen sind vielfältiger geworden, aber der Antagonismus ist gleich geblieben. Egal ob Lieferdienstarbeiter oder die Barista bei Starbucks: Sie sind Teil einer unterdrückten Klasse. Heute ersetzt der Begriff des Prekariats oft den des Proletariats, wenngleich es sich nicht um Gleiches handelt. Ausbeutungsverhältnisse ändern sich und sind schwerer zu erkennen, die Sprache mag nicht mehr passen und doch: Sie existieren.

Ein solcher Klassengegensatz befördert Widerspruch und Konflikte, wodurch es das Ziel des Staats wird, sozialen Frieden herbeizuführen. Wer Frieden in der Gesellschaft hat, muss sich um seine Herrschaft nicht sorgen. Der Antagonismus aber bedroht den Staat in seinem Innersten, weil er aus dem sozialen Konflikt einen politischen Konflikt formt. Der »Kampf um öffentliche Herrschaft« könnte ausbrechen und den Staat angreifen. Deshalb ist der soziale Frieden von dem Bewusstsein der beherrschten Klassen abhängig. Der Grundkonflikt muss entweder aufgelöst oder aber unbewusst werden. Das gelingt durch zwei Faktoren: das Verdecken durch den politischen Pluralismus und durch die Nutzung von Hause aus demokratischer Institutionen. Richtig gehört, demokratische Institutionen sind das A und O der Herrschaftssicherung. Was Agnoli daraus ableitet, ist bis heute seine wohl wichtigste Erkenntnis und auch wenn nicht viele von ihm gehört haben, so ist sein *Theorem der Involutionstendenz* die Grundlage jeder modernen Kritik an der liberalen Demokratie geworden. Agnoli erkennt in der Nutzung demokratischer Institutionen eine »Involution«: eine Rückentwicklung von Institutionen in einen vordemokratischen und autoritären Zustand. Der Parlamentarismus erfährt in der liberalen Demokratie einen Funktionswandel. In Abgrenzung zu den zwei vorherigen Phasen von politischen Systemen im Kapitalismus (Monarchie und Diktatur) wandelt sich die liberale Demokratie insofern, als sie ihre rechtsstaatlichen Merkmale beibehält. Die Institutionen sollen formell unangetastet bleiben, denn der antidemokratische Wandel, die Involution, findet innerhalb derselben statt.

Für den Erhalt der bürgerlichen Herrschaft in Form der liberalen Demokratie ist es notwendig, Herrschaftskonflikte zu verhindern. Wird der gesellschaftliche Antagonismus den Beherrschten bewusst, bricht ein Konflikt um die Herrschaft aus. Die Herrschenden und das gesamte System werden infrage gestellt. Das möchte man natürlich verhindern, wenn man selber herrscht, und so erkennt Agnoli eine Reduzierung. Anders als zuvor ignoriert die liberale Demokratie die Gefahr nicht oder nutzt einfach ihr Gewaltmonopol zur Absicherung: Sie reduziert Herrschafts- auf Führungskonflikte. Konflikte innerhalb der gegebenen Struktur und die Artikulation von Problemen und Kritik führen nicht zur Radikalisierung. Einfacher gesagt: Übst du deine Kritik innerhalb des politischen Systems aus, wird die Herrschaft der bürgerlichen Klasse nicht gefährdet.

Wie kann eine solche Befriedung ohne Sprechverbote also am besten funktionieren? Man nutzt das Parlament. Das Parlament übernimmt in der liberalen Demokratie das Ziel der Befriedung. Die Anliegen der Menschen müssen auf das Parlament bezogen werden. Stellt euch vor, ihr habt ein Problem mit der ungerechten Verteilung der Starbucks-Erlöse. Dann kommt doch jeder und jedem von uns als erstes in den Sinn, sich politische Unterstützung zu holen und das Problem in den Bundestag zu tragen. Das ist jedoch genau das Ziel der Befriedung, denn dort können die Interessen aufgenommen und, wie es so schön heißt, ausgeglichen werden. Man kann über eine (kleine) Lohnerhöhung sprechen und die Arbeitsbedingungen (leicht) verbessern. Das Parlament hat die Funktion der Erhaltung des Status quo erhalten. Man verwaltet die bürgerlichen Verhältnisse und sorgt für den Ausgleich widerstreitender Interessen, ohne an den Grundkonflikt zu rühren.

Die liberale Demokratie nutzt den Parlamentarismus als Form angeblicher Demokratisierung. Es braucht ein Gefühl der Vertretung aller Interessen, ohne das dem so ist. Die gewählten Abgeordneten haben in der letzten Wahlperiode nur knapp ein Drittel aller Gesetzesvorhaben eingebracht. Knapp die Hälfte aller Gesetzesvorhaben kommen aus der Regierung. Der Parlamentarismus hat einen Machtverlust und einen Funktionswandel erlebt: Die Funktion erscheint viel mehr in der repräsentativen Aufgabe, die eigentliche politische Macht verschiebt sich nach außerhalb der demokratischen Institutionen. Oder wie Agnoli den Wandel erklärt: »Das Parlament ist ein Transmissionsriemen der Entscheidungen politischer Oligarchien.« Das Parlament vermittelt nicht von unten nach oben, sondern von oben nach unten. Es hat seine demokratische Funktion in großen Teilen abgelegt. Diesen Wandel kennt man heute auch unter dem Begriff der *Postdemokratie* (Colin Crouch). Dieser hatte Anfang des Jahrtausends eine Art moderne Übersetzung der Agnoli'schen Kritik vorgelegt und der Begriff ist seitdem in aller Munde. Wenn ihr also das nächste Mal von postdemokratischen Zuständen hört, erinnert euch an die Wurzel dieser Kritik, die bei Agnoli liegt. Er hat aufgezeigt, dass demokratische Institutionen einen Funktionswandel erleben, um bürgerliche Verhältnisse zu sichern.

Was das mit Fußball zu tun hat? Der Fußball funktioniert und organisiert sich durch seine Institutionen. Wenn diese den Kommerz im Fußball voranbringen, dann geschieht dies formal in geregelten Zuständen. Sie gaukeln eine Zustimmung vor, die real nicht existiert. Ein einfaches Beispiel soll das demonstrieren. Der DFB ist ein formal gesehen demokratischer Verband, der sich alle drei Jahre durch seinen DFB-Bundestag legitimieren muss. Dort kommen Vertreter aller untergeordneten Verbände zusammen und stimmen über Personalfragen und konkrete Ausrichtungen des DFB ab. Im Jahr 2000 stand eine Kehrtwende an, denn das DFB-Präsidium brachte den Vorschlag ein, ein Tochterunternehmen zur Vermarktung der Ersten und Zweiten Bundesliga zu gründen: die spätere DFL. Den Verlauf im DFB-Bundestag mag man sich als Ausfechten kritischer Auseinandersetzungen vorstellen, denn schon damals hatten viele Fans eine Menge Kritik an diesem Vorschlag auszusetzen, aber dem Vorschlag wurde fast einstimmig zugestimmt. Der DFB-Bundestag legitimierte die wichtigste Entscheidung nach Gründung der Bundesliga. Und ein Jahr später gründete sich auch offiziell der Ligaverband, der mittlerweile als Deutsche Fußball Liga GmbH bekannt ist. Ich möchte an dieser Stelle den Rückgriff machen und nochmals verdeutlichen, wie die Konfliktlage im Fußball eigentlich aussieht. Die Fans sind als Akteur beherrscht im Fußball. Sie sollen Stimmung machen, damit die Liga sich besser vermarkten kann und mehr Geld verdient. Gleichzeitig sind sie diejenigen, die das alles auch konsumieren. Ohne sie funktioniert nichts im Produkt Fußball. Es ist entsprechend einfach, den vermeintlich demokratischen DFB zu kritisieren, denn er bezieht Fans formal nicht ein. Sie sind ausgeschlossen.

Das geschieht nicht einfach so, denn der DFB ist nicht einfach der neutrale Fußballbund. Er ist ein Fußballbund, der die Kapitalisierung des Fußballs als konkretes Ziel mit in die Wiege gelegt bekommen hat. Die Anfangszeiten verdeutlichen diesen Charakter, denn der DFB musste sich jahrelang mit Konkurrenz auseinandersetzen: dem Arbeiter-Turn- und Sportbund (ATSB). Die Konkurrenz verdeutlicht den Klassencharakter des DFB als bürgerlicher Fußballbund. Der DFB stand bis zur Verdrängung aller konkurrierenden Fußballverbände durch das NS-Regime stets in Konkurrenz. Seinem Anspruch, den deutschen Fußball alleinig zu organisieren, konnte er nicht gerecht werden; und auch wenn der DFB als quasi Gründungsmitglied der FIFA gilt (ein Telegramm verspätete sich ...), war er stets unter Beschuss. Die frühe Auseinandersetzung um Amateurideal oder bezahlte Athleten zeigte dies. Der DFB gilt gemeinhin als Gegner der Kommerzialisierung und diesen mehr als fragwürdigen Ruf hat er sich vorrangig durch das Hochhalten des Amateurideals erarbeitet. Bis 1920 wollten viele Funktionäre nicht, dass die Spieler angemessen bezahlt werden und dieser Umstand verleitet viele Sportjournalisten und -wissenschaftler zu der irrigen Annahme, dass den DFB »antikapitalistische Sehnsüchte (prägten).«[4] Diese Annahme formulierte u. a. Arthur Heinrich in seinem Buch *Der Deutsche Fußballbund. Eine politische Geschichte* (2000) und sie zeigt eine Fehlinterpretation der damaligen Zeit auf. Denn es waren nicht die spielenden Menschen aus der Arbeiterklasse, die das Amateurideal hochhielten, sondern Menschen aus der Mittel- und Oberschicht. Dass darunter viele waren, die aus konservativen Kreisen kommen und deshalb eine Ökonomisierung mit »Maß und Mitte« forderten, hat nichts mit einem vermeintlich antikapitalistischen Charakter des DFB zu tun. Gabriel Kuhn antwortete auf solche Mutmaßungen sehr eindrücklich, als er deutlich machte, wer unter dem Amateurideal zu leiden hatte: Es waren die Spieler aus der Arbeiterklasse. Das Amateurideal, das der DFB lange hochhielt und das sich geschichtlich bis heute durchzieht, kommt denjenigen zugute, die sich den Sport ohnehin leisten können. Wer bereits viel Vermögen hat, der braucht kein Geld für das Spielen mit einem runden Leder. Für wirtschaftlich arme Menschen hingegen konnte der Fußball die Rettung sein – ein anderes Leben ermöglichen. Die Professionalisierung des Fußballs geschah auch aus Gründen der Finanzierung. Spieler aus der Arbeiterklasse wollten bezahlt werden, weil sie dadurch abgesichert waren.

Der DFB ist demnach ein konservativ geprägter, bürgerlicher Fußballbund. Die Mischung aus konservativen Idealen und die Orientierung an bürgerlichen Verhältnisse macht ihn zu einem wichtigen Verbündeten kapitalistischer Kräfte in Deutschland. Für das Institutionsmonopol, das der DFB lange angestrebt hatte, aber zu Zeiten der Weimarer Republik nicht durchsetzen konnte, sorgte das NS-Regime. Die Gleichschaltung des gesellschaftlichen Lebens ab 1933 bedeutete das Ende anderer Sportverbände, also auch das des Arbeiter-Turn- und Sportbunds. Das bescherte dem DFB die Position, die er bis heute innehat. Wie Arthur Heinrich an diesem Punkt hervorragend aufarbeitet, hat sich der DFB bis heute einer konsequenten Aufarbeitung seiner Rolle zur NS-Zeit widersetzt oder überlässt sie Wissenschaftlern, ohne für sich die nötigen Konsequenzen zu ziehen. Das Resultat der Geschichte ist der mächtigste Einzelsportverband der Welt auf nationaler Ebene, der den Fußball wie kaum ein anderer geprägt hat.

Um seine Rolle als Institution im Kapitalismus zu verdeutlichen, muss auch deutlich gemacht werden, wie der DFB die Kommerzialisierung und Vereinnahmung des Fußballs organisiert hat. Zwar gibt es immer wieder Episoden und Legenden über eine Anti-Kommerz-Haltung innerhalb des DFB (der erste Umgang mit Trikotwerbung sei hier hervorzuheben), doch die Geschichte und die langfristigen Entwicklungen zeigen eine marktkonforme Entwicklung des deutschen Fußballs auf. Er wird immer profitabler und der Verband achtet seit Jahrzehnten auf eine Entwicklung, die mehr Gelder verspricht. Als 1963 die Bundesliga an den Start geht, mussten sich fünf verschiedene Ligen zusammentun. Wo vorher in einem komplizierten Verfahren acht Mannschaften um den Einzug in die Endrunde und damit die Meisterschaft rangen, gab es ab 1963 endlich die Bundesliga. Die Entwicklung hin zu einer Bundesliga passte sich dabei den damaligen Verhältnissen der Adenauer-Zeit nach dem Krieg an: Wo im Fußball endlich Berufsfußball und Lohnarbeit für Spieler Einzug hielten, gab es gesamtgesellschaftlich einen Trend, der dem Konkurrenzideal des Kapitalismus entsprach: maximale Leistung um jeden Preis und die Schaffung der bestmöglichen Bedingungen. Der deutsche Fußball passte sich den Zeichen der Zeit an, und der DFB steht seitdem an der Spitze der verdeckten Kommerzialisierung durch die Bundesliga.

Mit dem Fall der Mauer und der globalen Dominanz des kapitalistischen Systems und der liberalen Demokratie hat sich nicht nur

Francis Fukuyama dazu hinreißen lassen, das Ende der Geschichte zu deklarieren. Die Zeitenwende hat auch für einen Wandel im kapitalistischen Fußball gesorgt. Anstelle des verdeckten rückt der offene Kommerz in den Fußball. Ab 1990 wird nicht nur der Osten Deutschlands den Regeln des Kapitalismus untergeordnet, es setzt sich auch endgültig der Neoliberalismus durch: das Primat der Gewinnmaximierung und die Zerstörung, Kriminalisierung oder marktkonforme Einhegung großer gegenherrschaftlicher Bewegungen, auch der Gewerkschaften.

Die Marktliberalität kommt endgültig im Fußball an, als der Europäische Gerichtshof 1995 das vielzitierte Bosman-Urteil fällt und damit ein bisschen mehr Gleichgewicht in den kapitalistischen Fußball bringt. Vorher war es Spielern nicht möglich, den Verein ohne Ablöse zu wechseln, auch nicht nach Ablauf der Vertragslaufzeit. Diese Regelung verschaffte den Vereinen gegenüber ihren Spielern eine enorme Macht und sorgte für eine einseitige Erfolgsgeschichte. Durch das Bosman-Urteil wurden solche Regelungen verboten und ermöglichten in der Folge eine Durchkapitalisierung des gesamten Fußballs. Anders als oft behauptet, bedeutet das Bosman-Urteil eben nicht nur die Einräumung von Rechten an die Spieler, sondern auch die Öffnung aller Bereiche des Berufsfußballs für den Kapitalismus. Ganze Vereine leben von Ablösesummen einzelner Spieler und die Spekulation mit Menschen als Ware hat im Fußball nie gedachte Dimensionen angenommen. Für den DFB war das Bosman-Urteil eine Entscheidung mit zwei Seiten, denn einerseits verlor er enormen Einfluss. Man pochte auf die grundgesetzliche Vereinsautonomie und versuchte, den Staat außen vor zu halten. Andererseits sorgte der Autonomieverlust für eine enorme Profitmaximierung, die der DFB proaktiv mit der Gründung der DFL beförderte. Mittlerweile setzt man mehrere Milliarden pro Jahr um und ist eine der erfolgreichsten Sportligen weltweit.

Der DFB ist nicht neutral in solchen Verhältnissen, er richtet den Fußball aktiv auf den Markt zu und schafft nicht nur die Absicherung, sondern auch die Durchsetzung des kapitalistischen Fußballs.

An diesem Punkt angekommen, zeigt sich, dass politische Theorie sehr gute Anhaltspunkte geben kann, um den kapitalistischen Fußball in seinem Wesen zu begreifen. Was haben wir also an diesem Punkt festgestellt?

- Der Fußball ist kapitalistisch, der Kapitalismus ist im Fußball. Frei nach Agnoli braucht es eine radikale Herangehensweise an den Fußball, denn er ist an seiner Wurzel verfault. Es gibt nicht den guten Fußball im schlechten Kommerz, wenn der Fußball grundlegend kapitalisiert wurde.
- Kapitalistische Verhältnisse beuten eine Mehrheit aus, weil Vermögen ungerecht verteilt ist. Der Fußball sorgt für eine wirtschaftliche Ausbeutung der Fußballfans, die in ihrer Doppelrolle (Produktion und Konsum) die Opfer des kapitalistischen Fußballs sind. Da eine solche Ungleichheit gefährlich werden kann, baut der Fußball auf seine Verbände auf, die im Fußballkosmos die Rolle von Institutionen annehmen, um den kapitalistischen Fußball abzusichern und zu organisieren.
- Die Verbände nehmen eine Rolle als ideelle Gesamtkapitalisten ein, bei der sie zwischen maximalen Profiten und gesellschaftlicher Verträglichkeit abwiegen müssen. Dass sie den Fußball schützen, zeigt die versuchte Gründung der Super League auf: die UEFA lehnt sich gegen zwölf der größten und reichsten Vereine auf, um das Produkt Fußball in seiner Gesamtheit zu schützen. Ein Alleingang in einer Super League hätte wohl eine generelle Abkehr vieler Fans bedeutet.
- Fußballverbände sind antidemokratisch. Agnolis Theorem der Involutionstendenz beschäftigt sich mit der Rückbildung vermeintlich demokratischer Institutionen in der liberalen Demokratie, um die bürgerliche Herrschaft weiter abzusichern und gleichzeitig das Gefühl von Demokratie zu suggerieren. Seine Kritik am Funktionswandel des Parlamentarismus, wonach dieser zu einem Transmissionsriemen von oben nach unten geworden ist, lässt sich auf die Verbände des Fußballs übertragen, die Teilhabe simulieren, aber nicht wirklich zulassen.

- Neutralität gibt es im kapitalistischen Fußball nicht und die Verbände sind die zentralen Akteure bei der Durchsetzung kapitalistischer Interessen. Von der Gründung der Bundesliga bis hin zum offenen Kommerz ab ca. 1989-1994 ist hierzulande der DFB für die kapitalistische Entwicklung des Fußballs, die mitnichten abgeschlossen ist, verantwortlich.

Die Frage nach der Organisation des Fußballs ist beantwortet: Es sind die Verbände. Sie tragen die Verantwortung für die kommerzielle Entwicklung und die Ausprägung des kapitalistischen Fußballs. Doch wie genau funktionieren die Institutionen des Fußballs? Agnoli konnte auch in dieser Hinsicht weiterhelfen, denn sein Theorem der Involutionstendenz zeigt sich in den Institutionen des Fußballs ebenfalls. Sie sind verantwortlich für die marktkonforme Anpassung des Fußballs wie für die Absicherung gegen mögliche Alternativen. Seit Jahren glaubt wohl kein Fußballfan mehr an eine Fußballrealität außerhalb dessen, was wir erleben. Ein Fußball ohne das Primat der Wirtschaftlichkeit wirkt kaum vorstellbar. Wie schaffen die Verbände das?

Die Agenten der Kommerzialisierung

Der Fußball ist politisch nicht neutral und die Verbände, die ihn organisieren, sind es erst recht nicht. Der Fußball ist Teil einer wirtschaftlichen Ordnung, die auf ungerechte Verteilung, Ausbeutung und Spaltung basiert ist und uns dadurch das nimmt, was wir wirklich schätzen: unseren Sport. Der Fußball ist den Menschen schon vor langer Zeit gestohlen worden, er wurde in die Sachzwänge des Kapitalismus eingepasst und unterliegt all den Schranken, die auch wir tagtäglich erfahren müssen. Das Buch habe ich angefangen zu planen und zu schreiben, als ich nicht nur frisch in meinen Lehramtsmaster startete, sondern auch noch vier Tage die Woche als Vertretungslehrkraft an einer Brandenburger Grundschule gearbeitet habe. Die Zwänge des Geldes haben mich mein Studium über begleitet – und ich komme aus wahrlich privilegierten Verhältnissen. Der Statistik nach habe ich die bestmöglichen Voraussetzungen erhalten und es ist eine Ungerechtigkeit sondergleichen, dass man das Glück der vermeintlich richtigen Familie braucht. Dieses Buch, mein Politikwissenschaftsstudium und vieles mehr hätte ich getrost vergessen können, wenn ich nicht in diesen Verhältnissen aufgewachsen wäre.

Die Kritik am Kapitalismus wirkt oftmals sehr behäbig. Zu häufig ist die Rede von Dialektik, Materialismus, Warenfetischismus und Ausbeutungsverhältnissen. Die Begriffe sind auf den Punkt gebracht, aber eben für Außenstehende kaum zu verstehen. Als ich mein Studium begann, war ich kein Marxist. Ich durfte lesen und verstand irgendwann, ich bekam die Zeit und nahm sie mir. Und ich brauchte diese Erfahrung, weil ich so unverschämt glücklich aufwachsen konnte, dass ich von den Ungerechtigkeiten stets nur am Rande etwas mitbekam. Ich bin einer der wenigen Menschen, die die normalen und unangenehmen Erfahrungen in einer kapitalistischen Gesellschaft nie machen mussten. Meine Auseinandersetzung fing erst kurz vor Ende meiner Abiturzeit an, als ich anfing, beim örtlichen Burger King zu arbeiten. Er war zwar nur zehn Tramstationen entfernt, aber was mir dort begegnete, war der vermutlich erste Abgleich mit der Lebenswirklichkeit in diesem Land. Ich fing dort an, weil ich noch minderjährig war und dringend einen Job brauchte, um mir meine erste Wohnung finanzieren zu können. Also suchte ich mir nichts aus und griff nach dem ersten Angebot, das ich in die Finger bekam. Und Burger King rief direkt an. Ich fuhr die knappe halbe Stunde hin und was mich die ersten paar Tage dort erwartete, fand ich so schlimm, dass ich direkt wieder kündigen wollte. In meinem Lebenslauf steht seitdem, dass ich eine »Servicekraft im Rotationssystem« war und genauso muss man sich das auch vorstellen. Die ersten zwei Tage habe ich nur abgewaschen und Pakete zusammen- oder auseinandergefaltet, mehr nicht. Als ich dann an die Kasse kam und auf die Kunden losgelassen wurde, wurde es jedoch überraschenderweise besser. Das hatte aber vermutlich einfach damit zu tun, dass ich in der Rolle als Dienstleister irgendwie ganz gut klarkam. Was mich aber direkt erstaunte, war die Arbeitskontrolle: Überall hingen Kameras. Nicht zur Kontrolle der Gäste, sondern wegen uns. Damit wir nie das Gefühl hatten, unbeobachtet zu agieren. Wenn ich Trinkgelder bekam, brachte mir eine Kollegin bei, diese beim Schuheschnüren unauffällig in eine Socke zu stecken. Zwei Euro in meiner Socke, weil Burger King keine Trinkgelder erlaubte. Wenn man für die Bedienung zu lange braucht, kann man tatsächlich gefeuert werden. Es gab damals Zeitlisten, für was man wie lange brauchen durfte.

Eine ältere Dame, die sicherlich schon länger im Rentenalter war, fing wenige Wochen nach mir in der Küche an. Sie war sehr langsam, was allen anderen ziemlich schnell auf die Nerven ging, weil Systemgastronomie unfassbar schnell in einen selbst übergeht. Ich habe bis heute noch ab und zu das Piepen der Fritteusen in meinem Kopf, die Zeit hat geprägt. Und am meisten haben die Menschen mich geprägt. Das erste Mal kam ich wirklich und vollständig aus meinem Umfeld heraus: Bis dahin bestand mein Umfeld aus einem evangelischen Privatgymnasium und einer Fußballmannschaft des bürgerlichen Friedrichshagens. Ich lernte Menschen mit ernsthaften Problemen kennen, die mehrere Jobs gleichzeitig machen mussten, um ihre Kinder ernähren zu können. Ich lernte Menschen kennen, die nicht im richtigen Geschlecht geboren waren und sich mit einer Gesellschaft herumschlagen mussten, die sie so nicht akzeptierten. Ich lernte Menschen kennen, die im Rentenalter noch arbeiten mussten und das, obwohl sie 40 Jahre lang gearbeitet hatten. Ich bin Menschen aus allen Altersschichten begegnet und einen Einblick in die Lebensrealität in Deutschland bekommen. Dabei rede ich nicht von den reichsten 10 Prozent, denen 67 Prozent des Gesamtvermögens gehören. Ich rede von den 40 Millionen Menschen, die kein wirkliches Vermögen haben. Ich rede von den 15 Millionen Menschen in Deutschland, die an der Armutsgrenze leben müssen und immer mit einem Bein im vollständigen gesellschaftlichen Abseits stehen. Die Ungerechtigkeiten des Kapitalismus lassen sich auf eine simple Feststellung reduzieren: Wo diese Menschen in der Systemgastronomie arbeiteten, um irgendwie über die Runden zu kommen, konnte ich den Laden nach wenigen Monaten wieder verlassen. Weil ich genug Geld für die Miete hatte.

Die Erfahrungen, die ich machte, lassen mich aber bis heute nicht los. In meinem Umfeld ist häufig die Rede davon, wie gut es in Deutschland sei und dass es ja in vielen anderen Ländern ungerecht zuginge. Das stimmt auch, denn der globale Norden beutet den globalen Süden auf alle erdenklichen Weisen aus. Dann kommen auch noch Rassismus und andere Diskriminierungsstrategien hinzu, um Menschen zu verunglimpfen, abzuwerten und Spaltung zu betreiben. Aber der Kapitalismus spaltet überall, er schafft Ungleichheit und Ungerechtigkeit auch vor der eigenen Haustür. Ich habe früher im Stadion an der Alten Försterei oft gehört, dass der Fußball das letzte Refugium der Massen wäre. »Hier komm ick hin, um abzuschalten und meenen Verein anzufeuern, wa!« Mein Verein, unser Fußball. Mit diesen Idealen bin ich aufgewachsen und im Laufe meines Politikwissenschaftsstudiums musste ich erkennen, dass einem selbst der Fußball weggenommen wird. Der Fußball spaltet, er beutet aus und er treibt Ultras zunehmend an den Rand der Illegalität. Wir müssen uns darüber Gedanken machen, wie der kapitalistische Fußball funktioniert und warum Fans auch in Deutschland zunehmend kriminalisiert werden. Wie kommt mit Rainer Koch ein ehemaliger Vizepräsident des DFB darauf, Fanstrukturen zu unterwandern und aus den Stadien zu treiben? Es ist der kapitalistische Fußball, der gesichert und organisiert werden muss. Wie ich bereits ansprach, hat dieser Fußball keine Mehrheit, denn die Fans verlieren ihren Sport. Auch die Spieler würden sich wohl sehr darüber freuen, wenn jeder von ihnen über die Runden käme. Ein viel zu häufig unterschätzter Fakt ist, dass hinter einem astronomisch verdienenden Robert Lewandowski 99 Spielerinnen und Spieler stehen, die vom Fußball kaum leben können. Eigentlich müsste eine kritische Anzahl an Menschen ein übergroßes Interesse an einem anderen Fußball haben. Für dessen Absicherung bzw.

Anpassung sind die Verbände da. Sie sind die Agenten der Kommerzialisierung: Sie haben für die Kapitalisierung des Fußballs gesorgt und sie profitieren davon. Der Kapitalismus trägt einen Zwang zum Wachstum in sich, der sich praktisch in der Suche nach immer mehr Geld ausdrückt, und die Verbände organisieren diese Suche nach Profitmaximierung. Sie sind der Kitt eines Fußballs, der nach dem Primat der Wirtschaftlichkeit agiert, und sie sind es, die den Kommerz immer weiter treiben. Weil sie es eben müssen, wegen der berühmten Sachzwänge.

Wo der Fußball kittet

Fragt man hierzulande Fußballfans nach dem Zustand des deutschen Fußballs, erhält man fast immer die gleiche Antwort: Der Fußball ist durchkommerzialisiert und entfernt sich von seinen Fans. Das diffuse Gefühl der Ohnmacht vieler Fußballfans lässt sich zunächst auf viele einzelne Phänomene zurückführen. Es gibt immer höhere Ablösesummen, große deutsche Vereine spielen ihre Saisonvorbereitung mittlerweile in Katar, den USA oder in Südostasien, um sich einen neuen Markt zu eröffnen, und vor allem die Pandemie hat wohl bei vielen Fans für Ernüchterung gesorgt, als man – koste es, was es wolle – ohne Fans mit Geisterspielen durchgespielt hat. Der Profi-Fußball hat vieles ad absurdum geführt, das für viele Fans der eigentliche Sinn des Fußballs ist. Fußball ist per se nicht befreiend oder gar links, es ist zuvorderst körperliche Betätigung. Aber Fußball bringt etwas Solidarisches und Soziales mit. Wer im Stadion eine Mannschaft anfeuert, ist nie allein. Man verbringt Zeit mit anderen Menschen, hat etwas gemeinsam und lernt doch voneinander. Neben meinen Arbeitsstellen war das Stadion an der Alten Försterei wohl der beste Realitäts-Check, den ich je hatte. Auch der Fußball an sich funktioniert nur über Solidarität und das Miteinander. Das Auftreten und Spielen in einer Mannschaft, das Zusammenstehen und Anfeuern als ein Stadion, das ist gemeinschaftlich und daraus entwickeln sich Beziehungen und Bindungen, die in unserer

Gesellschaft sonst an vielen Stellen fehlen. Die neoliberale Politik der letzten Jahrzehnte, wie der Kapitalismus überhaupt, führen zu Vereinzelung. Wir erleben überall nur noch Konkurrenz. Selbst die Grundschulen sind von diesem Wettbewerbsdenken durchzogen. Man kämpft überall für sich allein und muss sich durchsetzen: Für eine bessere Zukunft und für den besser bezahlten Job. In einer solchen Realität ist wenig Platz für Gemeinschaft – und doch schaffen es die Menschen im Fußball, entgegen seiner kapitalistischen Wirklichkeit, sich solche Freiräume zu erhalten. Es ist ein Hauch von Freiheit.

Wenn mich jemand fragen würde, was für mich der Kitt des Fußballs ist, dann würde ich ihm Folgendes antworten: Fußball ist ein Freiraum und ein Fenster in eine bessere Zukunft, er kann es sein. Wo Menschen aus allen gesellschaftlichen Klassen zusammenkommen, man gemeinsam für Freiheiten in den Stadien sorgt und eine Gemeinschaft erlebt, die sonst bekämpft wird. Eine für mich prägende Erinnerung wird bei solchen Gedankenspielen immer ein eher unbedeutendes Zweitligaspiel der Saison 2010/11 sein, bei dem Union Berlin zuhause gegen Rot-Weiß Oberhausen antrat. Die damalige Mannschaft von Union bestand aus Spielern, von denen viele heute Vereinslegenden sind: Torsten Mattuschka und Christian Stuff, Karim Benyamina und Daniel Göhlert. Diese Spieler haben mein Erwachsenwerden begleitet, als Spieler meiner Mannschaft. Schon in den ersten Spielzeiten, die ich als Fan begleitet habe, waren diese Spieler dabei und sie sind bis heute auf die ein oder andere Weise im Verein geblieben. Aber neben den großartigen Momenten des Aufstiegs wird der 11. Spieltag gegen Oberhausen für immer in meinem Gedächtnis bleiben.

14.200 Fans waren an diesem Sonntagmittag dabei und sie verhalfen der Alten Försterei zu der Stimmung, für die sie bekannt ist. Vermutlich noch etwas leiser, als es heute ist, aber ich erinnere mich auch noch an Zeiten, in denen der Stadionsprecher davon sprach, dass man einmal die 10.000 knacken müsse. Die zweite Bundesliga und das umgebaute Stadion führten schnell dazu, dass diese Aussage von Christian Arbeit nicht mehr laut ausgesprochen werden musste. Die Stimmung im Stadion hat sich generell durch die Dachkonstruktion verbessert. Auch wenn die Erinnerungen an die alte Alte Försterei ohne Dach und mit viel Verfall etwas Ikonisches haben, mag ich den jetzigen Zustand sehr. Das Gequatsche vor dem Spiel ist etwas lauter, man nimmt die Stimmung etwas intensiver wahr und das Gefühl von Gemeinschaft ist bei mir noch einmal gestiegen. Alle stecken unter einem Dach.

Wie das Spiel verlief, weiß ich nicht mehr. Es war vermutlich ein sehr langweiliges Spiel, in dem Oberhausen Mitte der ersten Halbzeit in Führung ging und Karim Benyamina schnell ausglich. Union war damals noch recht frisch in der zweiten Liga und in dieser Saison kam auch noch der große Stadtrivale aus Charlottenburg auf einen Abstecher in die Liga, weshalb alles über den einfachen Klassenerhalt hinaus schon als Erfolg gefeiert wurde. Das hieß aber auch, direkte Konkurrenz wie Oberhausen im Optimalfall hinter sich zu lassen und solche Spiele siegreich zu bestreiten. So ganz wollte das an diesem Sonntag aber nicht gelingen und die zweite Halbzeit wurde so träge wie der Spielstand: 1 zu 1. Wie gesagt, beide Mannschaften spielten gegen den Abstieg und Oberhausen war mit dem einen Punkt in der Ferne zufrieden und Union wollte vermutlich nicht alles riskieren. Zumindest denke ich mir das heute so. Damals war es wie jedes Mal im Stadion: Meine Konzentration liegt auf Singen und Anfeuern und ab und an schweift mein Blick vom Spielfeld auf die rechts gelegene Waldseite, wo die Ultras stehen. Wenig begeistert mich so sehr wie die einstudierten Choreographien des gemeinsamen Händehebens und Klatschens. Der Übergang von wenigen hundert Ultras auf ein ganzes Stadion hat eine gewisse Magie in sich. So verliert sich mein Blick öfters, wenn das Spiel vor sich hinplätschert und wenig Spannendes auf dem Feld passiert. Doch die Spannung kam in diesem Spiel wieder. Man merkte, dass Union das Spiel nicht einfach aufgegeben hatte, denn ein Jungspund und ein Edeltechniker wurden eingewechselt und brachten frischen Wind. In solchen Phasen können Fans dem Spiel ebenfalls neues

Leben einhauchen. Und wer einmal bei Union im Stadion war, der weiß, welcher Fangesang gebraucht wird. Es ist der Wechselgesang aus EISERN – UNION, der zwischen Waldseite und Gegengerade hin- und hertreibt und der bei anhaltender Länge nicht nur schneller, sondern auch lauter wird. Ich mag mir in solchen Momenten gar nicht vorstellen, wie es als gegnerischer Spieler auf dem Platz ist, denn das Stadion verschwört sich mit diesem Gesang nicht nur gegen den Gegner, sondern peitscht auch die eigene Mannschaft nach vorne. Und so kommt eine Angriffswelle nach der anderen auf das Tor der Oberhausener, die das doch lange abwehren können. Es wirkt, als hätten sie das Aufbäumen des Stadions, der Unioner überlebt, bis zu diesem einen Moment.

Der Linksverteidiger schnappt sich den Ball in der gegnerischen Hälfte und dribbelt einfach auf das gegnerische Tor los. Das Problem: gefühlt die ganze Mannschaft von Oberhausen parkt vor dem eigenen Tor und lässt keinen Raum offen. Der eingewechselte Quiring versucht sich links für die Tiefe anzubieten, aber zwei Oberhausener verstellen nicht nur den Lauf-, sondern auch den Passweg. Kohlmann probiert es alleine und verstolpert den Ball, der durch einen glücklichen Abpraller irgendwie bei Benyamina landet. Der ist zwar fast allein vor dem gegnerischen Torhüter, jedoch in einer unglücklichen Position. Er kann den Ball nicht richtig festmachen und muss ihn sich links neben den Torhüter vorlegen. Spitzer Winkel. Ein Torhüter, der die Ecke noch dichtzumachen versucht und mehrere Spieler, die auf die Grundlinie des Tors zu sprinten. Benyamina schießt und der Ball geht in gefühlter Zeitlupe über die Linie. 90+2 Minuten und Union führt. Den kollektiven Jubel in der Masse werde ich niemals vergessen. Mein Vater liegt irgendwelchen anderen Unionern in den Armen, die wir nicht kannten und ich habe in diesen Momenten meine Gummibälle in den Beinen aktiviert und sprang vor Freude auf und ab. So schnell war ich wohl noch nie heiser.

Das ist für mich das, was den Fußballs zusammenhält: die Gemeinschaft und die Freude, die Ekstase. Fußball lässt die Menschen zusammenrücken und setzt neue Kräfte frei. Deshalb ist Fußball der letzte Kristallisationspunkt der Massen. Im kapitalistischen Fußball rücken solche Dinge in den Hintergrund und das Primat der Wirtschaftlichkeit wird zum wichtigsten Strukturmerkmal. Der Kitt des kapitalistischen Fußballs sind nicht die Fans, es sind die Fußballverbände. Der kapitalistische Fußball hat sich seine eigenen Institutionen geschaffen, die ihn ordnen, ihm eine Regelhaftigkeit verleihen und ihn absichern. Im deutschen Fußball sind es der Deutsche Fußball-Bund und sein Tochterunternehmen DFL, die den Ankerpunkt bilden. Sie schaffen die Umgebung eines eingehegten Fußballs, der in bürgerlichen Verhältnissen funktionieren muss und nach seinen Logiken vonstattengeht. Dass das Primat der Wirtschaftlichkeit das Grundprinzip des Fußballs ist, zeigt das Auftreten der Fußballverbände. Sie haben Regeln geschaffen, die es unmöglich machen, aus den kapitalistischen Zwängen auszubrechen.

Die erste Säule von Regeln bilden die Strafen für wirtschaftlich schwache Vereine. Um im kapitalistischen Fußball wettbewerbsorientiert in einer Liga spielen zu können, braucht jeder Verein eine gewisse Summe an Eigenkapital und finanziellen Absicherungen. Kann er diese nicht vorweisen, kann der jeweilige Verein von der DFL bestraft werden muss und im schlimmsten Fall deshalb aus der Liga absteigen. Ein solcher Zwangsabstieg greift natürlich auch, wenn der Verein sportlich die Klasse gehalten hat. Lizenzierungsverfahren mögen eine Hauptsäule des kapitalistischen Fußballs sein, aber sie ergeben außerhalb wirtschaftlicher Zwänge wenig Sinn. Wieso sollte ein Fußballverein gut wirtschaften müssen? Warum ist der sportliche Erfolg auch davon abhängig, ob man in den USA neue Ideen für das Merchandising gesammelt hat? All das mag logisch erscheinen, denn es folgt ja einer Regelhaftigkeit, aber den sportlichen Sinn erfüllt es damit sicherlich nicht.

Die zweite Säule bildet die schrittweise Öffnung des deutschen Profifußballs für Investoren. Viele Fans mögen mich in diesem Moment anbrüllen, dass es die 50+1-Regel gäbe, aber auch diese wird nach wie vor weiter aufgeweicht. Der Umgang der deutschen Fußballverbände DFB und DFL mit dem Vereinskonstrukt RB Leipzig zeigt exemplarisch, in welche Richtung der Fußball in Deutschland gehen soll. Das Konstrukt entspricht keinerlei offiziellen Kriterien, die von der DFL vorgegeben sind. Die Übernahme eines Vereins durch externe Investoren ist durch die 50+1-Regelung nicht ohne weiteres möglich. Nur Hoffenheim, Leverkusen und Wolfsburg unterliegen einer Ausnahme, da sie über etliche Jahre und manchmal Jahrzehnte daran gebunden waren. Martin Kind, seines Zeichens willentlicher Alleinentscheider und Geldgeber von Hannover 96, versucht seit Jahren, diese Regelung aufzuweichen, und erhält dabei von der DFL durch deren Handlungen Unterstützung. Man kann sich in der Öffentlichkeit so darstellen, dass die 50+1-Regelung wichtig und ein Alleinstellungsmerkmal in den großen europäischen Ligen sei. Der Umgang mit Leipzig beweist jedoch, wes Geistes Kind die DFL wirklich ist.

Das Leipziger Konstrukt dürfte selbst nach den Regeln der DFL nicht im deutschen Profifußball spielen. Der »Verein« hat 21 Vereinsmitglieder, soweit bekannt mit einer engen Bindung an den Mutterkonzern aus Österreich. Man mag sich die Versammlungen kaum vorstellen, denn wer Kontroverse sucht, wird die wohl nicht einmal im Ansatz finden. Das von Mateschitz geleitete Unternehmen Red Bull GmbH ist offiziell mit 99 Prozent der Anteile als Hauptgesellschafter des Vereins gemeldet – auch abseits davon fällt die Einordnung des Leipziger Projekts nicht schwer. Zwar hat der DFB kurzzeitig aufgemuckt, aber als das RB im Namen zu der Abkürzung von »RasenBallsport« erklärt wurde, legten sich auch dort die letzten Zweifel. Falls wer eine andere Abkürzung in RB erkennt, möge er sich doch gerne beim DFB melden. Der österreichische Brausekonzern mit seinen leicht rechtslastigen Investitionen ist ebenfalls unverkennbar Trikotsponsor. Ein befreundeter Schiedsrichter wusste zu berichten, man bekomme selbst bei Jugendspielen in Leipzig unzählige Dosen hingestellt und es passiere nicht selten, dass man mit ganzen Getränkepaletten wieder abreisen könnte.

Offensichtlich sollte das Verteilen des eigenen Getränks nicht das größte Problem sein und das ist es auch für den Verein nicht, denn Mitte 2021 wurde vom Kartellamt ein Verfahren angestrengt, was den Leipziger Ableger des österreichischen Konzerns und seine Ambitionen nachhaltig gefährden könnte. Konkret geht es um die gerade erwähnte 50+1 Regel, die über eine einfache Klausel regelt, dass Investoren nicht mehr als 49 Prozent der Anteile eines Vereins halten dürfen. In Zeiten, wo nur noch eine Handvoll Vereine in den zwei obersten Ligen in Deutschland nicht über ausgegliederte Profiabteilungen verfügen, wirkt es etwas aus der Zeit gefallen, aber auch in diesem Fall verhilft die 50+1 Regel zur Erhaltung von demokratischen Mindeststandards, indem der Mutterverein auch in diesem Fall eine Stimmrechtsmehrheit bei der ausgegliederten Abteilung halten muss. Das Problem ist offensichtlich, denn nicht nur Red Bull scheint gegen diese Regelung zu verstoßen, auch Wolfsburg, Leverkusen und Hoffenheim unterliegen als Werks- bzw. Mäzenvereine nicht dieser Regel. Das Bundeskartellamt kam deshalb im Mai 2021 zu einer Grundsatzentscheidung, auf die viele Fans nur hoffen konnten: 50+1 darf bestehen bleiben, das Problem sind die genannten Vereine, die zwar regelkonforme Ausnahmen erhielten, aber eben nicht mit einer grundsätzlichen Entscheidung pro 50+1 Regel konform gehen können. Das Kartellamt bat deshalb um Lösungen, wie die Regel ohne Ausnahmen konform gestaltet werden könne und schaffte damit mit einen Schlag eine extreme Gefährdungslage für die Vereine. Dass ausgerechnet ein Bundesamt den deutschen Profifußball so ins Wanken bringen kann, ist einerseits erstaunlich und andererseits ernüchternd, denn wenig später stellte sich die DFL hinter die Ausnahmen für die Vereine und sprach ihnen einen sozialen Wert zu. Eine Farce, wie wir sie leider zur Genüge kennen.

Warum unternimmt Red Bull überhaupt diese Anstrengungen? Die einfache Antwort lautet, um seine Brause zu vermarkten. Doch warum machen DFL und DFB dabei mit? Ohne die Prämisse eines kapitalistischen Fußballs mit seinen Fußballverbänden als ihn organisierende Institutionen schafft man keine vollumfängliche Erklärung. Würde man davon ausgehen, dass der DFB den Fußball in einer eher konservativen Manier vor dem vermeintlichen Ausverkauf schützen wollte, dürfte ein Vereinskonstrukt à la Leipzig niemals im organisierten Fußball antreten. Auf keiner Ebene, nicht mal in der Kreisklasse. Aber nein, die Fußballverbände DFB und DFL sehen in dem Leipziger Projekt offensichtlich die Chance, einen weiteren Verein mit internationaler Konkurrenzfähigkeit in der Bundesliga zu haben. Mateschitz hätte sein ganzes Geld schließlich auch in ein Projekt in England stecken können, um dort die Premier League zu erobern. Offensichtlich hat sowohl die Liga als auch der Deutsche Fußball-Bund ein sehr hohes Interesse an dem Leipziger Modell. Es ist wirtschaftlich grotesk, was dort veranstaltet wird, und darüber hinaus verletzt das Projekt wohl jeglichen demokratischen Anspruch an Vereinssatzungen und deren Transparenz. Versucht mal, die Satzung des Leipziger Brausevereins zu finden. Es ist die einzige aller Bundesligisten, die nicht öffentlich einsehbar ist. Die Fußballverbände machen das Spiel aus Eigeninteresse mit, denn im kapitalistischen Fußball kann man sich nicht auf solch hehre Ideale wie demokratische Leitlinien verlassen. Es geht um die internationale Konkurrenz zwischen den Ligen, wo man sich bewähren muss. Ein wirtschaftlich starker Verein mehr lässt die Herzen offenbar aufgehen. Das alles funktioniert nur, weil die Verbände die Gesamtkapitalisten im Fußball sind. Sie müssen das große Ganze im Blick haben – und das heißt für den deutschen Fußball: Leinen los und ab auf Investorensuche!

Die dritte Säule des verbandorganisierten deutschen Fußballs ist die Verteilung der Gelder. Das ist ebenfalls keineswegs exklusiv für Deutschland und zieht sich durch viele Sportarten hindurch. Sportverbände als eigene Institutionen sammeln Macht und werden zu den zentralen Umlegestellen. Im deutschen Fußball ist das die DFL, die einzig und allein dafür gegründet wurde. Seit 2000 geht es daher um eine vermeintlich professionellere Organisation der ersten und zweiten Bundesliga und damit gemeint waren eine bessere Vermarktung, mehr Präsenz im Ausland und daraus resultierend: höhere Profite. Die Deutsche Fußball Liga ist keineswegs einfach nur die Organisatorin der zwei höchsten Ligen, ihre Hauptfunktion liegt in der Profitmaximierung. Sie ist ein Kapitalunternehmen. Sie verhandelt nicht nur die immer wichtiger gewordenen Fernsehverträge, sondern sie beschließt ebenfalls die Verteilung dieser Einnahmen. Dass an diesem Punkt die großen und »wichtigen« Vereine der Bundesliga ein besonderes Gewicht haben, ist auch für die DFL lohnenswert. Sie möchte die internationale Konkurrenzfähigkeit hochhalten, um beim nächsten Vertrag noch mehr Profite rauszuholen; und das geht nicht, wenn man die besten Pferde finanziell zu sehr schwächt. Auf der anderen Seite muss der Verband darauf achten, ein gewisses Maß an vermeintlichem Wettbewerb in der Bundesliga zuzulassen, da sonst ein gutes Dutzend anderer Vereine wohl auf die Barrikaden gehen würden. So ist die Rolle des ideellen Gesamtkapitalisten: Er hat die wichtigen Aufgaben im kapitalistischen Fußball vor Augen und kümmert sich um einen guten Ausgleich, aber eben immer unter dem Primat der Wirtschaftlichkeit. Die großen Vereine bekommen mehr Mitspracherechte, weil sie eben die Zugpferde sind, und andererseits darf man die große Masse an kleinen Vereinen nicht allzu sehr schwächen, damit der wirtschaftliche und soziale Frieden in der Bundesliga bestehen bleibt. Und so kümmert sich die DFL in rührender Weise um die Verbesserung des kapitalistischen Fußballs und um immer mehr Gewinne für die Vereine.

Rainer Koch und die Basis der Verbände

Wer beim Deutschen Fußball-Bund die Frage nach der Basis des Verbands stellt, erhält Antworten, die auf die Regional- und Landesverbände verweisen. Da geht es plötzlich um den großen Bereich des Amateurfußballs. Bei den hitzigen Debatten um so manche Personalie im Präsidium kam dementsprechend auch der Vorschlag auf, den Amateurbereich zu stärken und von dort Menschen in das Präsidium oder sogar auf die Präsidentenstuhl zu setzen. Wer den DFB-Bundestag am 11. März 2022 verfolgt hat, könnte aber schnell auf den Gedanken kommen, dass es darum schon lange nicht mehr geht. Binnen vier Jahren haben mit Reinhard Grindel und Fritz Keller gleich zwei ehemalige DFB-Präsidenten über den Strippenzieher und angeblichen Vertreter des Amateurfußballs, Rainer Koch, geklagt und ihm eine Hinterzimmerpolitik vorgeworfen, die feudalistische Züge habe. Taktieren, Durchstecherei an die Medien und Verleumdung innerhalb der Gremien sollen an der Tagesordnung gewesen sein und Rainer Koch stand als Chef des Bayrischen Fußballverbands und Vize-Präsident des DFB im Zentrum dieser Kritik. Dass sich ausgerechnet der große Strippenzieher mit einem solch absurden Verhalten selbst aus der Machtblase des DFB katapultiert hat, ist damit fast schon sinnbildlich. Seine selbstgefällige Art ging bis zum vorläufigen Ende seiner Funktionärskarriere mit ihm durch, als er die Delegierten in seiner Bewerbungsrede auf dem DFB-Bundestag dazu aufrief, sich zu enthalten, wenn man nicht für ihn stimmen wolle.

Statt seiner erleben wir mit Silke Sinning die erste Frau im Amt der Vize-Präsidentin, die zwar einen symbolischen Sieg der Geschlechtergerechtigkeit im DFB-Vorstand errang, aber keineswegs eine klare Kandidatin der Basis war. Sinning trat im Team mit dem ehemaligen Vize-Chef der DFL, Peter Peters, an, der mit seiner langjährigen Vita bei der DFL keineswegs wie einer wirkt, der grundsätzliche Fragen stellen möchte. Somit mag die Frage nach der Basis der Verbände für die Funktionäre beantwortet sein, wobei die Diskrepanz zwischen Anspruch und Realität beim DFB als größten Einzelsportverband der Welt noch deutlicher wird. Der DFB kümmert sich um alle, er will für jedes organisierte Spiel mit dem runden Leder verantwortlich sein und baut daraus sein Selbstbild. Fußball sind nicht nur die zwei großen Bundesligen, es ist auch der kleine Dorfverein von nebenan. Eine wirkliche Basis ist das allerdings nicht. Der Fußball funktioniert nicht durch die vermeintliche Demokratie der Verbände, die – wie der DFB – sieben Millionen Mitglieder stark sind und daraus ihre Position zu untermauern trachten. Was haben die Menschen an der Basis denn mit dem DFB-Präsidium in Frankfurt gemeinsam? Nichts. Sie verstehen den Fußball anders. Auf der einen Seite mag ein romantisierendes, vielleicht sogar kritisches Bild zum aktuellen Fußball vorherrschen. Bestimmend sind die großen Vereine »da oben«, die zu großen Teilen (zumindest im Fußballbereich) schon vor Jahren das letzte Band zum Amateursport gekappt haben. Auf der anderen Seite steht ein Verband, der in Deutschland monopolistisch agiert und vorgibt, das vermeintliche Wohl Aller im Blick zu haben. Doch hinter einer solchen Aussage stecken meist sich nicht deckende Absichten. Und so verhält es sich auch mit den Fußballverbänden. Die Grundlage ihres Handelns ist die kapitalistische Realität, in der sich der Fußball befindet, es sind nicht die Menschen an der Basis. Die braucht man jedoch über fünf Ecken, um sich auf dem DFB-Bundestag bestätigen und wählen zu lassen. Statt einer verbandsdemokratischen Auseinandersetzung ist der Blick auf die materialistische Basis der Debatte zu richten: Kommerzialisierung und Kapitalisierung des Fußballs müssen im Mittelpunkt der Theorien stehen, die sich mit der Rolle der Fußballverbände beschäftigen. Denn die Basis der Verbände ist nicht eine demokratische Teilhabe aller, es ist eine simulierte Teilhabe aller – in klaren Grenzen. Und diese Grenzen sind durch die bürgerlichen Verhältnisse gesteckt. Der DFB ist ein Verband des kapitalistischen Fußballs und wer einen anderen Fußball haben möchte, richtet sich gegen den Herrschaftsanspruch des Verbands.

Neue Erkenntnisse durch neue Theorien!

Wie funktionieren eigentlich Theorie und theoretische Arbeit? In den letzten Monaten, in denen ich diese Buch vorbereitet und skizziert, Artikel geschrieben und diskutiert habe, erlebte ich bisweilen eine fast schon erkenntnisfeindliche Sichtweise. Auf mein radikales Verständnis von Fußball, seiner Einbettung in bürgerliche Verhältnisse und kapitalistische Logiken. Theorie ist nie allwissend. Das kann sie auch nicht sein. Sonst hätten wir vor vielen Jahrhunderten oder gar tausenden von Jahren schon mit der Suche nach Erkenntnis aufgehört. Für manche wäre das vermutlich nicht so schlecht gewesen, so sehr wie sich an Aristoteles oder andere antike Denker klammern. Und genau da sind wir schon an dem Problem angekommen: Glaube verengt den Blick.

Das Ansehen von theoretischer Arbeit muss gestärkt werden. Von ideologischen Kämpfen und dergleichen zu sprechen, hilft nicht. Alles ist ideologisch, selbst das Bild von der Alternativlosigkeit. Dahinter stecken immer politische Absichten, auch wenn man es vordergründig nicht sieht oder es unbewusst geschieht. Diejenigen, die anderen Ideologie vorhalten, sind in vielen Fällen am stärksten ideologisch unterwegs. Wenn euch jemand eine Theorie vor- und sie euch argumentativ darstellt, dann stellt euch lieber eine Brille vor. Natürlich ist Theoriebildung ideologisch, es geht nicht anders. Ideologie meint das Begreifen und Einordnen unserer Welt. Theorien und Wissenschaft an sich müssen ideologisch sein, ansonsten haben sie ihren Anspruch nach Erkenntnisgewinn verloren. Also nehmen wir uns die Brille. Jede Theorie versucht die Realität mithilfe einer Brille abzuklopfen. So wie ich den Materialismus als Grundlage nehme, habe ich das Gestell dieser Brille gebildet und wie ich bereits sagte, lässt sich dieses Gestell theoretisch angreifen. Wer im Materialismus eine Versteifung auf die wirtschaftlichen Grundlagen sieht, der schnappt sich Hegels Idealismus als Gestell der Theorie. Die erzeugten Bilder von der Realität sehen dann anders aus, aber sie können uns verschiedene Phänomene erklären. Theorien haben nicht den Anspruch, alles vollständig zu erklären, aber sie streben nach Erkenntnisgewinn. Sie bauen auf gesellschaftliche Phänomene auf und versuchen sie einzuordnen. Eine theoretische Auseinandersetzung mit Fußball bedeutet folglich, verstehen zu wollen. Wir brauchen neue Erkenntnisse, um den Fußball zu begreifen und diffuse Gedanken des Verlusts zu begreifen. Deshalb ist dieses Buch nicht stärker ideologisch als eine Weihnachtsansprache einer Bundeskanzler:in.

Die Grundlage der Verbände ist einzig und allein die kapitalistische Wirklichkeit des Fußballs, nach der sie und der Fußball zu funktionieren haben. Wenn man auf Kritik antwortet, man sei an Sachzwänge gebunden, oder die DFL in Form von Christian Seifert zum hundertsten Mal erklärt, man sei nur Sprachrohr der Vereine, muss das entlarvt werden. Natürlich haben die Aussagen einen wahren Kern, aber den hätte auch eine Aussage von mir, wenn ich sage, dass ich dieses Buch nur für mich schriebe. Mag irgendwo stimmen, aber ich möchte auch, dass das Buch gekauft und gelesen wird und ich dadurch auch materiell von meiner Arbeit profitiere und die Thesen Anklang finden.

Dass Verbände ihre Rolle kleinreden, sollte daher nicht überraschen. Wir alle wissen, dass sie den Fußball organisieren, und der Rückgriff auf die Super League reicht aus, um ihre entscheidende Rolle aufzuzeigen. Kein Verein der Welt kommt gegen einen Fußballverband an. Letztere üben Macht aus, sie organisieren den Fußball. Sie sind das Schloss, aus dem heraus geherrscht wird. Und wenn dieses Schloss auf einem Fundament der kapitalistischen Wirklichkeit gebaut ist, dann reift auch im Fußball der Grundkonflikt des Kapitalismus: Wo einige profitieren, müssen viele verlieren. Dieser Konflikt bildet im Fußball eine Trennung zwischen Fans und ihrem Sport. Die Fans sollen die Stimmung in die Stadien tragen, damit die DFL bessere Fernsehverträge aushandeln und neue Sponsorenverträge an Land ziehen kann. Damit Fans die Ungerechtigkeit nicht erkennen oder sie nicht wahrnehmen, müssen Verbände eine demokratische Teilhabe simulieren. Wenn Fans denken, sie seien demokratischer Teil des Ganzen, werden sie sich nicht dagegen richten, das ist der Gedanke dahinter. Der DFB ist nicht deshalb demokratisch verfasst, weil er es unbedingt sein möchte, das zeigen die Handlungen der letzten Jahre. Da entlässt man den Ethikrat des Verbands, weil dieser zu kritisch mit dem eigenen Führungspersonal umgeht, und der eigene Kodex spricht zeitgleich von der wirksamen Gewaltenteilung im Verband. Wer soll sowas denn noch ernst nehmen? Der DFB nutzt in seiner institutionellen Rolle eine Funktion, die bereits Johannes Agnoli ausgemacht hat.

Fußballverbände müssen als die Institutionen des kapitalistischen Fußballs eine demokratische Teilhabe aller Beteiligten simulieren. Sie nutzen dafür die Instrumente, die in dem politischen System der liberalen Demokratie funktioniert haben. Entscheidungsfähig ist in einem Verband nur eine kleine Minderheit, beim DFB ist es sein Präsidium. Dieses wird in einem Drei-Jahres-Rhythmus vom DFB-Bundestag gewählt, der sich aus 259 Delegierten zusammensetzt. Zu ihnen zählen nicht nur die Mitglieder des Präsidiums und des Vorstands, Delegierte aus allen Landes- und Regionalverbänden, sondern auch Teile der DFL. Die Deutsche Fußball Liga schickt 74 Personen zum Bundestag und damit mehr als jeder andere Teilverband. Alle Entscheidungen werden durch diesen Bundestag legitimiert und verabschiedet, jede wichtige Personalentscheidung läuft durch die innerverbandliche Demokratie. Das Problem von Parlamentarismus hat Agnoli bereits gut beschrieben und es lohnt sich, einen historischen Rückgriff zu machen, wieso der Parlamentarismus, als eigentlich demokratische Hoffnung, zur Zielscheibe kritischer Forschung wurde. Dadurch erklärt sich das Dilemma von Fußballfans, die Veränderung innerhalb der Fußballverbände durchzusetzen versuchen.

Einer er der ersten Wissenschaftler, die ein Konzept von Pluralismus vorlegten, war Harold Laski. Er erhoffte sich in der Demokratisierung Anfang des 20. Jahrhunderts und der Öffnung der Parlamente für alle Bevölkerungsklassen eine Wende. Er entwickelte die These der *revolution by consent* und stellte die Ausgangsüberlegung jeder emanzipatorischen und freiheitsorientierten Bewegung zur damaligen Zeit in den Mittelpunkt: Wenn der Parlamentarismus die Teilhabe aller Menschen eines Landes ermöglicht und jede:r eine gleichwertige Stimme hat, dann müsste die Überwindung bürgerlicher Verhältnisse über ein Parlament möglich sein. Über hundert Jahre später ist die Antwort für uns natürlich mehr als einfach, denn ganz offensichtlich hat sich der Gedanke nicht bewahrheitet. Für

Laski und viele andere bestand in der demokratischen Öffnung des Parlamentarismus aber eine echte Chance. Dem Gedanken geht voraus, dass ein Großteil der Menschen von den kapitalistischen Zuständen nicht profitiert und ausgebeutet wird. Folglich müssten sich diese Menschen und ihre Unzufriedenheit in einer parlamentarischen Mehrheit ausdrücken und es dadurch ermöglichen, die grundlegende Struktur des Kapitalismus parlamentarisch zu überwinden. Das hat nicht geklappt und auch Laski hat einige Jahre später in den 1920er Jahren seinen Pluralismusbegriff und die Hoffnung auf eine parlamentarische Revolution verworfen. Agnoli lieferte eine plausible Antwort auf die missglückte *revolution by consent* und wies auf mehrere Tatsachen hin: Zuerst darf der Parlamentarismus innerhalb eines bürgerlichen Verfassungsstaats nicht als eine neutrale und demokratische Institution angesehen werden, weil sie der bürgerlichen Herrschaft dienen soll. Ihre Grundfunktion ist damit keine demokratische, sondern eine den Kapitalismus sichernde. Eine zweite Tatsache ist der daraus resultierende Wandel des Parlamentarismus, den Agnoli als bereits zitierten Transmissionsriemen analysiert. Die eigentlich demokratische Institution des Parlamentarismus hat nicht die zentrale Macht innerhalb der liberalen Demokratie und funktioniert rückwärtsgewandt. Statt einer Artikulation der Beherrschten erklären die Herrschenden im Parlament, was sie machen. Die eigentliche Macht sitzt nicht im Parlament.

Um die herrschaftssichernde Funktion des Parlamentarismus konkret nutzbar zu machen, existiert in der liberalen Demokratie wie im Deutschen Fußball-Bund das Prinzip der Repräsentativität, gegen das sich Agnoli richtet. Aus der Ausgangshypothese einer politischen Oligarchie auf Zeit entwickelt er die Überlegung eines »Kreislaufs der Eliten«. Um das Herausbrechen des Grundkonflikts im Kapitalismus zu verhindern, existieren in der liberalen Demokratie Führungskonflikte. Einfacher gesagt: Wahlkämpfe erhalten nicht nur die Funktion der Herausbildung derjenigen Gruppe, die in den nächsten Jahren regieren soll. Wahlkampf und die Konkurrenz verschiedener Parteien lenken ab und reduzieren den

Grundkonflikt auf einen Führungskonflikt. Keine grundlegende Auseinandersetzung, sondern vielmehr die Frage nach Baerbock, Scholz oder Laschet. Einige Jahrzehnte später greift der Politikwissenschaftler Colin Crouch die Kritik an der Repräsentationsprinzip auf und kritisiert in seinem Buch Postdemokratie das Feld von Politik als Beruf und beschreibt die Zirkulation von Individuen zwischen Politikersein, Beratung und Lobbyarbeit.[5] Die Benennung des Grundproblems hinter der Repräsentativität geht aber auf jemand anderen zurück: Robert Michels, einen der Gründerväter der deutschen Politikwissenschaft (auch wenn eigentlich Soziologe). Er hat bereits zu Beginn des 20. Jahrhunderts untersucht, wie sich oligarchische Strukturen durchsetzen und illustrierte dies an der SPD. Und ja, alle die in der SPD die Verräter der Arbeiterklasse sehen, dürfen jetzt genau mitlesen. Denn es ist nicht das Problem einer einzelnen Partei, sondern das »eherne Gesetz der Oligarchie«, die Michels als Ursache ausmacht für die inhaltliche Entfernung der Basis einer Partei und seines Vorstands. Drei Hypothesen sind das Vorgerüst einer solchen Entwicklung: Nach Michels bildet jede größere Menschengruppe eine Art bürokratischer Organisation heraus und die gebildeten Bürokratien neigen zur Herausbildung einer Machtelite. Die damit einhergehende Oligarchisierung führt zu einer Korrumpierung der Machtelite. Am Beispiel der frühen Grünen ausexerzierend, fand Agnoli bei ihnen einen ähnlichen Hang zur Selbsterhaltung. Ist ein Parteivorstand in die Position von Macht gekommen, bildet sich eine kleine Minderheit heraus, die inhaltslos versucht, diese Macht zu erhalten. Michels benannte das Problem viele Jahrzehnte früher eher allgemein, als er feststellte, dass jede Organisation – egal, welcher Ideologie man eigentlich folgt – eine Oligarchie herausbildet. Bleibt man bei den Grünen, so hat sich des Pudels Kern im Aufbau der Strukturen gezeigt. Die Festigung innerparteilicher Organisationsstrukturen hat zu einem Verlust innerer Demokratie und Dynamik geführt, rätedemokratische Überlegungen wurden verworfen. Man zweiteilt sich in Basis und Organisation, wobei die Organisation sich von der Basis entfremdet, weil sie andere Interessen ausbildet. Sie verkommt von einem Mittel zum Zweck zu einem Selbstzweck.[6]

Für die liberale Demokratie bedeutet das eine Entfremdung der Parteien von ihrer Basis. Selbst eine herrschaftskritische Partei ist durch die Herausbildung einer eigenen Organisation dazu gezwungen, oligarchisch zu werden, und verliert dadurch ihre Kerninteressen. Die Trennung zur Basis ist unausweichlich und sie folgt den Regeln der Repräsentativität. Denn um Mehrheiten zu erringen und sich seine Plätze im Parlament zu sichern, muss man allgemeiner werden. Die Klimakatastrophe zeigt das wunderbar auf, denn auf einmal sind alle Parteien dazu gezwungen, sich mit diesem Thema auseinanderzusetzen und sich der Bevölkerung anzubiedern. Es ist das Prinzip der Repräsentativität im Parlamentarismus, das zur inhaltlichen Aufweichung, zur Festigung des Status quo und damit letztlich zur Absicherung der bürgerlichen Herrschaft führt.

Die Verbandsdemokratie des DFB verstärkt die Tendenz zur Entfremdung von der Basis sogar noch, denn in ihr wählen nicht alle Mitglieder in einem demokratischen Wahlakt die Delegierten des DFB-Bundestags, sondern die gesetzten Strukturen geben eine klare Verteilung vor. So erhalten die Landesverbände des Nordostdeutschen Fußballverbands exakt 22 Stimmen und die DFL als Ligaverband 74. Also: zwei Profiligen haben mehr als drei Mal so viele Stimmen wie alle Fußballer auf dem Gebiet der ehemaligen DDR. Ein solcher Parlamentarismus mit klarer Stimmenverteilung und hausgemachten Mehrheiten hat wenig mit den Grundprinzipien des eigentlich demokratisch angelegten Parlamentarismus zu tun und zeigt die Grenzen des Repräsentationsprinzips hervorragend auf. Es existiert offensichtlich keine demokratische Basis der Fußballverbände außerhalb der kapitalistischen Wirklichkeit. Sie konstruieren demokratische Zustände und nutzen vermeintlich demokratische Werkzeuge, um Teilhabe und Mitbestimmung zu simulieren. Allerdings zeigen Agnoli und andere auch auf, dass selbst ein Parlamentarismus, der seinen Namen verdient hätte, keine grundlegenden Änderungen im Fußball hervorbringen könnte – selbst wenn seine Akteure dies (anfangs) wollten.

Die Transformation der Demokratie in eine Postdemokratie mag ein vordergründig rein politisches Thema sein, aber es betrifft den Fußball in Gänze. Nicht nur die kapitalistische Wirtschaftsweise hat den Fußball vollständig eingenommen, auch die Funktionsweise des kapitalistischen Fußballs ist von dem jeweiligen politischen System beeinflusst. Wir können Phänomene der Funktionsweise des politischen Systems auch in Teilbereichen sehen: in den Institutionen des Sports, den Verbänden. Eine Kritik des Fußballs muss folglich auch eine Kritik der Politik sein, und umgekehrt. Doch wie lassen sich die Erkenntnisse zur Funktionsweise der Verbände zusammenfassen?

- Die Verbände, die Institutionen des Fußballs, sind die Agenten der Kommerzialisierung. Sie organisieren den kapitalistischen Fußball und sind als Gesamtkapitalisten für Profitmaximierung und Absicherung der herrschenden Verhältnisse zuständig.
- Der Kitt des Fußballs ist seine Wirtschaftlichkeit. Eingeordnet in die kapitalistische Lebensweise funktioniert er nach dessen Sachzwängen und Logiken. Diese werden durch die Verbände in einen organisierten Fußball hineingegeben und finden sich durch verschiedene Regelungen in der Praxis wieder. Die DFL setzt in Deutschland das Lizenzierungsverfahren durch, wodurch die Teilnahme an einer Liga auf wirtschaftlichen Sachzwängen fußt. Ebenso beweist die schrittweise Öffnung für Investoren die Notwendigkeit zur Profitmaximierung. Es braucht immer mehr Geld! Der Umgang mit dem Leipziger Vereinskonstrukt beweist den Willen, für die Logik der internationalen Konkurrenz auch auf eigentlich unumkehrbare Regularien wie die 50+1-Regel zu verzichten oder sie zu umgehen. Ebenfalls zeigt die Verteilung der Einnahmen über die Verbände ihre Macht und das Primat der Wirtschaftlichkeit auf. An der Spitze des Fußballs stehen Kapitalunternehmen, die für die Fußballvereine auf Geldsuche gehen und höheren Profiten nachjagen.

- Die innerverbandliche Organisation simuliert eine demokratische Teilhabe, um maximale Zustimmung zu erzeugen. Die kapitalistische Wirklichkeit bildet auch im Fußball Ungleichheit und Ungerechtigkeit aus, weshalb eine wirkliche demokratische Teilhabe nicht ohne weiteres ermöglicht werden kann. DFB und DFL legitimieren ihre Entscheidungen über den sogenannten DFB-Bundestag, der im Drei-Jahres-Rhythmus tagt und 262 Delegierte aus allen Landes- und Regionalverbänden wie der DFL umfasst. Die herrschende Oligarchie, das DFB-Präsidium, lässt sich auf Zeit legitimieren und wichtige Entscheidungen werden – quasi vorher schon beschlossen, etwa wie die Gründung des Ligaverbands DFL –demokratisch von allen legitimiert. Vielleicht nur scheinbar demokratisch, wenn wir der hergeleiteten Kritik folgen.

Die Fußballverbände stehen fest auf dem Boden der bürgerlichen Verhältnisse und organisieren den kapitalistischen Fußball in einer Form, die viele Fans ablehnen. Sie organisieren sich selbst durch einen innerverbandlichen Parlamentarismus, der den Entscheidungen ein demokratisches Antlitz geben soll. Doch der Fußball sichert sich nicht nur durch solche indirekten Befriedungsmaßnahmen ab. Der kapitalistische Fußball ist permanent bedroht, denn die übergroße Mehrheit profitiert nicht von ihm. Fußballfans als einheitlicher Akteur begreifen sich als benachteiligt, wie ein Großteil der Spieler/innen und viele Schiedsrichter/innen, die von einem anderen Fußball profitieren würden. Die Verbände sind als Institutionen des Fußballs für dessen Absicherung verantwortlich und unternehmen hierfür mehr, als viele denken. Der Kampf um den Fußball muss für Fußballfans ein Kampf gegen seine Institutionen werden!

Die Domestizierung der Fans

Wem gehört der Fußball? Nun, diese Frage scheint beantwortet zu sein. Der Fußball ist in einem Gestrüpp von bürgerlichen Verhältnissen und kapitalistischer Wirklichkeit gefangen und er ist davon vollkommen eingenommen worden. Fans waren das Grundgerüst im Fußball und sie sind es bis heute. Gewandelt hat sich nicht ihre Bedeutung, sondern ihre Funktion. Früher waren Fans der Grund für die Popularität des Fußballs und das weltweit. Heutzutage sind sie im kapitalistischen Fußball zu seinen Konsumentenverkommen. Das Produkt Fußball fußt auf der Annahme, dass die Fans sich die Abonnements für Sky, DAZN und Co. kaufen und auch die jährlich neu designten Trikots erwerben. Fans sind zu einer Gruppe erklärt, die einzig und allein die Funktion des Konsums innehat. Von der Produktion der Fans profitiert man natürlich. Die Stimmung in den Stadien und die vermarktbaren Emotionen sind ein gutes Verkaufsargument, was nicht zuletzt die Europameisterschaft im Jahr 2021 gezeigt hat. Aber die Grundlage des kapitalistischen Fußballs sind die konsumierenden Fans.

Nun könnte man an dieser Stelle schnell zu der Überlegung kommen, dass ein Boykott ein Allheilmittel zur Lösung sein könnte. Alle Fußballfans entziehen sich dem Produkt Fußball und hören auf, es zu konsumieren. Die Blase würde platzen, der kapitalistische Fußball wäre nicht mehr profitabel und alles würde kollabieren. Es würde ein Streik der Fußballfans ausreichen, um die Wurzel allen Übels ins Wanken zu bringen. Das klingt zu schön, um wahr zu sein, nicht wahr? Und genau das ist es auch. Zumindest solange man nicht verstanden hat, wie sich das System des Fußballs absichert.

Die Verbände haben nicht nur eine organisierende Funktion, dem kapitalistischen Fußball ist bewusst, dass nur eine kleine Minderheit von ihm profitiert. Und er sichert sich ab. Auch hier hilft der Blick auf Agnolis Arbeiten weiter, denn er beschreibt die Sicherung des gesamtgesellschaftlichen, sozialen Friedens innerhalb der liberalen Demokratie. Der kapitalistische Fußball hat sich von der Funktionsweise der politischen Institutionen einiges abgeschaut und übernommen, eben auch bei der Wahrung des sozialen Friedens durch erzwungene Kompromisse und Strategien. Der Fußball ist exklusiv und herrschaftlich. Das zeigt auch sein Verhalten gegenüber aktiven Fans und Ultras. Sie sind die Speerspitze eines möglichen Protestes, der sich gegen die Wurzel des kapitalistischen Fußballs richtet. Und deshalb müssen Fans bestmöglich befriedet und eingehegt werden.

Es ist kein Zufall, dass das Unterkapitel sich schon im Titel mit domestizierten Fans beschäftigt. Wenn wir von Domestizierung sprechen, meinen wir eigentlich die Anpassung und Haltung von Tieren zu Haustieren – und tatsächlich verhält es sich so ähnlich mit Fußballfans. Sie werden in ihrem Habitat des Stadions nicht nur weiter zurückgedrängt, sondern auch eingeschränkt. Das meint nicht nur die offensichtliche Kriminalisierung der letzten Jahre, sondern auch vermeintliche Kompromisse. Verbände stehen Fans nicht neutral gegenüber, sondern sie begreifen sie als potenzielle Gegenherrschaft. Fans könnten den Fußball ins Wanken bringen und sie haben in den letzten Jahren auch partiell geschafft. Auch deshalb rangen der ehemalige DFB-Präsident Reinhard Grindel und sein Vize Koch so sehr um einen geeigneten Umgang mit ihnen, dass sich das DFB-Präsidium letztlich zerstritt. Fußballfans können alles verändern und deshalb müssen die Verbände einen geeigneten, marktkonformen Umgang mit ihnen finden. Das ist die Geschichte der Domestizierung der Fußballfans.

Verbände müssen ängstlich sein

Corona hat im Fußball viel verändert: Wir haben gesehen, dass der Fußball ganz konkret ohne Fans spielen kann. Es ist offensichtlich geworden, nach welchen Prinzipien er funktioniert, aber die Pandemie und die Geisterspiele haben auch den Glauben an einen anderen Fußball hochgehalten. Ultras hängen auch in Zeiten ihres Ausschlusses Spruchbänder und Forderungen in ihre Stadien, die Zuschauer an den Endgeräten können sie lesen. Das Stadion an der Alten Försterei hatte diese Spruchbänder auf der Gegengerade, die von den Fernsehkameras in voller Breite eingefangen wird und es dadurch ermöglicht, Forderungen in die Öffentlichkeit zu tragen. Jeder Mensch kann sehen, worum es den Ultras bei Union geht. Wenngleich das

Interesse daran voraussetzt, weil es medial oft nicht aufgegriffen, manchmal sogar offenbar vorsätzlich ausgeblendet wird.

»Ob die Bayern in Katar oder Gladbach in Budapest – Der Rubel muss rollen!« Das Spruchband fasst die Offenlegung der Funktionsweisen durch die Pandemie zusammen. Der kapitalistische Fußball hat in Zeiten der Not offenbart, worum es in seinem Kern geht. Es geht um Profite, und wenn dafür Champions-League-Spiele in Ungarn stattfinden müssen. Dass Ungarn generell während der Pandemie eine, nennen wir es mal spannende Rolle spielte, ist nur ein Aspekt. Die wenig später stattfindende Europameisterschaft bot dem System Orbán eine Bühne, denn dort wurde von Beginn an zugelassen, dass das Stadion in der Nähe der Vollauslastung war. Zigtausende Fans ohne Abstand und ohne Maske im Stadion. Und das sollte nur der Anfang sein. Weil Orbán und seine selbsternannte illiberale Demokratie die Corona-Regeln nicht so genau nahmen, begann die UEFA, die übrigen Länder der Austragungsorte zu erpressen. Entweder man erhöhe die Auslastung in den Stadien oder Budapest werde als Spielstätte noch mehr Begegnungen erhalten. Ein Fußballverband, der mithilfe einer »Demokratie« à la Orban droht. Das ist weder sonderlich demokratisch noch zeigt sich darin der oft hochgehaltene Antidiskriminierungsleitsatz der UEFA. Die Strategien des Verbands sind einzig darauf ausgerichtet, maximale Profite aus dem Turnier zu ziehen, und mehr Fans bedeuten nicht nur mehr verkaufte Tickets, sondern auch eine deutlich heißere Atmosphäre in den Stadien. Der UEFA ging es an jedem Punkt ums Geldverdienen. Und die deutsche Berichterstattung tappte in die Falle, indem sie das Vorgehen kritisierte und die Pandemieentwicklung in den Blick nahm, aber pünktlich mit Spielbeginn in eine fast normale Übertragung abspulte. Was soll man auch machen, am Ende geht es ja um das Spiel, oder? Falsch gedacht, man spielt der UEFA vollends in die Karten. Die Kritik davor und danach verpufft, sobald der Fußball rollt und das hat die Euro 2020 bewiesen.

Fußballverbände müssen sich offensichtlich nicht viel darum scheren, wie die Berichterstattung über sie ausfällt, solange das Produkt Fußball die Massen anzieht. Da kann selbst ein Parlamentarischer Staatssekretär des Bundesinnenministeriums sagen, dass die UEFA eine erpresserische Maschine ist. Alles verpufft, sobald das Spiel mit dem runden Leder angepfiffen wird. Die Kritik verpufft, die Analysen gehen ins Leere. Weitet man die Kritik nicht auf das Spiel aus, ist ein anderer Fußball nicht in Reichweite und sichern sich die herrschenden Verbände ab. Ihre größte Angst ist nicht die mediale Öffentlichkeit, die größte Angst haben sie vor den Menschen im Stadion.

Egal ob Heim- oder Auswärtsfahrten, Fußballfans begleiten ihre Teams. Sie feuern sie an, sie erzeugen Stimmung, sie haben Spaß. Erst Fans verleihen dem Fußball seinen gesellschaftlichen Glanz, auch wenn man über sie gerne mal lacht bzw. sie gesellschaftlich belächelt werden. Das Interessante an den Fußballfans ist jedoch auch der Umgang mit ihnen, sie erleben im Fußball Repression und Kriminalisierung – und das hat System. Fußballverbände schreiben vor, was Fans dürfen und was eben nicht. Egal ob Fragen nach dem Einsatz von Pyrotechnik oder vielerorts unterschiedliche Regelungen für zugelassene Fahnen und Doppelhalter: Die Verbände haben die Hand darauf. Sie entscheiden, was in den Kurven geschieht und was nicht. Sie kriminalisieren Menschen, die ihre Freiheit und Autonomie ausweiten wollen und schaffen eine Ungerechtigkeit, die kaum noch als solche wahrgenommen wird. Eigentlich müsste man sich fragen, mit welchem Recht ein Verband vorschreibt, was man in seiner Kurve, in einem Stadion machen darf? Nehmen wir den Zankapfel Bengalos und Co.: Pyrotechnik ist verboten und wir erleben seit zehn Jahren eine Sprache, die Menschen ihr Fansein absprechen will. Zündest du einen Bengalo an, bist du ein »Idiot«, ein »Chaot«. Du hast nichts mit dem Fußball zu tun, denn du bist kein richtiger Fan. Manchmal mag das sogar stimmen, denn nicht viele Ultras können mit dem kapitalistischen Fußball etwas anfangen, auch wenn sie ihn nicht so benennen. Die Verbände sind die Speerspitze eines Fußballs, der versucht, solche Fans zu kriminalisieren. Und trotz der Ablehnung und der Konfrontation mit den Verbänden gab es an der Alten Försterei auch andere Spruchbänder, die konkrete Forderungen an die DFL artikulierten, zum Beispiel: »Seifert und Co.: Lasst den Worten endlich Taten folgen!« Man fordert die Spitze der Deutschen Fußball Liga auf, den Fußball solidarischer zu machen, wie es am Anfang der Pandemie sogar versprochen wurde. Solche Spruchbänder zeigen den Ausgang einer Debatte innerhalb der Fußballfans auf, die sich der Frage stellen: Sollte man mit den Verbänden um einen neuen Fußball ringen oder sich fundamental gegen sie stellen? Meiner Meinung nach gab es viel zu lange ein Ringen zwischen radikalen und reformerischen Kräften, ohne jedoch klare Leitlinien zu finden. Mal startet man einen »Krieg« gegen den DFB und tags darauf kommt man in Frankfurt am Main zusammen, um endlich wieder in die Diskussion zu kommen. Ultras beachten die Hintergründe der Dinge, die sie im Fußball umgeben, nicht immer.

Der DFB hat in seinem Präsidium Menschen sitzen, die gelebte demokratische Werte verachten, auch wenn sie sie vor sich hertragen. Der ehemalige Vize-Präsident Rainer Koch glaubt vermutlich tief in seinem Innern, dass er fest verankert auf dem Boden einer demokratischen Grundordnung steht, aber mit der Realität hat das oftmals offenbar nur bedingt zu tun: Er wollte Ultragruppierungen von privaten Ermittlern unterwandern lassen, vermeintlich belastbares Material sammeln und sie aus den Stadien der Republik ausschließen und vertreiben. Und man muss es in dieser Deutlichkeit sagen: Auch wenn Koch bei Veröffentlichung des Buches schon abgewählt war, hatte er über Jahre eine Macht im deutschen Fußball, die ihresgleichen sucht und für auf ihn folgende Personen dennoch im Bereich des Möglichen liegt. Rainer Koch ist wahrscheinlich kein schlechter Mensch, das Problem liegt in seiner Machtfülle. Das Problem liegt nicht bei ihm, sondern in der Struktur. Ist Koch weg, folgt ihm gedanklich eine neue DFL-Geschäftsführerin, die ähnliches bezweckt, wenn sie im Antrittsinterview bei der *Bild am Sonntag* direkt davon spricht, nichts unüberlegt zu lassen, was der Bundesliga finanziell weiterhelfen könne. Koch stand bzw. steht nicht alleine da, ansonsten hätte er Grindel wohl nicht aus dem Präsidium drängen können. Dass Grindel Jahre später in der Dokumentation *Der Prozess* die Streitpunkte öffentlich macht, ist ein glücklicher Zufall. Ohne seine Darstellung wäre vieles im Unklaren geblieben. So ist es bezeugt, dass der schlimmste Scharfmacher gegen Fußballfans über Jahre im DFB-Präsidium saß.

Ultras müssen raus, das ist offenbar Kochs Grundannahme. Doch was haben sie überhaupt gemacht, dass es so weit kommen konnte? Sie üben Kritik am Bestehenden, das zeigen die Spruchbänder. Und ein Verweis auf das letzte Jahrzehnt macht deutlich, was an Ultras so gefährlich ist. Von Protesten gegen ein paar Milliardäre, die mit ihren Finanzspritzen aktiv Wettbewerbsverzerrung betreiben, bis hin zu bundesweiten Protesten gegen Sicherheitspapiere (*12:12*-Aktion) haben Ultras eine gewisse Hausmacht, zumindest in den Stadien. Sie sind für den Verband potenziell gefährlich, das ist die simple Antwort. Die Ausgrenzung von Ultras wegen Beleidigungen eines Milliardärs oder die Verabscheuung von Pyrotechnik haben folgenden Zweck: Sie kriminalisieren eine Gruppe an Menschen, die einen anderen Fußball haben möchte. Da guckt man nicht mehr darauf, dass Ultras in Deutschland die größte Jugendkultur sind, dass sie fester Anker für viele junge Menschen sind, die der Staat nicht auffangen kann oder will. Ultras leisten Sozialarbeit, wo sonst niemand da ist. Sie haben mitgeholfen, Rassismus aus den Stadien zu vertreiben, und sie leben in vielen Fällen Demokratie. Sie sind der praktische Teil einer politischen Bildung im besten Sinne, denn sie üben Kritik an den Dingen, die nicht so laufen, wie sie es eigentlich sollten. All das macht Ultras in Deutschland demokratischer als alles, was ein Rainer Koch oder ein Uli Hoeneß oder ein Dietmar Hopp jemals gemacht haben. Ultras haben keine Unsummen an Kohle. Sie können nicht einfach einen Krümel abgeben und sich dann als Wohltäter hinstellen. Sie machen ihre Arbeit, weil sie ihnen wichtig ist. Klar, für ihren Verein, aber auch für die Menschen in ihren Städten, Bezirken und Kiezen, davon lebt Demokratie. Fußballverbände wie der DFB wollen das offensichtlich nicht und bekämpfen Ultras. An dieser Stelle stellt sich nicht mehr die Frage, wer hier der Böse ist, sondern warum die Verbände das machen.

Fans sind in der Doppelrolle gefangen. Die Basis des kapitalistischen Fußballs beruht auf Ausbeutung. Zuschauer konsumieren den Fußball auf jede erdenkliche Weise, sie kaufen Merchandise-Artikel, holen sich überteuerte Dauerkarten und sammeln nicht selten bereits in jungen Jahren *Panini*-Sticker und *MatchAttax*-Sammelkarten. In meinem Bekanntenkreis spielt eine Gruppe Fußballfans seit einigen Jahren mithilfe des bereits oben erwähnten Fußballmanagers *Kickbase* gegeneinander. Wie gesagt: Ein unfassbar reizvolles Spiel, denn man baut sich ein eigenes Team von Spielern auf, die anhand ihrer realen Leistungen Punkte erhalten. Man macht sich quasi zu einem Fantasie-Manager und drückt dafür den Inhabern der App jeden Monat Geld in die Hand. Im Fußball unserer Tage ist eben nichts umsonst. Fans erhalten nicht nur den Fußball am Leben, sondern auch alle Märkte darum herum. Ohne sie würde die Maschinerie nicht mehr laufen, nur sie sichern dem Produkt Fußball durch ihren Konsum das Leben.

Auf der anderen Seite der Medaille produzieren Fans ihren Sport mit, und das zeigt sich in der Pandemie so klar wie noch nie. Ohne sie ist der Fußball nur halb so viel wert. Spiele entwickeln kaum den Anreiz, Spiele im Format von David gegen Goliath entwickelten selten eine wirkliche Spannung. Die EM 2021 war auch deshalb so besonders, weil man die Emotionen auf den Tribünen wieder einfangen konnte und sich daraus eine andere Grundstimmung entwickelt hat. Es ist der Druck der Fans, der den Reiz des Spiels auszumachen scheint. Fehlen die Fans, verliert der Fußball an Attraktivität und damit letztlich an Wert. Diejenigen, die vom kapitalistischen Fußball profitieren, ärgern sich ob der fehlenden Fans. Jeder europäische Wettbewerb hat Einbußen hinnehmen müssen – und die Auswirkungen der Geisterspiele sind noch längst nicht überstanden. Neue Fernsehverträge werden mit Klauseln versehen und die zuvor wie automatisch steigenden Umsätze werden kurzfristig stagnieren. Das Produkt Fußball hat sich anfällig gezeigt und der Welt vor Augen geführt, was Fußball ohne Fans ist: entkernt. Fußballfans geben dem Fußball seine Bedeutung und darüber hinaus seinen wirtschaftlichen Wert. Und dennoch müssen sie dafür bezahlen, wenn sie in ein Stadion wollen. Der kapitalistische Irrsinn schafft im Fußball nicht nur Ungerechtigkeit, er lässt einen sich daran auch noch gewöhnen.

Der Fußball, wie wir ihn kennen, besteht aus einem Gegensatz zwischen einer Mehrheit aus Fans und Amateurspielern und auf der anderen Seite einer kleinen Minderheit, die vom Fußball wirtschaftlich profitiert. Ein paar Vereine, einige Spieler und deren Stäbe aus Beratern, PR-Managern und Personal Coaches, ein paar Funktionäre und Sponsoren. Unser Fußball spaltet, weil er kapitalistisch ist. Er bildet diese Schere nicht aus, weil es immer mehr Kommerz gibt. Die Schere bildet sich, weil der Fußball in seiner Grundstruktur immer kapitalistischer geworden ist. Fällt der Blick auf die Fußballfans, wird schnell klar, dass ihr Kampf um den Fußball ein essenzieller ist. Die Kriminalisierungsstrategie der Rainer Kochs dieser Fußballwelt ist bereits angesprochen worden, doch es entsteht eine neue Taktik, die der Fußball von der liberalen Demokratie lernt: die Taktik der Befriedung.

Das Grundgerüst von Herrschaft, egal ob gesamtgesellschaftlich oder im Fußball, ist die Herstellung von sozialem Frieden. Wenn die Beherrschten kein Problem mit der Herrschaft haben, stehen sie nicht dagegen auf. Dem gegenüber steht eine konfliktbehaftete Sicherung, die kritische Fans wie Ultras aktiv aus dem Fußball ausgeschlossen sehen möchte. Stadionverbote ohne legitime oder auch nur juristische Grundlage zeigen den Weg auf, den die deutschen Fußballverbände vor vielen Jahren eingeschlagen haben. Kriminalisierung und offene Ausgrenzung sind allerdings an ihre Grenzen gestoßen. Das ist die Grundlage des Konflikts zwischen Reinhard Grindel und Rainer Koch. Rainer Koch ist ein Mensch der alten Schule, der den Fußball über Autorität und offene Herrschaft sichern möchte. Auf der anderen Seite steht Grindel, der auch andere Überlegungen mitbringt. Man darf nicht vergessen, dass beide am

Ende das Gleiche haben wollen, bloß gänzlich andere Wege dorthin beschreiten möchten. Es geht nicht um eine andere Vorstellung von Fußball, da dürften beide wohl ähnlich denken. Was Grindel vom Rest des DFB-Präsidiums unterschied, war sein Wille zur Herstellung eines sozialen Friedens im kapitalistischen Fußball. Er wusste, dass der Grundkonflikt nicht überwindbar war, aber er wollte einen Kompromiss herbeiführen. Deshalb lud er Ultras und aktive Fans zu Gesprächen ein und aus diesem Grund machte er vorab Zugeständnisse. Grindel zeigte sich als wahrer bürgerlicher Demokrat und Agnoli hätte ihn wohl gemocht, zumindest veranschaulicht Grindel, wie die *Technik des sozialen Friedens* im Sport funktionieren sollte und wie sich der Fußball im jetzigen Zustand erhalten könnte.

Der ehemalige DFB-Präsident Reinhard Grindel ist nicht der Einzige, der die Idee eines sozialen Friedens im Fußball hatte. 2018 legte Union Berlin ein weit beachtetes Positionspapier vor, das die Sportschau als revolutionär bezeichnete, scheinbar die immer gleiche Reaktion bei Reformvorschlägen, die aus dem Berliner Südosten kommen, wenn wir uns an den Gastbeitrag »Die Monster müssen sterben« vom Unioner Präsidenten Dirk Zingler erinnern. Unions Präsidium warb drei Jahre vorher für einen Kurswechsel im deutschen Profifußball und legte neben einer grundlegenden Analyse konkrete Änderungsvorschläge vor. Was das Präsidium von Union Berlin anregte, war keineswegs so revolutionär, vielmehr deckt es sich in Teilen mit Grindels Vorstellungen einer Einhegung der Fußballfans. Es fängt bei der sogenannten These b) an, in der steht, dass »Teilhabe und Mitbestimmung aller Akteure im Fußball die angemessene Wertschätzung und Berücksichtigung der verschiedenen Positionen (sichern).«[7] Die These erinnert an die Debatte um Pluralismus und die Frage, ob verschiedene Akteure in einem solch machtvoll agierenden Fußball überhaupt neutral aufeinandertreffen können. Unions Präsidium vernachlässigt diese Frage und schließt unwissentlich an Fraenkels Überlegungen an. Die Schlussfolgerung daraus ist eine Forderung, bei der sich Grindel gefreut haben muss. Man fordert, dass Vertreter aller Interessensgruppen, also auch Fußball-

Agnolis *Technik des sozialen Friedens*

Johannes Agnoli machte sich in der Transformation der Demokratie ausführlich darüber Gedanken, wie die liberale Demokratie den sozialen Konflikt des Kapitalismus ausgleicht und dabei ihre Herrschaft sichert. In der demokratischen Organisation der bürgerlichen Herrschaft kann man einen Ausgleich der Klasseninteressen erkennen. Wolfgang Abendroth, der erste linke Professor der Bundesrepublik Deutschland, schälte diesen Punkt heraus, als er feststellte, dass das Grundgesetz nicht direkt eine kapitalistische Verfassung sei. Das Grundgesetz versucht sich an einem historischen Kompromiss, denn der gesellschaftliche Antagonismus soll ausgeschaltet werden, ohne die bürgerliche Herrschaft anzutasten. Verrückterweise bringt die theoretische Überlegung Jahrzehnte später ein praktisches Beispiel hervor: die Initiative *Deutsche Wohnen und Co. enteignen.* Die Initiative konnte nur durch einen Grundgesetzartikel funktionieren, der den Klassenkompromiss und seine Probleme auf den Punkt bringt. Artikel 15 GG (Grundgesetz) regelt die mögliche Enteignung zum Nutzen der Gesellschaft, also das Entziehen eines Bereiches vom Markt, um ihn gesellschaftlich und demokratisch regeln zu können. In Berlin hat sich der Wohnungsmarkt so dermaßen aufgebläht, dass sich aus alten und neuen Strukturen die Absicht herausbildete, diesen Artikel zu nutzen, auch wenn es keine politische Partei wollte. Die Möglichkeit eines landesweiten Volksentscheids bot die nötige Chance und versucht, das Grundgesetz in einem sozialen Sinn nutzbar zu machen. Was Ernst Fraenkel einst sagte, zeigt sich Jahrzehnte später in der Praxis: Das Grundgesetz kennt Klassenkompromisse und ließe sie auch zu. Das Problem: Der wirkliche Ausgleich findet nicht statt, denn die bürgerliche Herrschaft mit ihren Ausbeutungs- und Unterdrückungsstrukturen bleibt bestehen. Findet sich keine Regierung, die solche Chancen nutzbar machen möchte, wird sich daran nichts ändern.

Doch die Technik des sozialen Friedens fängt dort erst an. Agnoli beschreibt die Technik in der liberalen Demokratie als überlebensnotwendig und liefert 1967 bereits die theoretische Erklärung für den Umgang radikal erscheinender Bewegungen. Eine liberale Demokratie verprügelt ihre Gegner nicht mehr nur, sie versucht sie regelrecht einzuhegen. Die aus der 68er Bewegung entstandene Partei *Die Grünen* band man schnell in die Institutionen des bürgerlichen Verfassungsstaats ein. Ehe man es sich versieht, sitzt man schon in den Parlamenten der Republik und unterliegt den Sachzwängen. Es gilt abzuwarten, aber die Tendenz lässt sich bei *Fridays for Future* ebenfalls erkennen. Die Einhegung in bürgerliche Verhältnisse, die Einkehrung in die Institutionen der liberalen Demokratie lassen nicht mehr lange auf sich warten. Was dabei passiert, ist die Auflösung des Radikalen in der Kritik und den Forderungen. Sie werden domestiziert. Indem sie zum Teil des Staats gemacht wurden und werden, verlieren sie ihren antagonistischen Charakter, der die grundlegenden Spielregeln einer kapitalistischen Gesellschaft infragestellt. Stattdessen spielen sie ab dem Moment der Teilhabe nur noch um das Spiel der Herrschaft mit. Die praktische Verkürzung des Herrschafts- um einen Führungskonflikt. Einmal im Schloss der bürgerlichen Herrschaft angekommen, kann man – wie die Grünen – das Treppenhaus immer weiter hinaufsteigen, aber aus dem Schloss kommt man nicht wieder raus, man kann es nicht mehr zerstören. Die Technik des sozialen Friedens in der liberalen Demokratie beruht auf Einhegung und Teilnahme. Kritik ist eingebunden, verliert aber ihren radikalen Charakter. Und das ist es, was Menschen wie Grindel in die Institutionen des Fußballs hereintragen.

fans, in die Gremien der DFL aufgenommen werden sollen. Auf den ersten Blick wirkt es wie eine Revolution, doch die Aufnahme von Fans würde wenig ändern. Es wäre die Übersetzung der Technik des sozialen Friedens. Eingehegte Ultras verlieren ihren gegenherrschaftlichen Charakter vollständig. Sie würden eingehegt und domestiziert und müssten den Sachzwängen des Fußballs folgen. Das Primat der Wirtschaftlichkeit könnte so nicht mehr von ihnen infrage gestellt werden, sie wären ja dann Teil dessen.

Aus diesem Grund wird Unions Positionspapier auch in den nächsten Jahren in die Tat umgesetzt werden. Grindels Aussagen in der TV-Dokumentation offenbaren den Führungskonflikt im DFB und eröffnen die Möglichkeit eines neuen Umgangs mit den Fußballfans. Lieber hegt man sie ein, als sie weiter zu kriminalisieren. Die Gefahr ist deshalb nicht gebannt, nur weil Menschen wie Rainer Koch nicht mehr in den wichtigen Positionen sitzen. Die Gefahr wird im Gegenteil größer, denn die Befriedungstaktiken im kapitalistischen Fußball entwickeln sich weiter. Der offensichtliche Antagonismus verschachtelt sich hinter Positionspapieren und sympathisch wirkenden Funktionären immer mehr, doch den Fans muss klar sein, dass ihr Kampf um den Fußball niemals in Zusammenarbeit mit seinen Institutionen funktionieren kann. Die Technik des sozialen Friedens ist keine neutrale Angelegenheit, es geht schlicht um die bestmögliche Sicherung des Status quo. Und wenn die Fans Teil der Verbände werden, können sie sich nicht mehr gegen diese richten. Die Fußballverbände mögen Angst vor den organisierten Fans außerhalb ihrer Kontrolle haben, aber sie haben bereits Strategien und Taktiken, wie sie Fans domestizieren.

»Lasst euch doch befrieden!«

Die beste Strategie gegen Ungerechtigkeit und Herrschaft ist Subversion: Macht den Leuten bewusst, was sie umgibt, und sie werden gefährlich für die Herrschenden! Aus Angst vor diesem Bewusstsein haben die Verbände eine klare Strategie erarbeitet: Einhegen und Ablenken. Und das ist kein Scherz, schon die Aufklärung im 18. Jahrhundert hatte ihre subversiven Elemente. Es geht nicht um die konkrete Tat der Befreiung, die Emanzipation, stattdessen stehen Nachdenken, Reflektieren und Kritisieren im Mittelpunkt. Subversion beinhaltet ein grenzüberschreitendes Denken, sie ist damit die Vorstufe von Emanzipation. Vor der Befreiung steht das Denken, ohne das Denken keine Befreiung. Guckt man sich die Handlungen vieler Ultragruppierungen und aktiver Fans an, dann muss an den Grundsatz erinnert werden. Selten sah die Zukunft so scheußlich aus, selten haben Verbände ihre Vormachtstellung im kapitalistischen Fußball so deutlich gemacht. Das Jahr 2021 wird als Einschnitt in die Geschichte eingehen, das den wahren Charakter des Fußballs offenbart: Das Primat der Wirtschaftlichkeit steht über allem. Regenbogenfahnen werden entrissen, sobald man in Ungarn spielt und die Sponsoren mit Geldentzug drohen. Der Fußball befindet sich in einem Netz aus Sachzwängen und die Fußballfans verlieren sich in Grabenkämpfen und unfertigen Analysen. Anstatt größerer Zusammenschlüsse, einer wirksamen und wirkmächtigen Analyse und einen darauf aufbauenden Aktivismus lassen sich die Fans abspeisen. Reformerische Vorschläge werden als Revolution getarnt und vermitteln vielen Fans die Hoffnung auf Selbstermächtigung. Das Problem dahinter? Man kann den kapitalistischen Fußball nicht bändigen, auch wenn Reformvorschläge wie die Einbindung der Fans oder Gehaltsobergrenzen das suggerieren mögen. Sie verbessern einzig und allein den Status quo, damit die Fans sich nicht in Scharen abwenden und das Produkt Fußball somit seinen ökonomischen Wert verliert.

Um dieses Katastrophenszenario im Fußball zu verhindern und die Struktur zu sichern, hat die DFL im September 2020 die sogenannte Taskforce Zukunft Profifußball ins Leben gerufen. Eine Arbeitsgruppe von 35 »Experten« wurde zusammengestellt. Richtige Expertise aus »Sport, Gesellschaft, Politik und Wirtschaft«, wie es auf der Website der DFL in der Ankündigung heißt. Wer auf die Teilnehmerliste schaut, stellt schnell fest, dass es sich nicht nur um die üblichen Verdächtigen handelt. Natürlich kann man keine Arbeitsgruppe ohne McKinsey-Berater bilden und auch Leute wie Oliver Bierhoff geben sich hier die Klinke in die Hand. Bierhoff als Vater der letzten Phase der Kommerzialisierung sollte schließlich gut hineinpassen. Er hat die Nationalmannschaft in einen Hort des offenen Kommerzes verwandelt und dabei viele Fans nachhaltig von Länderspielen abgeschreckt, aus normalen Fanclubs wurde der Fanclub der deutschen Nationalmannschaft presented by Coca-Cola. Nichts ist in den letzten Jahren so vor die Hunde gegangen wie diese Nationalmannschaft und kein Mensch ist für diesen Prozess so verantwortlich wie Oliver Bierhoff. Neben solchen »Profis« haben es auch interessanterweise ein paar Fanvertreter in die Taskforce geschafft und auf die soll das Augenmerk gelegt werden. Neben Manuel Gaber, der sogar mal davon sprach, dass der Fußball seinen Fans gehöre, hat es auch ein Beteiligter der bereits thematisierten Dokumentation Der Prozess hineingeschafft: Jan-Henrik Gruszecki, ein ehemaliger Ultra und Fanvertreter bei Borussia Dortmund. Diese Personalie bedarf einer besonderen Aufarbeitung, denn er hat es als Fanvertreter fertiggebracht, die Seiten zu wechseln und ist mittlerweile bei Hans-Joachim Watzke persönlich angestellt. Dass das nicht für Aufregung sorgte, steht als Frage auf einem anderen Blatt, aber festzustellen ist, dass in persona von Gruszecki jemand als Fanvertreter arbeitet und vom kapitalistischen Fußball dafür bezahlt wird, ohne dass es jemanden aufregt. In einer solchen Wirklichkeit kann man dann noch gern von *uns Fans* reden, aber es verliert an Glaubwürdigkeit. Nichtsdestotrotz bleibt hervorzuheben, dass Fanvertreter, ob im wirklichen oder fiktiven Sinn, das erste Mal in einer Arbeitsgruppe beteiligt sind. Damit ist aber nicht die Reformfähigkeit eines Verbands beweisen, sondern sein Ziel, die Fans zu befrieden. Man möchte nicht mehr offensichtlich gegen die Interessen von Fans agieren, sondern sie gezielt und einzeln in Arbeitsgruppen einbinden. Damit bekämpft man die Fans nicht konfrontativ, sondern domestiziert sie. Es ist das Gegenteil eines kritischen Bewusstseins, ein solches jedoch braucht es, um den Fußball aus den Angeln zu heben.

Wie baut man kritisches Bewusstsein auf? Auch Agnoli stand vor dieser Überlegung. Warum wirkt es kontraproduktiv, wenn eigene Repräsentanten versuchen, etwas von innen zu ändern? Seine Analyse des gesamten politischen Systems hat es in sich, denn er kommt an einem Punkt an, wo die Bekämpfung des Kapitalismus und der ihn schützenden Institutionen nur außerhalb gelingen kann. Ich halte es nichtsdestotrotz für wichtig, dass es in Parlamenten Menschen gibt, die für Verbesserungen im Hier und Jetzt sorgen, aber sie verwalten die bürgerliche Herrschaft nur, sie ändern sie nicht. Im Fußball existiert ein solcher Abwägungsprozess nicht, es bedarf keines Ausgleichs. Der Fußball schafft Ungleichheiten, aber nicht im existenziellen Sinn. Die Politik produziert diese schon, von Entschlüssen und Gesetzen können tatsächlich Millionen Menschen profitieren. Der Fußball braucht aber keine Abwägung zwischen Reform und Revolution, denn die Verbesserungen im Hier und Jetzt sind nicht lebenswichtig. Reformistische Bestrebungen sind nicht notwendig, solange man den längeren Atem hat und das Ziel nicht aus den Augen verliert. Der Fußball sollte den Fans gehören. Das bringt Ultras und aktive Fans in die bequeme Lage, dass man von außen hämmern kann, und das sollten sie sich nicht nehmen lassen.

Wer in Institutionen steckt, schützt sie automatisch und sichert sie ab. Für die Sicherung sind konservative Parteien oder *Law and Order*-Typen wie Rainer Koch nicht so wichtig, wie man zuerst annimmt. Entscheidend für die Sicherung ist die Rolle derjenigen Parteien oder Gruppen, die dieses System überwinden könnten. Schafft man es, antikapitalistische und gegenherrschaftliche Bewegungen in das institutionelle Spiel um Mehrheiten einzuhegen, ist die bürgerliche Herrschaft nicht mehr bedroht. Sind solche Bewegungen domestiziert, herrscht eine plurale Fassung der einheitlich gerichteten Politik, wie Agnoli schreibt. Damit meint er im Übrigen nicht den merkwürdig anmutenden Vorwurf, dass alle Parteien gleich wären. Es geht darum, dass alle Parteien durch ihre Existenz im Parlament und den anderen Institutionen des bürgerlichen Verfassungsstaats automatisch an dessen Erhalt interessiert sind. Die bereits erwähnte Arbeit von Robert Michels schließt an diesen Punkt an, denn sein »Ehernes Gesetz der Oligarchie« beschreibt die Probleme von gesellschaftlichen Oppositionsbewegungen, die sich in die Institutionen begeben. So wie sich die SPD des frühen 20. Jahrhunderts von ihrem Klientel, der Arbeiterklasse, entfernt hat, ergeht es allen solchen Bewegungen. Es ist ein strukturelles Problem. Eine gesellschaftliche Bewegung hat ein Problem, sobald sie sich in die bürgerlichen Institutionen begibt – und da macht es keinen Unterschied, ob wir vom Deutschen Bundestag oder der DFL reden. Eine eingehegte Bewegung verliert ihren gegenherrschaftlichen, radikalen Charakter, aus einer gesellschaftlichen wird eine staatliche Opposition. Und das trifft naturgemäß im bürgerlichen Verfassungsstaat linke Parteien, die dadurch in ihrem Kern einen Wandel erleben. Agnoli nennt diesen Wandel auch »die linke Gegenmanipulation.« Er meint damit einen oligarchischen Wandel, wenn das organisierte Nein gegen die bürgerliche Herrschaft ebenfalls von oben organisiert wird. Ist eine gegenherrschaftliche Bewegung von Einzelnen aufgebaut und lässt sich eine Struktur von oben feststellen, ist sie zum Scheitern verurteilt. Agnoli nutzt Michels Überlegungen und passt sie an die Voraussetzungen der liberalen Demokratie an. Diejenigen, die das Nein von oben organisieren, lösen sich irgendwann von dem Rest ab und bilden ihre eigene Oligarchie. Das lässt sich in einem anderen Rahmen an dem Zustand der SPD vor der Bundestagswahl 2021 nachvollziehen. Der Vorstand agiert offensichtlich gegen den Willen der Basis und beeinflusst die Basis zu seinem Wohl. Olaf Scholz als Kanzlerkandidaten zu küren, ist angesichts der damaligen Parteivorsitzenden der linken Strömung und der damit verbundenen thematischen Ausrichtung der Partei politischer Selbstmord, auch wenn es kurzfristig erfolgreich war. Aber der Vorstand verteilt (mögliche) Posten unter sich und hält sich als oligarchische Gruppe am Laufen, es ist eine Zirkulation der Elite. Dieses Eherne Gesetz der Oligarchie meint die natürliche Entfernung zur Basis – und diese Entfernung lässt sie korrumpieren.

Übersetzen wir die Überlegungen auf den Fußball, zeigt sich, dass Gruppen wie die Taskforce Zukunft Profifußball mit einer solchen Absicht zusammengestellt sind. Die DFL holt sich Leute ist Boot, die in irgendeiner Form Fußballfans repräsentieren und Anerkennung bei ihnen haben, damit das »Nein« von oben organisiert und direkt befriedet werden kann. Manuel Gaber oder Jan-Henrik Gruszecki entscheiden sich nicht bewusst für diese verzwickte Situation, aber sie nehmen sie offensichtlich an und schaffen damit die Grundlage für eine Befriedung der Fans. Man bindet sie ein, ohne dass sich am Ergebnis etwas ändern würde und schlägt mit einer Klappe zwei Fliegen: einerseits erhalten die Ergebnisse der Arbeitsgruppe deutlich mehr Rückhalt und andererseits baut man Fans damit sukzessive in die Prozesse der Institutionen DFL und DFB ein. Das war schließlich der Gedanke des Unioner Positionspapiers: Man holt ein paar Vertreter in die Institutionen und das von Michels aufgestellte Eherne Gesetz der Oligarchie führt zu einem Wandel, so dass die Fan-Vertreter nicht zuletzt an ihren eigenen Machterhalt und Vorteil denken. Der Wandel führt zu dem Ergebnis, dass das von oben organisierte »Nein« eingehegt und wie ein Hund an die Leine gelegt ist. Es sind die Strukturen und Prozesse, die solche Entwicklungen herbeiführen und den Machterhalt derjenigen, die den kapitalistischen Fußball organisieren, sichern.

Fußballverbände haben die Befriedungsfunktion der liberalen Demokratie bereits übernommen, bevor es Leute wie Rainer Koch gemerkt haben. Die Einhegung und Einbindung der Fußballfans, insbesondere der Ultras, wird in den nächsten Jahren nur weiter zunehmen. Die Zeit der Konfrontation hat für die zwei deutschen Verbände wenig gebracht, die Kriminalisierung führte nur zu einer zielgenaueren und nachvollziehbaren Kritik an ihnen. Möchte man den Konflikt des kapitalistischen Fußballs befrieden und diesen absichern, muss man Fußballfans einhegen und in das Spiel der Institutionen lassen. Fußballfans sollten sich darüber im Klaren sein, dass es keinen Kampf mehr um den Fußball geben kann, keine radikalen Überlegungen angestellt werden können, sobald man diesen

Weg beschließt. Fußball ist kein neutrales Gebilde. Möchte man im Spiel mit dem runden Leder einen Freiraum schaffen, kann das nur abseits der Institutionen geschehen.

Das organisierte »Nein«

Fußballfans sollten nicht in die Verbände gehen und dort für ihre Interessen und Absichten werben, das ist die Quintessenz einer »fußballerischen Lektüre« von Agnoli. Wer den Kampf um den Fußball wirklich führen möchte, kann diesen Kampf nicht mit einem vorschnellen Aufstand gewinnen. Die Sicherungsstrukturen des kapitalistischen Fußballs greifen dafür zu tief, die Strukturen und Prozesse in den Fußballinstitutionen haben das verdeutlicht. Wenn der Wandel wirklich kommen soll, wenn der Fußball wieder losgelöst von einem Primat der Wirtschaftlichkeit bestehen soll, dann gibt es dafür nicht den einen leichten Weg. Es braucht stattdessen eine Auseinandersetzung mit dem Ist-Zustand und die Beantwortung der Frage, wie man radikale Mehrheiten gewinnen kann. Radikal im Sinne des theoretischen Ansatzes, nicht nur der Sprache nach. Eine Mehrheit, die den Fußball zurückgewinnen will.

Der Weg dorthin wirkt umso beschwerlicher, je mehr man sich der bisherigen Erfolglosigkeit vieler Basisbewegungen versichert. Aus ihrem Scheitern muss man lernen und das bedeutet in erster Linie, theoretische Schlussfolgerungen zu ziehen. Agnolis Ansatz erweist sich in dem bisherig aufgedröselten Gestrüpp als guter Ansatzpunkt, denn er hat das inhaltliche Scheitern der Grünen lange vor ihrer Gründung aufgezeigt. Seine Transformation der Demokratie wird von nicht wenigen als Bibel der außerparlamentarischen Bewegung bezeichnet. Das hat natürlich Gründe. Agnoli zog die Schlussfolgerung, dass es eine Fundamentalopposition im eigentlichen Sinn bräuchte: »Eine fundamental-oppositionelle Organisation, die sich gegen die vom Verfassungsstaat geschützten Strukturen und gegen jede Art oligarchischer Transformation wendet.« Wenn die oppositionelle Bewegung den Betrieb stören kann, entwickelt sie möglicherweise die Macht, unter Umständen alles gänzlich zu zerstören, was den kapitalistischen Fußball ausmacht. Es braucht einen anti-hierarchisch ausgerichteten Zusammenschluss aus Gruppen von Ultras und aktiven Fans, die sich dieser Umstände bewusst werden. Das größte Hindernis bei der Organisierung vieler Fußballfans ist dabei die Aufklärung und das Bewusstsein für die Lage. Dazu haben einige Ultras beigetragen, denn eine Entpolitisierung solcher Fragen ist die Grundlage für Unmündigkeit. Die von vielen Ultragruppierungen mitgetragene Losung eines unpolitischen Fußballs beraubt sie ihrer eigenen Grundlage, Mehrheiten für ihre Forderungen zu finden.

Fußball, Fans, Kapitalismus. Der Fußball hat in seiner kapitalistischen Variante eine interessante Form des Klassenkonflikts produziert. Fans werden zum Absatzmarkt degradiert, der die Profite sichern muss, und gleichzeitig werden die Fans für spektakuläre Bilder eingespannt. Ohne Fans keine Profite. Aber das sie beteiligt würden, wäre ja auch widersinnig. Der Kapitalismus produziert Ausbeutungs- und Unterdrückungsstrukturen, die absurd sind. Der kapitalistische Fußball beruht auf der Ausbeutung seiner Fans. Das wird in der Öffentlichkeit in eine schönere Sprache verpackt, aber die materialistische Wirklichkeit lässt kein anderes Urteil zu. Fußballfans sind gefangen in einer Doppelrolle, die sie in ein zweifaches Ausbeutungsverhältnis zwingt, und sie wehren sich dagegen. Mit der Aktion *12:12 – Ohne Stimme keine Stimmung* haben Ultras und aktive Fans angefangen, Mehrheiten für ihre Positionen zu sammeln und zu organisieren. Seitdem gab und gibt es immer wieder ähnliche Aktionen. Sie eint das Problem, dass die übergroße Mehrheit der Fußballfans bis heute unorganisiert bleibt, zumindest was über eine Mitgliedschaft bei einem Verein und die meist nicht genutzte Möglichkeit, an der jährlichen Mitgliederversammlung teilzunehmen, hinausgeht. Das ist das Grundproblem der Fußballfans: In ihrer Rolle müssen sie diejenigen werden, die die Grundfrage im Fußball stellen. Aber zu wenige Gruppierungen machen sich das bewusst und nehmen diesen (politischen) Kampf um den Fußball an. Aktivismus kann nicht blind agieren, denn ohne Theorie fehlt der Blick für das Kommende, die Ziele. Und dennoch sind einige Ultragruppierungen an einem Punkt angekommen, an dem sie sagen, sie seien müde. Müde durch die endlosen Kämpfe des letzten Jahrzehnts, die ergebnislosen Auseinandersetzungen mit den Verbänden.

Die Studie des FC FairPlay e.V. hat bereits vor einigen Jahren herausgestellt, dass 86,9 Prozent die Profitorientierung des Fußballs ablehnen, eine knappe Mehrheit wolle sich sogar vom kapitalistischen Fußball abwenden. Es gibt eine Mehrheit für einen anderen Fußball, aber bislang nur in Zahlen, Studien und Statistiken. Ultras und aktive Fans müssen diese Mehrheit organisieren, wenn sie ihren Fußball zurückgewinnen wollen. Eine Strategie, eine Theorie, wie man aus den Mehrheiten der Studien und Zahlen eine wirkliche, gesellschaftliche Mehrheit schmieden kann. Das funktioniert nicht über Nacht und nicht einfach nur durch viel Engagement und Verve. Viele Ultras haben das mittlerweile verstanden, denn das war ihr eigentlicher Ansatz. Hinter der eigenen Forderung nach politischer Neutralität stand die Hoffnung einer maximalen Öffnung ihres Einflusses. Kein Mensch sollte von vornherein denken, dass er mit diesen Fans nichts am Hut haben wolle. Das Problem entsteht aber offensichtlich nicht durch den Aktivismus, sondern durch das fehlende Verständnis. Was bekämpft man eigentlich? Darüber scheint sich bis heute kein Konsens gebildet zu haben und an seiner statt stehen sogar Konflikte über angeblich zu politisch agierende Ultragruppierungen von St. Pauli, Babelsberg, Freiburg oder Düsseldorf bzw. innerhalb verschiedener Ultragruppen eines Vereins. Der vermeintlich unpolitische Aktivismus vieler Ultras hat sich als sicherndes Mittel des kapitalistischen Fußballs erwiesen und führte zu einer Welle aus Hoffnungslosigkeit. Die Pandemie hat dann vielen den Rest gegeben. Man fängt an, sich in der (politischen) Bedeutungslosigkeit wohlzufühlen. Dann reicht es auch, wenn man bei eigenen Heimspielen Spruchbänder aufhängt und um des guten Gefühls willen gegen die Herrschenden im Fußball protestiert. Viele Ultragruppierungen haben offensichtlich nicht verstanden, welche Rolle sie im Fußball bekleiden – und daraus resultiert ein Unverständnis über die politische Dimension ihres Lieblingssports. Das kann daran liegen, dass ein Großteil der Ultras hierzulande in ihrem sonstigen gesellschaftlichen Leben zu den Privilegierten gehören. Ultras sind größtenteils männlich und kommen in aller Regel mindestens aus der unteren Mittelschicht. Doch im Fußball verkehrt sich ihre gesellschaftliche Stellung ins Gegenteil und sie gehören auf einmal zu den Menschen, die strukturell ausgebeutet werden. Wenn diese Erfahrung nicht in einen weitergehenden Erkenntnisprozess mündet, ist der Kampf um den Fußball aussichtslos, ja, dann wird er tatsächlich müde machen.

Was es braucht, ist ein theoretisches Verständnis. Aber selbst bei der theoretischen Auseinandersetzung als Basis des Weiteren wird viel Zeit vergehen. Nichts geht im Handumdrehen und Mehrheiten in den Stadien zu gewinnen, ist schwierig. Man richtet sich nicht mehr nur gegen Symptome wie Kommerz, sondern agiert und agitiert idealerweise gegen den kapitalistischen Fußball. Das braucht Zeit: fürs Schaffen von Verständnis sowie die Überzeugungsarbeit. Das Ziel dahinter ist ein Leben frei von Zwängen, ein Fußball ohne kapitalistische Fesseln. Agnoli schrieb einmal von »Geduld und Ironie«, die es in diesen Zeiten brauche, oder auf ein Wort gebracht: Subversion. Sie ist das wichtigste Werkzeug, um nicht aus den Augen zu verlieren, worum es eigentlich geht. Subversion muss das eigentliche Ziel aller Theorie sein, denn sie trägt die Befreiung im Ansatz. Befreiung wovon aber? Marx spricht davon, alle Verhältnisse zu überwinden, in denen der Mensch äußerlichen Zwängen unterworfen ist, und Agnoli leitet daraus den Anspruch an alle Theorie ab. Subversion gilt ihm als Befreiung von solchen Zuständen. Subversive Theorie wird damit zum Ursprung jeder befreienden, emanzipatorischen Handlung. Sie schafft offene Verhältnisse und sie ist Kern jedes Aufstands der Vernunft. Wenn ich dazu aufrufe, subversiv zu denken, dann meine ich damit ein Festhalten an den Idealen. Wer den Menschen von den Fesseln der Knechtschaft befreien will, muss subversiv denken. Und der Kapitalismus legt dem Menschen Ketten an, wo er nur kann. Er lässt Abermillionen von Menschen jährlich sterben, einfach weil Wohlstand und Reichtum nicht gerecht verteilt sind. Er zwingt den Menschen in Verhältnisse, die unfrei sind, und er nimmt ihm seine Freiräume. So wird aus einer gesellschaftlich relevanten Sportart ein Produkt, das auf rein ökonomische Sachzwänge aufgebaut ist. Menschen verlieren im Kapitalismus die Luft zum Atmen. Ist die Rede von Subversion, geht es um die Vorarbeit zur Befreiung von diesen Verhältnissen. Deshalb ist die Analyse des Fußballs auch Hauptbestandteil eines Ansatzes, der sich mit dem Kampf um den Fußball auseinandersetzt. Die institutionelle Domestizierung der Fans im kapitalistischen Fußball ist einer der wichtigsten Faktoren bei der Absicherung der bürgerlichen Verhältnisse und deshalb muss die Technik zur Aufrechterhaltung des sozialen Friedens in den Mittelpunkt rücken:

- Die Fußballverbände haben Angst vor Fußballfans. Ihre Rolle im kapitalistischen Fußball macht sie gefährlich, denn Proteste und Aktionen außerhalb des institutionellen Spiels schränken die konkrete Macht der Verbände ein. Wenige Menschen profitieren vom kapitalistischen Fußball, die Fußballfans werden zu einem Absatzmarkt degradiert, der ihrem Fußball seinen Wert verleiht. Das sorgt zwar für ein diffuses Bewusstsein der Lage bei den Fans, das sich in vereinsüberschreitenden Protesten ausdrückt, aber es bringt eben keine Analysen des Ist-Zustands hervor.
- Erlangen Fans ein Bewusstsein über die Lage im Fußball, könnten sie als relativ einheitlicher Akteur die Frage um den Fußball stellen und die Vormachtstellung des kapitalistischen Fußballs und seiner Institutionen gefährden. Um solche Entwicklungen zu befrieden, nutzen DFL und DFB vermehrt eine Strategie, die Agnoli als Technik des sozialen Friedens bezeichnet hat: Fans, oder besser gesagt: einzelne Vertreter, sollen in die Verbände

aufgenommen werden und von innen heraus befrieden. Dahinter steht die Überlegung einer Domestizierung oppositioneller Bewegungen, die – einmal aufgenommen in die Institutionen – ihren radikalen Charakter ablegen und sich auf die Umstände einlassen und zunehmend reformistisch agieren.

- Für Fußballfans aller Art muss das bedeuten, eine grundlegende Trennungslinie zu den Verbänden zu ziehen. Nur ein außerhalb organisiertes »Nein« kann den Kampf um den Fußball ermöglichen. Es gilt, die Verbände als Träger des kapitalistischen Fußballs herauszufordern und Mehrheiten außerhalb von DFL und DFB zu organisieren.

Der kapitalistische Fußball ist ein gut abgesichertes Konstrukt. Die Analyse des Fußballs allein reicht nicht, um Mehrheiten in den Stadien gegen diesen Fußball zu gewinnen, und es braucht einen Blick über den Tellerrand hinaus. Andere soziale Bewegungen haben Hinweise darauf gegeben, wie sich Fußballfans organisieren könnten. Das beste Beispiel lieferte die Initiative Deutsche Wohnen & Co. enteignen. Sie hat aufgezeigt, wie man ein Bewusstsein für die eigentlichen Probleme schafft und die Fronten aufzeigt. Die Grundlage für die Kampagne und deren Organisation lieferte Chantal Mouffe mit ihrem Essay *Für einen linken Populismus*. Es ist eine Bauanleitung dafür, wie sich Fans im Fußball organisieren müssen.

3.
Anders wollen heißt anders machen

Der Populismus der Kurven

Ein früher Dienstagnachmittag im Frühsommer 2020. Ich komme gerade von der Arbeit an meiner Grundschule. Der Vorteil eines frühen Feierabends liegt in der Möglichkeit, ab 14 Uhr Termine und Treffen abmachen zu können und der Frühsommer bietet auch noch die hervorragende Chance, sich irgendwo in der Stadt hinzusetzen. Ich treffe mich mit einem Twitter-Bekannten. Ja, richtig gehört. Als ich Anfang 2021 damit begonnen habe, nicht nur für basketball.de zu schreiben, sondern einen Sportpodcast zu produzieren, musste ich das erste Mal aktiv bei Twitter werden. Ich sehe mich sonst gerne in der Rolle des stillen Lesers, der ab und zu viele Stunden liest, aber nicht selber schreibt. Aus dieser stillen Rolle kam ich schnell zu viel zu langen Tweets, in denen ich mühsam versuchte, meine Sicht der Dinge zu erklären. Vollkommen missglückt, natürlich. Wie ihr seht, brauche ich für ein paar Gedanken zum Fußball offensichtlich ein ganzes Buch. Man hätte ahnen können, dass Twitter mir nicht liegt, aber Spaß macht es nichtsdestotrotz. Auf der Plattform habe ich das erste Mal einen Überblick über Union-Fans und über linke Union-Fans bekommen. Was soll ich sagen? Mit einem verstand ich mich so gut, dass wir uns an diesem frühen Dienstagnachmittag treffen.

Als ich 13:56 mit der U-Bahn ankomme, ist Sascha noch nicht da und so beschließe ich, mir zuerst neue Zigaretten zu besorgen. Ich rauche traditionsgemäß Marlboro Gold. Traditionsgemäß deswegen, weil ich ein großer Fan der Rapper Shindy und Rin war und beide früher in Interviews diese Zigaretten rauchten. Sascha ist nicht sonderlich zu spät, schnappt sich noch etwas zu essen und wir bewegen uns von der Frankfurter Allee bis zum erklärten Ziel: Boxhagener Platz. Ich mag die Gegend in Berlin-Friedrichshain deshalb so sehr, weil ich mich dort öfters aufhalte und das nur zu bestimmten Anlässen. Der Nordkiez in Friedrichshain ist bundesweit für eine Sache bekannt: ein paar besetzte Häuser. Die Liebig34 war hier und Projekte wie die Rigaer94 bleiben hier hoffentlich noch sehr lange. Demonstrationen rund um diese Zone haben auf mich immer einen bleibenden Eindruck gemacht. Die Solidarität um und in solchen alternativen und autonomen Hausprojekten hat mich beeindruckt. Ich bin gerne hier und doch laufe ich das erste Mal den umgekehrten Weg: Von Norden nach Süden. Der Gedanke kam mir vorher noch nie, doch ich bin ernsthaft verwirrt in diesem Moment. Komplett die Orientierung verloren. Gottseidank hat Sascha deutlich mehr Plan als ich und navigiert uns nach einigen Schwierigkeiten zum Boxhagener Platz, wo wir uns in einer der schönsten und nettesten Kneipen der Stadt ein Bier holen.

Sascha arbeitete zu der Zeit noch bei einer sozialistischen Jugendorganisation und ist ebenso wie ich Politikwissenschaftler. Die gemeinsame Mühsal im Studium kann zusammenschweißen und so driftet das Gespräch immer wieder in Richtungen ab, wie man mit einer kritischen Perspektive auf Politikwissenschaft Arbeit finden kann. Ich habe bis heute keine konkrete Idee. Irgendwas mit Forschung und Demokratietheorie fände ich schön, aber damit Geld verdienen? Eher unwahrscheinlich. Deshalb stürzte ich mich voller Elan in die Lehrergeschichte und umso frustrierender ist es, wenn dir nicht nur alle Kollegen in der Schule sagen, dass man jungen Menschen nicht mehr den Lehrberuf empfehlen kann, sondern wenn der eigene Körper sagt, dass es nicht geht. Die eine Möglichkeit, um abgesichert zu sein, ist dahin. Umso interessierter bin ich an anderen Biographien, an anderen Lebensgeschichten. Zuhören und Lernen, das ist das Motto und im Gespräch mit Sascha gehen wir auf solche Dinge ein. Viel spannender ist jedoch unsere Fanzugehörigkeit. Ich habe zu dem Zeitpunkt bereits im Kopf, wie dieses Buch skizziert sein soll und auch mit dem Verlag sind erste Gespräche geführt. Doch der letzte Teil bereitet mir Bauchschmerzen: Wie kann ich eine Analyse des Fußballs und eine Kritik der gegenwärtigen Zustände in einen funktionierenden Aktivismus übersetzen? Wenigstens ein Vorschlag, eine Art längeres Thesenpapier, aber ich habe zu dem Zeitpunkt nur Anknüpfungspunkte, Möglichkeiten, ohne eine Idee länger ausgearbeitet zu haben. Das Treffen sollte zur rechten Zeit kommen.

In Berlin wurde zu der Zeit Unterschriften gesammelt. Das Volksbegehren *Deutsche Wohnen und Co. enteignen* hatte die erste von drei Zulassungsstufen bereits erfüllt und musste zu dieser Zeit innerhalb weniger Monate 170.000 gültige Unterschriften für ihr Anliegen sammeln. Sobald das erfüllt ist, kommt es zu einem Volksentscheid. Ende September 2021. Wie wir nun bereits wissen, wurde das Ziel erreicht und sogar die Abstimmung erfolgreich bestritten. Zur damaligen Zeit warb man noch dafür und fand sich noch nicht in den elendigen ideologischen Grabenkämpfen wieder, die die SPD um Franziska Giffey und Co. aufmachten. Stattdessen konnten die Aktivisten erklären, wie und warum sie so vorgingen, wie sie vorgingen. Je mehr ich darüber las und hörte, desto mehr beschlich mich das Gefühl einer funktionierenden Kampagne. Man wollte über Artikel 15 des Grundgesetzes die größten Immobilieneigentümer Berlins enteignen und den Wohnmarkt so aus den Klauen der kapitalistischen Sachzwänge reißen. Die Mietsteigerungen in Berlin sind krass und selbst für Privilegierte wie mich, ist es schwierig, eine Wohnung zu finden. Oder besser gesagt: Einige Bezirke sind nicht mehr zu finanzieren. Deshalb ziehen viele in den Wedding oder bleiben direkt in den anderen Außenbezirken, wo die eigenen Eltern wohnen. Schlimmer trifft es diejenigen, die nicht in den bürgerlichen Vororten groß geworden sind und nun verdrängt werden. Zieht doch ins Umland! Das sind die Sprüche, die sich viele Menschen u.a. von ihrer Regierenden Bürgermeisterin Giffey anhören müssen. Mit dem Umland ist übrigens Brandenburg gemeint. Die Frage nach bezahlbaren Wohnungen und Mieten ist von einer Initiative thematisiert worden, die sich nicht darauf beschränkt. Das Faszinierende lag von Beginn an in der Zwei-Dimensionalität der Bewegung. Man bezog sich auf ein konkretes Thema, auf konkrete Erfahrungen der Berliner und verlor dabei nicht den radikalen Charakter. Die Initiative stellt die Folgen neoliberaler Politik, einen entfesselten Kapitalismus und die dafür verantwortliche Politik an den Pranger und findet die Verbindung zu den alltäglichen Problemen der Stadt. Je mehr ich darüber nachdachte, desto mehr fiel mir auf, dass dies eine Bewegung war, über deren Ziele und Strategien es sich lohnt nachzudenken.

Sascha und ich redeten über die theoretischen Grundlagen der Bewegung und ihre Strategien und je mehr wir darüber redeten, desto klarer wurde das Bild einer Initiative, die nicht auf gut Glück die Unterschriften einsammelt. Diese Initiative hat verstanden, wie man linke Politik organisieren muss. Der Wissenschaftler Kerem Schamberger fasste die Zwei-Dimensionalität gut zusammen, als er auf Twitter erläuterte, wie konkrete Interessen der Menschen mit Verweis auf etwas Größeres zusammengefasst und organisiert werden. Die Grundlage dafür beschrieb in einem 2018 erschienen Essay die Politikwissenschaftlerin Chantal Mouffe. Ich hatte mit ihren Überlegungen schon zu Bachelorstudienzeiten zu tun und doch ignorierte ich meine Lektüre von *Für einen linken Populismus* lange Zeit. Zu wenig hatte Mouffes Vision mit meinen Überzeugungen zu tun, zu sehr hielt sie sich von den Debatten um die Form Staat fern. Was sie aber lieferte, ist wohl der beste Werkzeugkasten für Linke in den letzten Jahrzehnten.

Einige Wochen später hörte ich in der 13. Spezialepisode des Podcasts *Wohlstand für Alle* ein einstündiges Gespräch mit zwei Aktivisten der Bewegung. Sie sprachen auch über den großen Einfluss von Chantal Mouffe und sie zeigten auf, wie sie aus dem Essay einen konkreten Handlungsplan erschufen. So sehr ich meine Probleme mit der theoretischen Auseinandersetzung Mouffes habe, so deutlich wird der Erfolg einer Kampagne, die auf ihren Überlegungen aufgebaut ist. Kein Volksbegehren war jemals so erfolgreich wie *Deutsche Wohnen und Co. enteignen*. Keines sammelte jemals so viele Unterschriften und schaffte es ganz nebenbei, die Wohn- und Mietfrage auf die Agenda des Wahlkampfs zu setzen, nicht nur auf Landes-, sondern auch auf Bundesebene. Die Forderung nach Enteignung und Vergesellschaftung, also die Frage nach Rückführung in die gesellschaftliche Verantwortung, ist angekommen. Es ist ein Schritt gegen die neoliberale Politik der letzten Jahre, in deren Zug viele Bereiche unseres Lebens privatisiert wurden.

Wo Agnoli über die Funktion vermeintlich demokratischer Institutionen nachdachte, geht es Mouffe um die Rückgewinnung politischer Macht. Sie entspringt einer anderen Generation, alterstechnisch und theoretisch. Sie sieht in den Debatten um die liberale Demokratie und bürgerliche Herrschaft eine gewisse Nutzlosigkeit, die ich in dieser nicht sehe. Sie redet von einer »Radikalisierung der bestehenden demokratischen Institutionen« und ignoriert die Forschungstradition um Johannes Agnoli. Aber solche Unterschiede sind nicht unversöhnbar, man kann eine Lesart bei Mouffe entwickeln, die sie auch an Agnolis Überlegungen anschlussfähig macht – und das ist meine Idee. Agnolis Analyse, die den »Marsch durch die Institutionen« und die Entwicklung der Grünen skizzierte – allerdings zu einem Zeitpunkt, an dem es diese Ansätze noch gar nicht gab. Seine institutionelle Analyse und Kritik, die einem materialistischen und gleichzeitig anarchistischem Verständnis entspringt: Keine Macht für Niemand. All das zeigte sich bereits als wertvoll und fruchtbar für eine Analyse des Fußballs. Trotzdem hat es nie eine Bewegung nach Agnolis Theorien gegeben. Er wollte das nicht, er sah seine Aufgabe in der subversiven Arbeit, in der Aufklärung und Offenlegung falscher Verhältnisse und er lieferte eben auch nie konkrete Überlegungen zu Strategie und Vorgehen einer Bewegung. Chantal Mouffe hingegen liefert einen Werkzeugkasten für die politische Praxis. Aus ihren Überlegungen entsprang die erfolgreichste linke Bewegung in Deutschland seit langem. Wo

Agnoli anarchistische Züge in sein Marxverständnis einbringt und theoretisch erklärt, wie der Staat und seine Institutionen funktionieren, geht es Mouffe um die Rückgewinnung politischer Macht. Ihre Überlegungen einer mehrheitsfähigen Bewegung könnten das entscheidende Puzzleteil für eine radikale Fußballbewegung sein. Eine Bewegung von Fans unterschiedlichster Couleur: von Ultras bis zu unorganisierten Sitzplatzfans. Der Kampf um den Fußball geht in die nächste Stufe, das haben die Entwicklungen der letzten Monate und Jahre gezeigt. Die versuchte Gründung der Super League und die pandemiebedingten Geisterspiele demonstrieren einen Fußball, der sich verändern und entfernen wird, der auf aktive Fans verzichtet. Die Fans haben ihren Fußball vor langer Zeit bereits verloren, der Fußball ist kapitalistisch. Wenn sie ihn zurückgewinnen wollen, brauchen sie eine Taktik, eine Strategie. Die Analyse des Fußballs hat aufgezeigt, wie das Spiel mit dem runden Leder funktioniert, was ihn zusammenhält. Die Analyse steht, der Aktivismus fehlt noch.

Gewinnt die Mehrheiten …

Möchte man die zwei Kernpunkte der Initiative benennen, so lässt sich das schnell bewerkstelligen: Gewinnt die Mehrheiten und bleibt radikal. Das ist das Motto und die Kernbotschaft einer sozialen Bewegung, die einen fast schon einzigartigen Eindruck des Erfolgs vermittelt, die viele andere linke Bewegungen und Parteien seit langem nicht mehr kennen. Natürlich gibt es auch andere Initiativen, die viele Menschen auf die Straße ziehen, aber sie entwickeln oder besitzen keinen radikalen, überwindenden Charakter. Nehmen wir beispielsweise die berühmte Bewegung *Fridays for Future*. Sie ist ein Kristallisationspunkt für viele Jugendliche und junger Erwachsene geworden, ohne aber wirkliche Erfolge für sich verbuchen zu können. Die simple Hoffnung, durch möglichst viele junge Menschen auf der Straße politischen Druck entfalten zu können, ist zunichte gegangen. Nichts hat sich geändert, die Klimapolitik im Bund hat sich dem Druck der Straße nicht angepasst. Die Probleme der Bewegung sind vielfältig und sie lohnen, untersucht zu werden.

Eine Bewegung der Fußballfans kann sich an anderen sozialen Bewegungen orientieren, sie muss lernen und die Dinge anders gestalten, wo es nicht geklappt hat. Der Kampf um den Fußball ist ein Kampf gegen die kapitalistischen Verhältnisse, gegen den Ist-Zustand. Dieser Kampf findet nicht in einem luftleeren Raum statt. Möchte man erfolgreich um seinen Fußball kämpfen, lohnt der Blick auf vorangegangene Kämpfe in den letzten Jahren, um den Ist-Zustand zu verstehen. *Fridays for Future* hat an einem Punkt nicht versagt: Sie haben Mehrheiten auf ihre Seite gezogen. Alles darüber hinaus hat bisher nicht funktioniert. Weder gab es von allen geteilte Forderungen noch einen konkreten Plan, was man eigentlich machen möchte. So kam es, dass sich die Bewegung in einen zutiefst reformistischen und einen kleineren revolutionären Teil spaltete. Der revolutionäre Teil ist als *Ende Gelände* bekannt und macht insbesondere durch direkte Aktionen auf sich aufmerksam. Die Besetzung von Waldstücken steht am Ende eines Prozesses, der die Vielfältigkeit der Klimabewegung deutlich macht. Die zu großen Teilen bürgerliche Bewegung hatte es von Anfang an versäumt, eine Analyse des Politischen über die naturwissenschaftlichen Fragen zu erstellen. Die Frage, wie man auf eine kapital-konforme Politik reagiert und wie man grundlegend andere Konzepte durchsetzt, ist nie beantwortet worden. Luisa Neubauer ist dabei nur ein übergroßes Symptom der Identitätskrise, denn viele Ortsgruppen lehnen sie deutlich ab und haben unmissverständlich deutlich gemacht, dass Neubauer kein Mandat zur Öffentlichkeitsarbeit hat. Trotzdem wird sie durch die mediale Öffentlichkeit hofiert und erweckt den Eindruck, dass die Bewegung eine besonders klimabewusste Abteilung der Grünen ist. Das Problem dahinter ist nicht nur eine unzureichende politische Analyse, sondern auch eine nicht erkennbare Strategie. Es fehlen nicht nur politische Inhalte über die Einhaltung des Pariser Klimaabkommens hinaus, es fehlt ein Narrativ für ein gänzlich andere Form des Zusammenlebens, stattdessen übt man vielerorts individuelle Konsumkritik.

Dieses Narrativ hat *Deutsche Wohnen und Co. enteignen* gefunden und die Überlegung dahinter geht direkt auf Chantal Mouffe zurück. Sie beginnt ihren Essay mit einigen Überlegungen zum Begriff Populismus und verdeutlicht, dass der Populismus als politische Strategie nicht verworfen werden sollte. Rechte Kräfte bedienen sich der Werkzeuge eines Politikverständnisses, das auf einfachen Erzählungen basiert. Fabuliert die AfD von »den Ausländern« und trennt sie sprachlich von den Deutschen, so entsteht ein Narrativ. Eine Geschichte, die erzählt, wie gespalten unsere Gesellschaft sei. Man muss kein studierter Politikwissenschaftler sein, um zu erkennen, dass rechte Kräfte das Spiel des Populismus mit menschenverachtenden Methoden und Inhalten betreiben. Sie bekräftigen die gegenwärtigen Verhältnisse, indem sie die Schuld auf alles schieben, was nicht in ihre Erzählung von Normalität passt. Egal ob Rassismus, Antisemitismus, Homofeindlichkeit oder der althergebrachte Sexismus: Nichts ist der AfD zu schade. Und sie sind nicht die Einzigen. Auch in der vermeintlichen bürgerlichen Mitte gibt es rechtsextreme Einstellungen und zeigen sich autoritäre Dynamiken, wie die Leipziger Autoritarismus-Studie 2020 erneut offengelegt hat. Der Kapitalismus bedient sich solcher Spaltungsmöglichkeiten, um sich zu schützen. Mouffe glaubt jedoch, dass die populistische Methode gut auf linke Themen anpassbar ist.

Chantal Mouffe macht sich schon seit Jahrzehnten in ihrer Forschung dafür stark, die gesellschaftliche Frontlinie wieder aufleben zu lassen. Sie spricht sich für eine agonale Politik aus, die sich des populistischen »Wir gegen die da oben« bedient. Statt einer faschistischen Trennung eines vermeintlich einheitlichen Volkes gegen *die* »Fremden«, *die* Juden oder *die* anderen soll ein linker Populismus die wirkliche Trennung in unseren Gesellschaften betonen. Wir, das sind die Lohnabhängigen. All diejenigen, die arbeiten müssen, weil sie von ihrem Lohn abhängig sind. Deren größter Vermögenswert das Auto oder das Haus ist und die von den Spaltungsmechanismen des Kapitalismus betroffen sind. Das »die da oben« sind diejenigen, die davon profitieren. Die zuhause vor sich hin lümmeln können und Millionensummen als Dividenden ausgeschüttet bekommen. Diejenigen, die eine Politik für das reichste 1 Prozent machen und sich als vermeintliche Mitte der Gesellschaft hinstellen. Diejenigen, die Steuerbetrug in Milliardenhöhe zulassen, aber ganze Heerscharen von Kontrolleuren auf einen Menschen hetzen, sobald es um die Beantragung von Hartz IV oder anderer Hilfsleistungen geht. Eine solche Konfliktlinie muss laut Mouffe deutlich werden, um mehrheitsfähig zu sein. Ohne die Konfliktlinie, die einfach erzählt ist, kann man die Menschen nicht erreichen. Damit hat sie einen durchaus ähnlichen Ansatz wie Agnoli, der in der Transformation der Demokratie von einem gesellschaftlichen Antagonismus redet. Er richtet sich in seiner Analyse der liberalen Demokratie eher auf ideelle Werte, aber auch er spricht von der Konfliktlinie, von der Trennung zwischen Beherrschten und Herrschenden, und auch er zeigt die Verbindung von politischer und sozialer Macht auf. Mouffe und Agnoli sehen eine Verknüpfung von Kapitalismus und der vorherrschenden Politik. Mit dem Unterschied, dass Agnoli diese Verknüpfung bis hin zur Ausbildung des modernen Staates zieht.

Die agonale Konfliktlinie ist bei Agnoli eine politische Konsequenz. Der Konflikt von Kapital und Arbeit muss auf eine Bewusstseinsebene der Gesellschaft gelangen, um Symptome wie die Schere zwischen Arm und Reich erzähl- und erklärbar zu machen. Oder wie es Mouffe zusammenfasst:

> »Der Linkspopulismus (…) möchte die Demokratie wiederherstellen, um sie zu vertiefen und auszubauen. Eine linkspopulistische Strategie zielt darauf ab, die demokratischen Forderungen in einem kollektiven Willen zu bündeln, um ein ›Wir‹ zu konstruieren, ein ›Volk‹, das einem gemeinsamen Gegner die Stirn bietet: Der Oligarchie.«[1]

Agnoli und Mouffe unterscheidet trotzdem viel in dem Verständnis, wie der Kapitalismus auf das politische System einwirkt. So sehr Mouffe die Erarbeitung einer erfolgsversprechenden, politischen Praxis gelingt, so sehr schwächelt ihre Analyse des politischen Systems. Dadurch bleiben die Forderungen bei »Radikalisierung der demokratischen Institutionen« stehen, obwohl mit Agnoli für uns schon längst klar ist, dass eine solche Funktionsveränderung, eine Demokratisierung nicht möglich ist. Institutionen sind nicht neutral, man kann sie nicht in einer *revolution by consent* erkämpfen und verändern. Und dennoch ähneln sich Agnolis Analyse und Mouffes Handlungsplan bezüglich der Geschichte, die sie erzählen. Beide erkennen die politische Wirklichkeit als oligarchische Wirklichkeit an, eine bürgerliche Minderheit regiert auf eine bestimmte Zeit begrenzt. Mouffes Idee ist eine knappe, leidenschaftliche Erzählung, mit der man die Mehrheit für sich gewinnt. Es braucht eine Konstruktion des »Wir«, die auf demokratischen Ideen basiert, auf Zusammenhalt durch gemeinsame Interessen. Durch eine Äquivalenzkette, die einen gemeinsamen Kampf von Lohnabhängigen, FLINTA-Personen und all den anderen Betroffenen ermöglicht. Ein Wir der Beherrschten, würde Agnoli wohl dazu sagen.

Wie das konkret aussieht, zeigt die Initiative *Deutsche Wohnen und Co. enteignen*, die bei einem konkreten Problem ansetzt, das alle Betroffenen gleichermaßen betrifft: die Wohnfrage. Kein Mensch kommt ohne Wohnung aus, das Recht auf Wohnen ist nicht ohne Grund eines der Menschenrechte. Die Privatisierung des Wohnraums, der fast halbierte Sozialwohnungssektor und die ständig steigenden Mieten schaffen ein Klima der Verdrängung. Normale Menschen können sich ihre Wohnungen nicht mehr leisten und werden zum Opfer der wirtschaftlichen Realität, in der Leerstand der Wohlstandsmehrung dient. Von diesem Problem sind alle betroffen, die von der kapitalistischen Wirklichkeit nicht profitieren.

Die Bewegung verdeutlicht das konkrete Problem unbezahlbaren Wohnraums, verweist auf die Lebensrealität einer großen Mehrheit und verknüpft diesen spezifischen Kampf mit dem dahinterstehenden Problem. Der Kapitalismus hat in seiner Ausprägung als Neoliberalismus dafür gesorgt, dass auch die letzten Bereiche unseres Lebens dem Profitgedanken unterworfen wurden und marktkonform sein müssen. Dass der Wohnungsmarkt für das Kapital besonders spannend ist, sollte dabei außer Frage stehen, denn jede:r braucht ein Dach über dem Kopf. Natürlich lässt sich in solch einem Markt viel Geld verdienen, man muss es nur schlau anstellen. Kernsanieren, Mieter raustreiben und teuer verkaufen, das ist eine von vielen verschiedenen Methoden, um den Wohnungsmarkt rentabel zu halten. Die einfachste Möglichkeit sind Mieterhöhungen und auch das geschieht fortlaufend. Vonovia, der größte Wohnungseigentümer in Berlin, schüttet pro Wohnung 200 Euro Dividende an seine Aktionärinnen und Aktionäre aus. Geld, das aus den Mieten kommt. *Deutsche Wohnen und Co. enteignen* hat einen Nerv getroffen – und das war absehbar. Zu viel Ungerechtigkeit, zu viel ungebremster, entfesselter Kapitalismus trifft auf einen der sensibelsten Bereiche der Menschen, ihr Zuhause. Die Verknüpfung konkreter Erlebnisse mit einer klaren Erzählung vereinfacht die Suche nach Mehrheiten. Der Immobilienkonzern Deutsche Wohnen, der unlängst mit Vonovia fusionierte, musste im Frühsommer 2021 gar eine eigene Imagekampagne starten, weil das Narrativ der Bewegung so gut hängen bleibt.

Die Erfolge sprechen für sich und zeigen eine Sache auf: Selbst radikale Forderungen können mehrheitsfähig sein, man muss sie bloß gut verpacken. Natürlich könnte man auch Wissenschaftler beauftragen, einstündige Input-Vorträge über Notwendigkeiten zu halten, aber es braucht leidenschaftliche Erzählungen, die bei den Menschen greifen und verfangen. Eine populistische Strategie kann demokratischen Forderungen helfen, das beweist die Initiative.

... und bleibt radikal!

Chantal Mouffes Begriff eines linken Populismus hat dennoch seine Probleme, denn er grenzt sich von revolutionären Strategien deutlich ab. Auf den ersten Blick mag das ernüchternd klingen, denn so lassen sich einige Punkte nicht auf den Kampf um den Fußball übertragen, aber es gibt dennoch genug spannende Überlegungen. Mouffes Gedanke, das momentane institutionelle Spiel der liberalen Demokratie zu nutzen, entspringt den Thesen Wolfgang Abendroths. Hier schließt sich auch ein biographischer Kreis, denn Agnoli wurde von Abendroth ans OSI (Otto-Suhr-Institut) vermittelt. Anders als Agnoli war Abendroth ein gewerkschaftsorientierter Linker, der sich der Aufgabe widmete, das damals noch neue Grundgesetz unter linken und sozialistischen Gesichtspunkten zu analysieren. Für Abendroth, den wohl ersten linken Professor nach 1945 im Westen, war klar, dass das Grundgesetz einen historischen Klassenkompromiss darstellt, der Möglichkeiten für eine andere Wirtschaftsordnung bietet. Er glaubte an eine friedliche Durchsetzung des Sozialismus unter Zuhilfenahme der (bis heute) geltenden Verfassung. Aus heutiger Sicht können wir sagen, dass dieses Ansinnen sich bis jetzt nicht erfüllt hat, denn sozialistisch ist unsere Wirtschaft bis heute nicht. Aber das Grundgesetz bietet tatsächlich mit Artikel 15 die Möglichkeit, die Abendroth wohl meinte und die auch von Mouffe angedeutet wird. Es gibt die Möglichkeit einer demokratischen Hinwirkung auf Enteignung und Vergesellschaftung unter bestimmten Voraussetzungen. Trennt man sich von den staats- und institutionstheoretischen Gedanken, so ließe sich eine konkrete linke Praxis auf diesen Artikel aufbauen, was letztlich auch geschah. Die Volksinitiative baut auf die Nutzung des Grundgesetz-Artikels und versucht, diesen über einen Berliner Volksentscheid nutzbar zu machen.

Solche erfolgsversprechenden gesellschaftlichen Techniken zum Aufbau einer oppositionellen Bewegung machen Mouffes Gedanken so spannend. Sie nutzt bereits vorhandene Überlegungen zu einem radikalen Wandel der demokratischen Institutionen und baut auf den Reformwillen der Mehrheit. Es ist ja auch sehr schön, wenn man sagen kann: »Du findest die Mieten zu teuer? Guck mal, das Grundgesetz bietet die Möglichkeit von Enteignungen. Dann kannst du dir deine Wohnung wieder leisten!«

Der Gedanke der Verbindung von Mehrheiten und die Aufrechterhaltung radikaler Forderungen ist wichtig, vor allem das Festhalten an radikalen Forderungen muss dabei in den Mittelpunkt rücken. Zwei große Protestbewegungen haben in Deutschland gezeigt, was passiert, wenn die Radikalität und der kritische Charakter verlorengehen. Aus der 68er-Bewegung entstand, mit Zwischenschritten, einige Jahre später u.a. die Partei der Grünen. Der Wunsch nach Mehrheiten und die Idee des Marsches durch die Institutionen hat die inhaltlichen Forderungen schnell verwischt. Mitgründer wie Jutta Ditfurth und andere ehemalige Bundessprecher sind ausgetreten und kritisieren den Wandel zu einer bürgerlichen Partei der grünen Mitte. Auch *Fridays for Future* wirkt in einigen Ortsgruppen bürgerlich und zahm und opfert für vermeintliche Mehrheiten auf der Straße wie in Umfragen ihren herrschaftskritischen Charakter. Es ist kein Zufall, dass sich bereits viele Jugendliche von der Bewegung abgewandt haben: *Ende Gelände* und *Anti Kohle Kidz* sind erst der Beginn einer Zersplitterung. Für die Hauptbewegung deutet sich bereits an, dass sie auf dem ein oder anderen Wege in den Parlamenten enden wird. Die Mehrheitssuche kann das Ablegen des radikalen Charakters bedeuten. Doch wo liegt da überhaupt das Problem?

Verliert eine Initiative oder eine Bewegung auf der Suche nach gesellschaftlichen Mehrheiten ihre Radikalität in der Analyse und den Forderungen, macht sie sich vereinnahmbar. Das bereits beschriebene Problem der Domestizierung kann dann in der Praxis besichtigt werden. Aus den teilweise antikapitalistischen und kommunistischen Anfangs-Grünen ist eine grüne Alternative zur FDP oder CDU geworden. Der Kampf um parlamentarische und politische Mehrheiten, das Prinzip der Repräsentativität und der Kampf um politische Führung hat die Grünen durch und durch zu einer bürgerlichen Partei gemacht, die die kapitalistischen Verhältnisse nicht mehr in Frage stellt. Die personelle und zunehmend auch inhaltliche Verknüpfung von *Fridays for Future* mit den Grünen lässt für die Bewegung eine ähnliche Prognose zu. Aus anfänglich noch naiv wirkenden Forderungen ist mittlerweile ein Konsensprogramm geworden, durch das die Herrschenden nicht herausgefordert werden. Klein-Klein statt wirklicher Analyse der Probleme. Dabei klang vor zwei Jahren noch vieles anders: Der Wachstumszwang im Kapitalismus wurde als Hauptproblem der Klimakatastrophe ausgemacht, es wurden radikale Überlegungen angestellt. Einige Ortsgruppen sind auch bis heute antikapitalistisch ausgerichtet, doch diese können offensichtlich keine Mehrheiten organisieren. Die Bewegung hat ihren radikalen Charakter in Teilen bereits abgelegt.

Mouffe zeigt einen Weg aus dem Dilemma zwischen Mehrheitssuche und der Beibehaltung antikapitalistischer Forderungen und macht dadurch Agnolis Forderung einer fundamentaloppositionellen Bewegung umsetzbar. Ihr Hauptanliegen ist die Radikalisierung der Demokratie und sie meint damit die praktische Umsetzung der Ideale Freiheit und Gleichheit. Dass die liberale Demokratie in ihrem jetzigen Zustand dabei versagt hat, eine freie und gleiche Gesellschaft hervorzubringen, steht außer Frage. Doch die Konsequenz daraus ist keineswegs eindeutig, daher formuliert Mouffe eine Idee, mit der sich schnelle Erfolge erzielen lassen. Vielleicht hat sie es nicht beabsichtigt oder genauer beschrieben, aber eine linke Praxis und ein linker Populismus kann nur funktionieren, wenn absehbare Ziele realisiert werden können. Hat eine Bewegung weder eine von allen geteilte Analyse noch klare Absichten, die in absehbarer Zeit erreicht werden können, wird das organisierte Nein versprengt. Wer erinnert sich noch an *Blockupy*? 2012 und 2013 trat diese Bewegung prominent in Deutschland auf und versuchte sich an einem kapitalismuskritischen Zusammenschluss. Allerdings geriet der Zusammenschluss von verschiedenen Gruppen und Organisationen schnell ins Schlingern, nachdem es 2015 eine groß angelegte Demonstration gegen die Eröffnung des Neubaus der Europäischen Zentralbank gab. Die Inhalte, die Kapitalismuskritik und die Offenlegung neoliberaler Politik waren das Fundament einer Bewegung, die damals viele Hoffnungen aufleben ließ und am Ende doch scheiterte. Mouffe schließt aus diesen Fehlern, dass es nur funktionieren könne, wenn man konkrete Ziele erreichen kann und so stellt sie die Radikalisierung der Demokratie in den Fokus ihrer Überlegungen.

Der Kapitalismus muss samt seiner Folgen zurückgedrängt werden und es braucht dafür einen linken Populismus. Eine Konstruktion unserer Gesellschaft, die den Menschen den Ursprung ihrer Probleme verdeutlicht. Die Radikalisierung der Demokratie ist dabei eigentlich ein missverständliches Konzept, denn Radikalisierung bedeutet eigentlich, etwas von der Wurzel an umzuwerfen. Mouffe allerdings möchte eine institutionenumwerfende Demokratie gar nicht erst, sie möchte die bestehenden Institutionen restituieren. Also in ihren eigentlichen Zustand versetzen, den vermeintlich demokratischen. Wie bereits dargestellt, beißen sich Mouffes und Agnolis Analyse an diesem Punkt und so lässt sich bei einem Abgleich der beiden feststellen, dass eine Trennung vorgenommen werden muss. Agnolis Analyse auf der einen, Mouffes Überlegungen einer politischen Praxis auf der anderen Seite. Die Berliner Enteignungsinitiative zeigt auf, wie man aus einem Einzelthema heraus auf die Folgen neoliberaler Politik aufmerksam macht und daraus eine linkspopulistische Konfliktlinie bildet. Die Wohnungsnot und die erheblich steigenden Mieten in Berlin sind direkte Folgen aus der Privatisierungswelle. Zwischen 1990 und 2005 wurden über 200.000 Wohnungen aus dem kommunalen Bestand gelöst und verkauft. Die Wohnungsprivatisierung schuf in Berlin einen Wandel weg von Genossenschaften und deren Strategie einer langfristigen Verbesserung der Wohnbedingungen hin zu privaten Erwerbern wie Fonds oder Immobilienkonzernen, die an der Steigerung des Verkaufswerts interessiert sind. Die kapitalistische Erschließung des Wohnens hat eine recht ähnliche Folge wie die Kapitalisierung des Fußballs: Das Primat der Wirtschaftlichkeit schleicht sich ein und gewinnt Oberhand. Dahinter steht eine neoliberale Politik, die auf Privatisierungen jedweder Art ausgerichtet ist und in Deutschland und Großbritannien ausgerechnet unter zwei sich sozialdemokratisch nennenden Regierungschefs durchgesetzt wurde. Tony Blair und Gerhard Schröder sind die Verantwortlichen einer Politik, die das Wohl der Menschen vollkommen aus den Augen verloren hat und den Kapitalismus entfesselte. In den konkreten Problemen der

Menschen zeigt sich eine politische Dimension und daraus entwickelt sich eine populistische Konfliktlinie zwischen »uns«, den Betroffenen und »denen da oben«, die die Interessen einer Minderheit als gesellschaftlichen Konsens verkaufen. Wir gegen die Oligarchie. Das politische System zusammengefasst.

Das Festhalten an radikalen Forderungen ist ein wesentlicher Bestandteil linker Bewegungen. Und die Vergangenheit zeigt, dass die Mischung aus Mehrheitsgewinnung und Beibehaltung der Analyse und Ziele das organisierte Nein ausmachen. Die Enteignungsinitiative ist der Türöffner für eine neue Strategie sozialer Bewegungen und kann auch über die üblichen Inhalte hinaus als Beispiel dienen. Wollen Fußballfans den Kampf um den Fußball führen, sollten sie sich an solchen positiven Beispielen orientieren, und der Grundsatz der Mouffe'schen Überlegung ist die Verbindung von Mehrheiten und radikalen Forderungen. Es geht um einen aufgeklärten Populismus, der die Grundzusammenhänge in den kapitalistischen Verhältnissen aufzeigt und so erzählbar macht. Es braucht ein Narrativ, das Fans aller Art einbezieht und gleichzeitig diejenigen ausschließt, die den Fußball zerstören. Wir gegen die Oligarchie ist ein Motto, das sich auf den Fußball übertragen lässt. Im Übrigen stellt die Bewegung *Deutsche Wohnen und Co. enteignen* eine nicht ganz unähnliche Frage in ihren Positionen: Wem gehört Berlin? Übernehmen wir diese Frage für den Fußball: Wem gehört das Spiel? Es sind nicht die Fans. Wir haben einen kapitalistischen Fußball vor unseren Augen, der – um des Profits willen – den Sport in seinem Innersten verändert hat. Soll aus der Analyse des Fußballs eine fruchtbare Protestbewegung entstehen und wollen sich die Fußballfans den Kampf um ihren geliebten Sport in seiner Gänze annehmen, braucht es neben dem theoretischen Verständnis einen wirksamen Aktivismus. Mouffes Essay für einen linken Populismus und die daraus entstandene Bewegung geben Aufschluss darüber, wie man in emanzipatorischer Absicht viele Menschen gewinnt und gleichzeitig die Forderungen nicht relativiert. Die Verbindung macht es: Gewinnt die Mehrheiten und bleibt radikal!

Sich fügen heißt lügen – Ansätze für einen anderen Fußball

Fußballfans müssen sich organisieren, wollen sie den Kommerz im Fußball vertreiben. Das Symptom Kommerzialisierung ist in vielen Stadien das Stichwort für Proteste und Ärger gegenüber dem Wandel, den der Fußball seit Jahrzehnten vollzieht. So schwer die Kapitalisierung in den Anfangszeiten der Bundesliga zu erkennen war, so offensichtlich ist sie geworden. Die vielbeschriebenen Sachzwänge, das Primat der Wirtschaftlichkeit und die abgehängten Fans sind Triebe einer Wurzel, aus der der Fußball, den wir kennen, entspringt. Er existiert nicht losgelöst von unserer Lebenswirklichkeit und er besteht nicht im luftleeren Raum. Der Fußball ist Teil unserer Gesellschaft und spiegelt dementsprechend nicht nur all die Facetten von uns wider, sondern funktioniert in dem Rahmen, in dem auch wir funktionieren müssen. Der Fußball ist Teil der kapitalistischen Wirklichkeit und wenn wir fernab des Fußballs über Ausbeutung, Unterdrückung und Spaltung sprechen, so finden wir diese Mechanismen auch im Fußball. Möchten einige Ultragruppierungen, dass die Ecke nicht mehr von einem Sponsor präsentiert wird oder das Merchandising zurückgefahren wird, dann sollten sie sich bewusst werden, dass diese Probleme nicht isoliert im Raum stehen. Wollen sie dagegen protestieren, haben sie bisher nur im Ansatz Strategien gefunden, die Lösungen versprechen, ein Licht am Ende des Tunnels sichtbar machen.

Die Fans kämpfen um ihren Fußball. Er entgleitet ihnen und immer mehr organisierte wie unorganisierte Fans bemerken diesen Wandel. Der Wandel und der Kampf sind Ausdruck eines diffusen Gefühls von Ungerechtigkeit und Ungleichheit. Anti-Hopp-Proteste, Spruchbänder während der Geisterspiele oder auch das Fernbleiben bei Montagsspielen oder Begegnungen in Leipzig: Der Fußball lässt die Fans spüren, dass sie nicht gehört werden. Fans können so zu einer sozialen Bewegung werden, die diesen Wandel unterbricht. Sie müssen sich als soziale Bewegung begreifen, um zu verstehen, dass ihr Kampf gegen Kommerz und Ausverkauf nicht isoliert zu betrachten ist, sondern in das gesellschaftliche Gesamtbild passt. Wo in anderen Sektoren Privatisierung großgeschrieben wird, ist es im Fußball eben die offene Kommerzialisierung. Es ist eine kapitalistische Entwicklung und soll diese verhindert werden, braucht es eine Auseinandersetzung mit dem Thema. Ich sprach bereits am Anfang davon, dass ich die Theorieferne vieler organisierter Fans nicht verstehen kann und womöglich bin ich durch mein Studium geprägt. Aber keine soziale Bewegung kann ohne ein Verständnis davon existieren, was bekämpft werden soll. Rückt die Theorie ins Abseits, geht es um die unbeholfene Ablehnung verschiedener Symptome. Es geht nicht um die Verbindung verschiedener Phänomene, sondern einzig und allein darum, diese zu bekämpfen. Proteste gegen Montagsspiele verkommen dann dazu, dass sie sich nur gegen den Auswuchs weiterer Anstoßzeiten richten. Als Ultras der Frankfurter Eintracht in der Saison 2019/20 einem Montagsspiel geschlossen fernblieben, gab es keine öffentlichkeitswirksame Erklärung, in der solche Proteste in einen großen Kontext eingebunden werden. Vielleicht fehlt nicht überall ein Bewusstsein für die Lage, aber zu selten entsteht daraus ein wirksamer und vermittelter Protest.

Fußballfans sind unterschiedlich, das stimmt. Vom Bauarbeiter bis zur Akademikerin steht alles in einer Kurve. Studien der letzten Jahre beweisen, dass Fußballstadien eine Bastion des gesellschaftlichen Aufeinandertreffens sind. Man stelle sich vor, all diese Menschen, die durch ihre Liebe zum Sport zusammenkommen, entwickeln ein Bewusstsein für den kapitalistischen Fußball, über ihre Rolle als Fans. Ein anderer Fußball ist möglich, und der Kampf wird sich lohnen, davon bin ich überzeugt. In keiner anderen sozialen Bewegung sind die Voraussetzungen so günstig. Die gesellschaftliche Breite, die der Fußball erreicht, ist nirgends sonst realisierbar. Die Fans haben in den letzten Jahren ein gewisses Bewusstsein dafür entwickelt, dass der Fußball sich in eine für sie schlechte Richtung entwickelt. Die Pfiffe gegen Helene Fischers Halbzeitshow im DFB-Pokalfinale 2017 sind wohl vielen noch präsent. Der DFB hat mittlerweile den Ruf einer verbrecherischen Organisation und über UEFA und FIFA muss man nicht mehr sprechen. Die Skepsis überwiegt, bei allen. Was es braucht, ist neben einer Analyse des Ganzen die Mehrheitssuche. Es braucht Fans, die einen anderen Fußball haben wollen und anfangen, sich dagegen zu organisieren. Chantal Mouffe gibt dafür ein Erfolgsrezept an die Hand: Um Bewusstsein zu schaffen und Mehrheiten für sich zu gewinnen. Man darf nicht vergessen, dass die Wohnungsfrage noch vor drei Jahren vollkommen unbeachtet war. Konservative und marktliberale Parteien konnten es sich bis vor kurzem noch leisten, einfach nichts zu tun und nichts dazu zu sagen. Diese Zeit ist vorbei und die Berliner Initiative für Enteignungen der großen Immobilienkonzerne hat dafür gesorgt, dass der Diskurs sich gewandelt hat. Bei der Bundestagswahl 2021 gehörten Wohnungsnot und Mietenpolitik konstant zu den drei wichtigsten Themen. Alle Parteien waren gezwungen, Lösungen für die formulierten Probleme zu finden und vorzustellen. Man konnte vor dem Problem nicht mehr davonlaufen. Und genau das ist es, was Mouffe den Fußballfans mitgibt: Selbstermächtigung durch die Beeinflussung der öffentlichen Debatte. Wir haben das im Ansatz bereits erlebt, als es im Nachgang der Anti-Hopp-Proteste zu einer medialen Aufarbeitung kam, in deren Zuge auch Ultras zu Wort kamen. Nur muss man diese defensive Haltung ablegen und das Heft des Handelns in die eigenen Hände nehmen.

Die Mehrheitsgewinnung lebt von zwei Faktoren, bei denen der eine nicht ohne den anderen auskommen kann: das Ansprechen von Mehrheiten und die Erhaltung des überwindenden, radikalen Charakters. Das Dilemma einer Bewegung, die nur noch nach großen Mehrheiten giert, ist bereits besprochen, doch auch das Gegenteilige kann zu einem Problem werden. Man kennt die Probleme einer zerstrittenen, in sich vielfach gespaltenen Bewegung, die zwar mit Verve um die richtigen Analysen der Zeit ringt, aber keineswegs Mehrheiten in der Gesellschaft anspricht. Die Diskussionen um Anarchismus versus Kommunismus sind langwierig und der Richtungsstreit innerhalb der emanzipatorischen Kräfte dürfte wohl seit dem berühmten Konflikt zwischen Karl Marx und dem anarchistischen Theoretiker Michail Bakunin einigen Menschen bekannt sein. Interessanterweise hat es Johannes Agnoli sogar versucht, in der Transformation der Demokratie eine inhaltliche Versöhnung zu finden und er hat es in einem beträchtlichen Maß auch geschafft. Seit über hundert Jahren versuchen Bewegungen und Gruppen ihre Handlungsmaximen an eine sinnstiftenden Analyse des Ist-Zustands zu ketten. Theorien und Schriften über all die Auswirkungen und Verhältnisse im Kapitalismus haben wir, über alternative Formen des gesellschaftlichen Zusammenlebens ist schon viel und oft nachgedacht worden, doch der mehrheitsgewinnende Charakter tritt nur selten auf. 1968 war so ein Moment, in dem eine gesellschaftliche Mehrheit greifbar schien, aber das Momentum wurde verwirkt. Agnoli deutete das Versagen der 68er-Bewegung als die Technik des sozialen Friedens, der Einhegung gegenherrschaftlicher Gruppen durch den Staat. Diese Analyse und die Argumentation scheint auf vielen Ebenen zuzutreffen, doch daraus gelernt wurde offenbar nicht. *Fridays for Future* lassen sich ebenfalls von Parteien einhegen und auf einen bürgerlichen Kurs bringen. Und kritischere Bewegungen gewinnen keine Mehrheiten. Beide Gefahren muss eine Bewegung der Fußballfans erkennen und sich darüber bewusst sein, wollen sie den Fußball wirklich zurückgewinnen.

Was es braucht, ist ein Populismus der Kurven, der radikal ist und sich mehrheitsfähig artikuliert. Dass Fans und insbesondere Ultras dazu in der Lage sind, zeigen vor allem Proteste des vorangegangenen Jahrzehnts. Die Aktion *12:12 – Ohne Stimme keine Stimmung* hat gezeigt, dass Ultragruppierungen und aktive Fans die Stadiongänger vereinen können. Partiell hat es also schon geklappt. Einige Ultragruppierungen haben ebenfalls damit begonnen, den Fußball in seine kapitalistische Wirklichkeit einzubetten, wie es die Dissidenti aus Düsseldorf in ihrer Analyse gemacht haben. So radikal und utopisch die Veränderung aussehen mag, ein anderer Fußball ist möglich! Die Sachzwänge eines Fußballs, der sich mehr mit Finanzen als mit Fanrechten auseinandersetzt, sind nicht gottgegeben. Die

Institutionen des Fußballs haben kein natürliches Recht auf die Vorherrschaft und den Vorsitz im professionellen Fußball. Es braucht nur Prinzipien für eine Strategie, einen aufgeklärten Populismus, der sich von den Erkenntnissen der theoretischen Arbeit lenken lässt. Stellt man fest, dass die Zusammenarbeit mit Institutionen nur dazu führen, dass man befriedet sein soll, darf man nicht mit ihnen paktieren. Zeigen die Überlegungen, dass sich der kapitalistische Fußball durch seine Verbände erhält, müssen sie ins Fadenkreuz geraten. Aus Theorie erwächst Praxis, aus Verstehen erwächst Bewusstsein. Mouffes Essay zeigt eine Möglichkeit der Diskursermächtigung, einen Einfluss auf die Debatten dieser Republik, die Ultras und aktive Fans bisher nicht entscheidend prägen konnten. Selbst bei der kritischen Auseinandersetzung einiger Medien im Nachspiel der Anti-Hopp-Proteste schafften es die engagierten und organisierten Fans nicht, ihre Absichten entscheidend einzubringen. Das ist es, was Mouffe ihnen an die Hand gibt: Einen aufgeklärten Populismus. Ein Werkzeug, das auf die Analyse des Fußballs aufbauend, die Kurven für sich gewinnen lässt. Bewusstsein über die eigene Lage erlangt man nicht einfach so. Es ist nicht die Rolle als Fußballfan, die uns antikapitalistisch macht. Was es braucht, ist Analyse und Kritik, und das handlich. Mouffes Gedanken rund um einen linken Populismus mögen in dem Agnoli'schen Sinn nicht funktionieren, die reine Radikalisierung bestehender Institutionen befriedet nur. Aber ihr Populismus ist ein ganzer Werkzeugkoffer, mit dem sich Mehrheiten organisieren und die schweigende Masse an scheinbar unbeteiligten Fußballfans zu gewinnen ist.

Auf den folgenden Seiten findet sich eine Skizze, eine Idee, welcher Prinzipien es bedarf. Sie leiten sich aus all den Überlegungen und Argumenten ab, die in diesem Buch dargestellt worden sind und formen eine überlegte Praxis. Analyse und Kritik brauchen keine Utopie und keine Alternative, um zu wirken, aber es ergeben sich Möglichkeiten. Was hier formuliert wird, hat keinen Anspruch auf vollständige Umsetzung oder den Wirklichkeitsanspruch einer Anleitung. Was an Ideen geschildert wird, sind Prinzipien für eine Bewegung von Fußballfans, die sich zum Ziel setzen, einen anderen Fußball zu ermöglichen, den Kapitalismus aus dem Fußball zu vertreiben und dabei nicht den Blick auf unsere Realität zu verlieren. Der Anspruch ist hoch, aber wo Geduld und Ironie, Analyse und Kritik, Aufklärung und Bewusstsein sich verbinden, ist vieles möglich. Der Kapitalismus ist nicht natürlich, die Ausbeutung von Milliarden Menschen ist keine Notwendigkeit, die wir wohl oder übel akzeptieren müssen. Wir können uns dagegen wehren, und wir müssen es. Die Zeichen der Zeit sind unübersehbar: die Klimakatastrophe ist das Resultat unserer Ausbeutung der Erde und ihrer Rohstoffe, 811 Millionen Menschen leiden Hunger, obwohl wir genug Essen für alle hätten. Ungleiche Verteilung und Ausbeutung von Mensch und Natur führen uns an einen Abgrund, der nur zwei Auswege kennt: Dessen Überwindung oder der erneute Sturz in Faschismus, Krieg und Verderben. Fußball wirkt in diesem Vergleich unwichtig, aber es gibt kein anderes Phänomen weltweit, das so viele Menschen zusammenbringt und vereint. Fußball kann ein Licht am Ende des Tunnels werden und blicken wir auf gesellschaftliche Umsturzversuche um 2011 herum, zeigt sich, dass ausgerechnet Fußballfans überall mit von der Partie waren. Zuvorderst in Ägypten und der Türkei. Vielleicht ist die Bekämpfung des kapitalistischen Fußballs ein Weg, der uns zu einer Gesellschaft der Freien und Gleichen führt. Vielleicht schafft der Fußball, was keiner sozialen Bewegung vorher gelungen ist. Lasst uns den Fußball verändern und ihn uns zurückholen! Das ist der erste Schritt.

Die Misere offenlegen

»Man fühlt sich so, als würde einem was weggenommen werden, was einem nie gehört hat.«
Nico Heymer, Fußballjournalist bei *OneFootball.*

Als sich die Bundesliga-Saison 2020/21 dem Ende neigte, widmeten sich die medialen Formate dem Rückblick. Viel ist zu besprechen: Schalke ist abgestiegen, das war klar. Aber hinzu kam etwas überraschend mit Werder Bremen ein zweiter langjähriger Verein der Bundesliga. Der nördlichste Verein in der folgenden Saison ist damit Hertha BSC. Die anfänglichen Teilöffnungen der Stadien wurden schnell wieder wegen der Pandemie einkassiert und die Saison bot die übliche Spannung nur im Rennen gegen den Abstieg. Bayern München wurde zum neunten Mal in Folge Meister und die positiven Überraschungen der Saison sind unumstritten Eintracht Frankfurt und Union Berlin, die beide jeweils einen europäischen Wettbewerb erreichten. Und trotzdem lässt sich der Fußballjournalist und Moderator Nico Heymer dazu hinreißen, den Verlust des Fußballs kurz anzusprechen. Liebgewordene Vereine steigen aus der Bundesliga ab und das Primat der Wirtschaftlichkeit zwingt auch den letzten Rest an Fußballromantik in die Knie. Die Saison 2021/22 findet mit den 18 sportlich stärksten Vereinen statt, doch in den letzten Jahren hat ein Aderlass stattgefunden, der zwar wirtschaftlich schwer zu bemessen ist, aber bei den Fußballfans spürbar wird. Natürlich sagt wirtschaftliche Stärke nicht eins zu eins etwas über die Ligazugehörigkeit aus, aber der Aderlass ist spürbar. Der Hamburger SV, Schalke 04 und Werder Bremen sind die Spitze eines Phänomens, bei dem sogenannten Traditionsvereine in die Niederungen des Fußballgeschäfts entschwinden. Der kapitalistische Fußball eint unter seinen Sachzwängen nur die Vereine, die sich anpassen können oder sogar wirtschaftliche Vorteile haben. Diese Entwicklungen hinterlassen unzufriedene Fans, die merken, dass ihnen etwas entgleitet, dass ihnen etwas weggenommen wird, das ihnen nie so wirklich gehörte. Ein diffuses Bewusstsein über die Ungleichheiten im Fußball ist da, doch wie kann man es nutzbar machen und eine gemeinsame Bewegung daraus formen?

Wollen Fußballfans sich organisieren, braucht es ein Bewusstsein für die Lage. Das ist die notwendigste aller Voraussetzungen. Ohne Groll und Wut auf die gegenwärtigen Verhältnisse ist jeder Protest aussichtslos, aber die Entwicklungen allein im Jahr 2021 machen Hoffnung, dass kritisches Bewusstsein wächst. In der kritischen Phase zwischen Europameisterschaft und der WM in Katar wird die Kritik nicht verstummen, die Verbände sind unter medialem und öffentlichem Beschuss. Die Bedingungen scheinen günstig, um sich gegen den kapitalistischen Fußball in seiner Gesamtheit zu richten. Was es dafür braucht, sind konkrete Ereignisse. Man überzeugt keinen Menschen, indem man einen 90-minütigen Impulsvortrag über eine Analyse des Fußballs hält. Es braucht eine gemeinsame Analyse und Kritik des Fußballs, die über konkrete Ereignisse hinaus wirkt.

Nehmen wir uns das Beispiel der Fanproteste nach Bekanntgabe einer Super League, die vor allem in Großbritannien für viel Unverständnis sorgte. Vor allen Stadien der beteiligten Vereine protestieren ihre Fans gegen eine Beteiligung und forderten an vielen Orten gleichsam die Entlassung der führenden Personen. In Manchester stürmten Anhänger der *Red Devils* ihr Stadion, Stunden vor einem wichtigen Spiel, dass dann verschoben werden musste. Die entbrannte Wut, die Spontanität der Massen kam zum Vorschein und sie war für einige Momente ungebremst und entlud sich. Man könnte meinen, britische Fans wären eingehegt und sie hätten sich an die Verhältnisse im Fußball gewöhnt. In keiner Liga ist die Kommerzialisierung so weit vorangeschritten: Neben den unterschiedlichen Anstoßzeiten, an die man sich ja schon gewöhnen musste, sind es insbesondere die Stadien, die man seit über zwei Jahrzehnten fest unter Kontrolle hat. So etwas wie eine Fanszene gibt es dort in kaum einem Verein, sie ist verdrängt worden. Die Hillsborough-Katastrophe ist den Herrschenden im Fußball und der Politik wahrlich in die Hände gefallen, denn nach einer Massenpanik im FA-Cup zwischen Liverpool und Nottingham Forest im Jahr 1989 war die Fußballwelt schockiert. Viele Jahre hielt sich die Erzählung von randalierenden Liverpool-Auswärtsfans, die für ihre Toten selbst verantwortlich wären. 97 Menschen ließen ihr Leben, über 700 wurden verletzt. Die Boulevardpresse machte die Fans dafür verantwortlich, die Politik schloss sich dem schnell an. 27 Jahre später erst räumten Polizei und Regierung ihre Fehler ein. Zu spät für wirkliche Gerechtigkeit für die Toten und zu spät für politische Folgen aus dieser von der Polizei verursachten Katastrophe. 1991 nutzte eine scharfmacherische Politik das Ereignis für ein vollständiges Verbot von Stehplätzen und schuf damit die Grundlage für eine Wandlung des Fußballs, die ihre ganze Tragweite erst in den Jahren danach zeigte. Die Vereine verstanden das Verbot von Stehplätzen als Möglichkeit der Profitmaximierung, schließlich rückten auf die billigen Steher nun Sitzplätze in die Stadien, für die man mehr Geld pro Ticket verlangen konnte. Es entstand eine Entwicklung, die vergleichbar mit dem Phänomen der Gentrifizierung ist. Billige Tickets gab es nicht mehr und so konnten sich viele Menschen aus wirtschaftlich schwächeren Schichten den Fußball schlicht und ergreifend nicht mehr leisten. An ihre Stelle rückten Event-Fans, die nicht des Fußballs wegen kommen, sondern des Events halber. Was früher einmal die berühmte Stimmung der englischen Stadien war, ist heute ein eisernes Schweigen. Arsenal Londons Stadion mag als *The Library* bekannt sein, aber die Bezeichnung trifft eigentlich auf die ganze Liga zu. Mittlerweile fliegen Fans von der Insel auf das europäische Festland, um Fußball zu sehen. Vermeintliche Traditionsvereine erleben dort einen Boom, auch in Deutschland, und das vor allem, weil Fußballfans in Großbritannien aus ihren Stadien verdrängt wurden. Sie können es sich nicht leisten, die Dauerkarten sind zu teuer geworden. Die hochgehaltene Durchmischung einer Gesellschaft im Fußballstadion findet nicht mehr statt. Statt einer Auseinandersetzung mit Menschen aus allen Schichten, ist der Fußball auf der Insel zu einer Spaßveranstaltung der Reichen geworden. Unterhalb der oberen Mittelschicht verlaufen sich nur wenige Menschen noch ins Stadion, der eigene Verein wird in den Pubs und Kneipen drumherum verfolgt.

Diese Ungerechtigkeiten allein formen noch kein ausreichendes Bewusstsein gegen den vorherrschenden Fußball. Wollen Fußballfans eine Mehrheit im Stadion erreichen, braucht es konkrete Ereignisse, um die dahinterliegenden Strukturen und Sachzwänge zu erklären. Die Proteste gegen die Super League haben gezeigt, dass Wut allein nicht reicht. Nachdem die Vereine nach und nach erklärten, dass sie doch nicht teilnehmen werden, verebbte der Protest und der Fußball lief weiter, als sei nichts geschehen. Wenige Stunden, maximal ein paar Tage reichen nicht aus, um das Fußballbusiness ins

Wanken zu bringen. Stattdessen ziehen sich befriedete Fans zurück, die nur gegen den einen Auswuchs kämpften und diesen vermeintlich erfolgreich zurückdrängten. Dieses Beispiel zeigt Zustände auf, aus denen eine Bewegung Kapital schlagen könnte, denn Unzufriedene gibt es zuhauf. Man kann es in gewisser Weise ärgerlich finden, dass DFB und DFL zumindest dieses Dilemma aus ihrer Warte gut gelöst haben, aber an unzähligen Punkten zeigt sich eine ähnliche Unzufriedenheit. Kurz vor dem DFB-Bundestag am 11. März 2022 wurde eine Studie der Uni Würzburg und der Hochschule Ansbach veröffentlicht, die diesem unzufriedenen Gefühl eine Zahl verleiht: Mehr als 50 Prozent meinen, dass der DFB nicht hilfreich für die Organisation des Fußballs sei.

Was es braucht, ist eine Verankerung dieses schlechten Gefühls. Man muss erklären, wie konkrete Entwicklungen in das Bild eines kapitalistischen Fußballs passen. Dann sollte es nicht verwundern, dass die für 2024 geplante Reform der Champions League nur dem Format nach anders funktioniert als eine paneuropäische Liga der Großen. Dahinter liegt die Funktionsweise des Fußballs, wie wir ihn kennen. Ein Fußball, der für seine Selbsterhaltung immer höhere Profite braucht und der nach immer mehr Geld giert. Das Primat der Wirtschaftlichkeit zwingt ihn dazu und zeigt sich in der wenige Tage später beschlossenen Reform. Konkrete Ereignisse können für ein Bewusstsein der Massen sorgen, aber es bedarf einer grundsätzlicheren Analyse und Kritik, um all das einordnen zu können. Die Menschen merken in Momenten grober Ungerechtigkeit, dass etwas nicht stimmt, denn sie sind ja betroffen. Eine Erhöhung der Dauerkartenpreise kann ausreichen, die Gründung einer Super League reicht allemal. Die Unzufriedenheit der Fans mit ihrem Sport ist groß, doch er artikuliert sich nur in den Momenten, in denen die Verbände oder einzelne Vereine zu weit gehen. In diesen Momenten braucht es eine handliche Erklärung, warum all das passiert. Nur dann lässt sich der temporäre Zorn in konsequenten Widerstand umwandeln.

Der zweite Schritt ist mindestens genauso wichtig, denn aus Bewusstsein muss sich eine gemeinsame Identität als Fußballfans herausbilden. So gut wie jeder Fan hat an einem bestimmten Punkt Repression und Einschränkung erlebt. Sei es die Kontrolle vor dem Stadion oder die Festsetzung durch die Polizei, etwa auf einem Bahnhofsgleis: Einschränkende und freiheitsberaubende Maßnahmen sind verbreitet. Die Widersprüche der Einschränkungen werden auch oftmals sichtbar, beispielsweise bei der vergangenen Europameisterschaft, als die UEFA im Rekordtempo Pryotechnik vor den Spielen entzündete. Wofür Ultras und deren Vereine hohe Geldstrafen bekommen, ist in einem offiziellen Rahmen offensichtlich problemlos möglich. Wofür einzelne Fans, manchmal völlig unbeteiligt, langjährige Stadionverbote erhalten, ist für die UEFA ein weiterer Anreiz zum Geldverdienen. Viele Ultras haben darüber hinaus Eindrücke und Erfahrungen sammeln müssen, die schlicht ungerecht sind. Man hört es noch zu selten, aber Fußballfans werden wie Verbrecher behandelt. Vor dem Hauptstadtderby zwischen Union und Hertha im November 2019 bekamen einige von ihnen Besuch von der Polizei. Gefährderansprachen heißt das im Polizeisprech und meint nichts anderes als Kriminalisierung. »Wir wissen, dass ihr was vorhabt und wir warnen euch hiermit!« Was für konservative Innenpolitiker absolut logisch klingt, ist im Grunde verwerflich. Fußballfans wird ihr Enthusiasmus und ihre Leidenschaft zum Verhängnis, denn sie könnten für die herrschenden Verhältnisse zur Bedrohung werden. Repression und Kriminalisierung geschehen nie ohne Grund und auch wenn viele Ultras kein klares Bild davon haben, sind sie gefährlich für den kapitalistischen Fußball. Ihre Leidenschaft steckt ganze Stadien an. Wer weiß, was ihre gesammelte Wut mit dem Fußball und darüber hinaus anstellen könnte?

All diese gemeinsamen und geteilten Erfahrungen von Einschränkungen und Repression können einen Rahmen setzen, der eine gemeinsame Identität ermöglicht. Oder wie es David Pape und Karl Müller-Bahlke in einem Gastbeitrag in der Zeitung *junge Welt* formulierten: »Identität wird im Kampf gegen die Unterdrückung kollektiv selbst geschaffen. (…) Sozialistische Praxis kennt das Moment der Betroffenheit und der Unterwerfung unter die Umstände, aber auch das Potenzial der Wehrhaftigkeit und der politischen Handlungsmacht der Unterdrückten.«[2]

All die Formen von Bekämpfung der Fußballfans, sei es direkt durch die Polizei oder indirekt durch weitgehende Einschränkungen im Stadion bis hin zu teuren Tickets, unterstützen letztlich Formen der Identitätsbildung. Fans können durch ihre kollektiv gemachten Erfahrungen über Vereinsgrenzen hinweg eine gemeinsame Identität herausbilden und die theoretische Überlegung zu ihrer Doppelrolle in die Praxis übersetzen. Die Mitwirkung am Produkt Fußball durch Stimmung und ansteckende Leidenschaft ist die eine Seite der Medaille, die andere Seite ist der Konsumzwang, der das Produkt am Leben hält. Fußballfans sind in dieser Doppelrolle gefangen, denn sie lassen nicht einfach ihren Verein und ihr Team im Stich. Ihre Emotionen sind natürlicher Teil des Spiels. Der kapitalistische Fußball nutzt diesen Teil, um daraus wirtschaftlichen Profit zu schlagen und deshalb finden sich Fans in der kapitalistischen Realität eines Ausbeutungsverhältnisses wieder. Die ökonomische Ausbeutung, ihre Funktion als Absatzmarkt, zeigt die Realität der Fußballfans auf, sie sind ein unwidersprochen elementarer Teil des Sports, aber eben nicht beteiligt. Sie sind die eierlegende Wollmilchsau des Fußballs, ohne sie kann sich das Produkt Fußball nicht halten. Fans geben ihm im Kapitalismus erst seinen Wert, indem das Produkt Fußball sie zu einem Absatzmarkt degradiert. All die Auseinandersetzungen um rückerkämpfte Freiheiten in den Kurven werden unter der Prämisse geführt, dass Fans im Stadion nur ein wirtschaftlicher Faktor seien. Ihnen gehört der Fußball nicht mehr und sie sollten im besten Fall nur Stimmung machen. Ein kritisches Bewusstsein ist dieser ökonomischen Rolle als Lieferant hinderlich, der nie etwas nimmt und nur gibt. Doch Fußballfans können aus diesen gemeinsamen Erfahrungen gemeinsame Lehren ziehen und entwickeln daraus eine kollektive Identität als Unterdrückte des Produkts Fußball. Die Stimmen zu Beginn der Geisterspiele mögen etwas Wahres gehabt haben, als leere Stadien gewissermaßen den sinnentleerten Fußball symbolisierten, doch es zeigte sich schnell, was der Fußball wirklich vermisst: Das Beste der Fans:

ihr Geld. Ihre Rolle ist darauf reduziert, Geld auszugeben, TV-Abos abzuschließen, Merch zu kaufen und damit die Milliardeneinnahmen des Fußballs zu generieren. Alles darüber hinaus ist leeres Gerede.

Will man die Misere des kapitalistischen Fußballs offenlegen, bedarf es jedoch nicht nur konkreter Ereignisse und der Herausbildung einer kollektiven Identität, Fans müssen als gemeinsamer Akteur die Auseinandersetzung auch aktiv führen. Sie haben die Macht, den Fußball in seinen Grundfesten zu erschüttern. Das beweisen die sich nur noch verstärkenden Werkzeuge der Repression und Kriminalisierung. Der Richtungsstreit Grindel vs. Koch belegt die Angst der Verbände vor den Fans. Sie sind ein Faktor der Bedrohung geworden, zumindest hypothetisch. Dass die Institutionen des Fußballs gut daran tun, sich mit ihren möglichen Herausforderern zu beschäftigen, sollte den Fans Mut geben. Offensichtlich sehen die Institutionen in ihnen eine tatsächliche Gefahr für ihren Fußball, sie sind die schweigende Mehrheit, die ihn in seinen Grundfesten erschüttern und überwinden kann. Deswegen fordern Innenminister personalisierte Tickets, eine großflächigere Videoüberwachung und deswegen forderte Rainer Koch intern eine Unterwanderung der Ultras durch verdeckte Ermittler. Die Gefahren für die Verbände sind aber erst real, wenn die Fans ein kritisches Bewusstsein über ihre Lage entwickeln und sich zusammenschließen. Damit das nicht passiert, wird schon präventiv gegen sie gearbeitet.

Für die Fans bedeutet das: Gewinnen sie kurvenübergreifend Mehrheiten, vereinen sie ihre Stadien, können sie als gemeinschaftlicher Akteur in die Auseinandersetzung um den Fußball gehen. Eine oppositionelle Bewegung der Fans kann den kapitalistischen Fußball überwinden, in ihr findet sich die Mehrheit wieder. Kommt nicht nur ein Stein ins Rollen, sondern fangen mehrere an, sich gen Tal zu bewegen, können sie irgendwann nicht mehr aufgehalten werden. Und so verhält es sich auch mit den Protesten im Fußball. Fängt man an, bei konkreten Ereignissen mit Demonstrationen auf diese aufmerksam zu machen, und bildet sich daraufhin ein Bewusstsein über die Strukturen des kapitalistischen Fußballs, wird dieser nicht mehr als natürlich wahrgenommen. Ihn schützt eben diese Ideologie der Natürlichkeit. Würden wir den Fußball tagein, tagaus als eine Form von vielen möglichen wahrnehmen, wäre die Überwindung ein ständiges Thema. Nehmen wir etwas als künstlich wahr, machen wir uns Gedanken über Alternativen. Nur in dem Moment, wo wir etwas als natürlich ansehen, bleibt es bestehen. Gucken wir uns die Form Staat an. Wohl nur die Allerwenigsten würden in den ersten Gedanken darauf kommen, dass es andere Möglichkeiten des gesellschaftlichen Zusammenlebens gibt. Historisch gesehen ist die Form des Staates allerdings sehr jung und keineswegs natürlich. Es ist keine historische Konsequenz gewesen, dass wir uns in den heutigen Nationalstaaten organisieren und Gesellschaften danach eingeteilt werden. Es ist das Produkt einer Geschichte, die von Herrschaftsverhältnissen geprägt ist. Der Gewinner schreibt die Geschichte, heißt es häufig. Das stimmt nur zur Hälfte, denn der Gewinner bestimmt auch den weiteren Verlauf der Geschichte. Die gesellschaftliche Organisation in einem Staat ist nicht natürlich entstanden, sondern entspringt dem Ergebnis der Revolutionen, die wir erlebten. Die Revolution des Bürgertums verschaffte den Gesellschaften den bürgerlichen Verfassungsstaat, die uns bekannte Form des Staates.

Klaus Roth, der mich in seinem Seminar zu Demokratietheorien dazu brachte, Agnoli zu lesen, hat darüber sein berühmtestes Buch geschrieben: die *Genealogie des Staates*. Auch ich hielt diesen Gedanken vor meinem Studium für abwegig. Als Ideengeschichtler forscht man in der Historie der politischen Ideen und kann dabei auch verschüttete Ideen finden, die einer Gesellschaft verloren gingen. So etwa anarchistische Theorien, die trotz ihrer weitreichenden Analyse und Kritik, aber auch großen Tradition, seit langem als sonderlich und utopisch in die Ecke gestellt werden. Die Geschichte wird von Siegern gemacht und das gilt auch für politische Ideen. Es sind nicht die besten oder überzeugendsten politischen Ideen, die relevant bleiben. Es sind schlicht die Ideen, die dem Sieger helfen und seine Herrschaft legitimieren. Überlegen wir uns, was das für den Fußball heißt.

Erkennen Fußballfans, dass der Fußball in seinen jetzigen Verhältnissen nicht natürlich oder gottgegeben ist, weicht die religiös anmutende Verzauberung. Die den Fußball umgebenden Sachzwänge sind nicht alternativlos, sie können abgelöst werden. Und dafür gibt es ja genug Gründe. Der kapitalistische Fußball benachteiligt einen Großteil der Akteure und lässt eine kleine Minderheit davon profitieren, dass er immer mehr Umsatz macht. Das auferlegte Ideal demokratischer Verfasstheit ist nicht einzuhalten, stattdessen nutzt man scheinbar demokratische Elemente, um die Herrschaft einer Minderheit zu legitimieren. Ist man sich dessen bewusst, ist die Überwindung des kapitalistischen Fußballs keine abwegige Idee. Sie wird zu einer Aufforderung an all jene, die für wirkliche Freiheit und Gleichheit eintreten und dies auch im Fußball verwirklichen wollen. Um dafür Mehrheiten zu überzeugen und zu organisieren, bedarf es der drei genannten Schritte:

1. Konkrete Ereignisse suchen, um die entstandene Wut in eine Kritik des Fußballs zu gießen.
2. Fans als Betroffene einen, indem man gemeinsame Erfahrungen von Repressionen etc. für die Herausbildung einer gemeinsamen Identität nutzt.
3. Als gemeinsamer Akteur die Auseinandersetzung führen und gegenherrschaftlich auftreten.

Nur wie könnte eine Praxis gemäß dieser Prinzipien aussehen? In Ansätzen haben die letzten Jahre bereits aufgezeigt, welche Protestformen funktionieren und den Druck auf die Verbände erhöhen. Die Aktion *12:12 – Ohne Stimme keine Stimmung* zeigte eine effektive Möglichkeit des sichtbaren, ja in Form dröhnenden Schweigens sogar hörbaren, Protests auf. Fußballfans sind Teil der ökonomischen Gleichung, ohne die das Produkt Fußball nicht aufgeht. Entziehen die Fans dem Spiel ihre Stimme, verliert das Spiel an sich seinen Wert und das Spektakel findet nicht statt. Zwar hat die Pandemie mit ihren Geisterspielen aufgezeigt, dass der Fußball in einer Ausnahmesituation auch ohne Fans funktionieren kann, doch das waren gänzlich leere Stadien. Volle Stadien ohne Stimmung lassen ein

Vakuum entstehen und schaffen damit Raum für inhaltliche Forderungen nach Veränderung. Was seinerzeit die Ablehnung gegen das Sicherheitskonzept war, kann in einem erneuten Fall auf andere Ereignisse angewendet werden. Solche Proteste müssen der Ausgang sein und gleichzeitig darüber aufklären, wie der kapitalistische Fußball grundlegend funktioniert. Es muss eine Erklärung geben, dass und dafür dass Menschen sich so massiv gegen eine Entwicklung stemmen. Sie dürfen nicht alleine gelassen werden, weder bei ihrem Protest noch im Streben nach Alternativen. Die Frage des *Cui bono?* – des *Wem nützt es?* – ist ein guter Ansatzpunkt jeder kritischen Theorie, um Raum für tiefergehende Analyse und Kritik zu schaffen. Die Entfaltung des politischen Drucks vonseiten der Fans ist der erste Schritt der Selbstermächtigung. Davon ausgehend entwickelt sich das Bewusstsein über die kollektive Identität als Fans und das Bewusstsein über die eigene ökonomische Rolle im Fußball. Es ist ein schrittweiser Prozess, der immer wieder neu gegangen werden muss, und es wäre illusionär zu hoffen, bereits den nächstbesten Skandal so ausschlachten zu können, dass man davon ausgehend gleich die Revolution lostreten kann. Es braucht Zeit, um Bewusstsein zu schaffen. Es braucht Geduld und, ja, auch Ironie, um die Zeit bis dahin besser zu überstehen. Aber ein besserer Fußball ist möglich. Deshalb muss man die Mehrheiten im Stadion für sich gewinnen.

Radikal im Seitenaus

»Man muss diese versteinerten Verhältnisse dadurch zum Tanzen zwingen, daß man ihnen ihre eigene Melodie vorsingt!«
(Karl Marx)

Schon Johannes Agnoli wies darauf hin, dass eine soziale Bewegung schnell in die Fänge derjenigen fallen kann, die sie eigentlich bekämpfen möchte. Die Einhegung oder Domestizierung oppositioneller Bewegungen sind zu einer Technik des sozialen Friedens geworden und sind in dem politischen System der liberalen Demokratie institutionalisiert. Die Prinzipien des Parlamentarismus sorgen für eine Einbindung solcher Kräfte, wodurch sie ihren radikalen Charakter verlieren und die grundsätzlichen Spielregeln des Kapitalismus akzeptieren. Ihr ursprünglicher Ansatz weicht einer Form des Reformismus. Man spielt nicht mehr gegen, sondern mit den Spielregeln und versucht, die politische Herrschaft zu erobern. Chantal Mouffe zeigt unfreiwillig auf, wie eine solche Praxis funktionieren kann, indem sie die Idee eines linken Populismus aufwirft. Mouffe ist keineswegs von einer institutionsfernen Bewegung begeistert, sie spricht von einer Radikalisierung der Institutionen. Das ist ein Fehler. Wir haben erlebt, wie soziale Bewegungen ihre Radikalität abwarfen wie einen zu schwer gewordenen Rucksack und stattdessen in die Parlamente einzogen. Die Grünen haben den »Marsch durch die Institutionen« als Revoluzzer angetreten und sind als bürgerlicher Haufen geendet. Sie zeigen den von Agnoli prognostizierten Wandel exemplarisch auf. Schon früh trennten sich die linksradikalen Kräfte von der Partei, die inzwischen eine grüne Variante der FDP oder CDU geworden ist, ohne jede nennenswerte Kapitalismuskritik. Sie sind in der Form als Partei aufgerieben worden und haben erlebt, was die interne Oligarchisierung einerseits und die Einhegung in das Spiel der parlamentarischen Mehrheiten andererseits mit gegenherrschaftlichen Inhalten macht. Und das obwohl sie sich anfangs als Anti-Partei begriffen und basisdemokratische Haltelinien zogen.

Der Vergleich zum Fußball ist dabei naheliegender, als man zunächst denken mag, denn auch dort versuchen sich die Institutionen an einer Einhegung der potenziell radikalen Kräfte. Wo vor Jahren noch Ausschluss um des Ausschluss willen praktiziert wurde, finden sich heutzutage mehr und mehr Menschen in machtvollen Positionen, die den Dialog mit Fans hochhalten. Seien es ein Unioner Positionspapier oder die Taskforce Zukunft Profifußball: DFB und DFL scheinen einen Kurswechsel vorzunehmen, um ihre Macht zu sichern. Eine Bewegung von Fußballfans, die wahrlich und grundlegend um ihren Sport kämpft, muss eine Fundamentalopposition zu den herrschenden Verhältnissen sein. Eine institutionelle Teilhabe, und sei es nur als Teil einer Arbeitsgruppe, ist ein Schritt in die falsche Richtung, denn er ermöglicht es den Verbänden, die Fans einzuhegen. Wenn wichtige Vertreter aktiver Fans und Ultras immer mehr in die Verbände eingebunden werden und sich dadurch Abhängigkeitsverhältnisse herausbilden, entsteht die Gefahr der Vereinnahmung. Ist man einmal Teil des Verhandlungstisches, kommt man nicht mehr davon los. Es wäre eine zahnlose Bewegung, die Repräsentanten zu DFL und DFB schickt, um eine bessere Politik für sie zu gestalten. Eine Bewegung, die von oben und nicht unten organisiert wäre, und eine Bewegung, die sich von den herrschenden Verhältnissen einnehmen ließe. Natürlich würden sich kleine Erfolge verbuchen lassen: Pyrotechnik könnte in bestimmten Situationen erlaubt, Stadionordnungen für Auswärtsfans zusammengefasst und vereinfacht werden. Aber es wären nur oberflächliche Erfolge, denn man würde dafür das Ideal eines Fußballs aufgeben, der von allen organisiert wird. Kleine Erfolge sind nichtsdestotrotz ein wichtiger Mutmacher für Kommendes, aber im aktuellen Fußball kann es einen Fußball der Fans nicht geben. Das klingt verdammt negativ, aber erst aus der gemeinsamen Erkenntnis, dass es auf dem beschrittenen Weg des profitorientierten Fußballs nicht weitergehen kann, lässt sich etwas anderes gewinnen.

Gemeinsam Nein sagen. Das ist die zweite Grundessenz, die sich von positiven Beispielen ableiten lässt. Mehrheiten mittels eines aufgeklärten Populismus gewinnen und gleichzeitig wissen, dass man gegen die Verhältnisse im kapitalistischen Fußball kämpft. Die Verbindung von Offenlegung und radikaler Analyse ist der Schlüssel für den Erfolg einer Bewegung der Fußballfans. Die Initiative *Deutsche Wohnen und Co. enteignen* ist mit einem solchen Programm angetreten und hat damit beeindruckend viele Menschen hinzugewonnen. Der Ausgang des Volksentscheids nimmt dabei eine weniger wichtige Rolle ein, vielmehr ist es wichtig zu sehen, wie Menschen ein Bewusstsein für die Probleme und deren Ursachen gewonnen haben und sich organisierten. Dutzende Mieterbewegungen und gemeinsame Gruppen haben sich aus der Bewegung herausgebildet und schufen eine Organisation von unten, eine Selbstorganisation. Und das ist ein weiterer, wichtiger Punkt: Geht es den Fußballfans um eine Erlangung ihres Sports, dann dürfen sie nicht einfach selbstverwaltet sein, denn das hieße, die Sachzwänge des kapitalistischen Fußballs anzuerkennen und nach ihren Logiken funktionieren zu wollen. Es geht nicht um eine inhaltlich kritische, aber ansonsten reibungsfrei funktionierende Bewegung von Fans, es geht um die Rückerlangung des Fußballs. Es geht um die Überwindung des kapitalistischen Fußballs, die Vertreibung der Kommerzialisierung und die Rückführung des Sports in die Gesellschaft, denn er gehört uns allen. Nichts weniger als eine Revolution ist erforderlich scheinbar zurückhaltender, aber doch treffender gesagt: eine Demokratisierung des Sports.

Den Weg dahin säumen zahlreiche Tücken und Fallen. Die Fußballverbände werden nicht kampflos in der Ecke herumstehen, das haben sie bereits gegenüber Vereinen bewiesen, die eine andere Form des kapitalistischen Fußballs haben wollten. Die Super League ist ein Beispiel für die Machtverhältnisse im Fußball und sie zeigt auf, dass die Verbände ihre Rolle als Gesamtkapitalisten einnehmen. Ohne sie kein Sport, in ihnen organisiert sich die Herrschaft. Der Vergleich mit den politischen Institutionen zeigt die Parallelen auf und es muss den Fußballfans bewusst sein, dass der Kampf um den Fußball nicht in einem Kompromiss enden kann. All die beschriebenen Probleme des kapitalistischen Fußballs sind nicht mit den Verbänden zu beheben, sie sind die Agenten der Kommerzialisierung. Eine Bewegung von Fußballfans darf sich nicht zu früh mit zu wenig abgeben. Einhegungs- und Befriedungsversuche wird es von den Verbänden wie von einzelnen Vereinen geben, die sich bedroht sehen. Dem gilt es, sich zu widersetzen und die Organisation selbst übernehmen: Nicht mit Vertretern in den Verbänden, sondern mit allen Fans in den Kurven der Stadien. Die Hinwendung zu den Fußballverbänden ist bestenfalls ein rein anklagender, denn sie sind es, die den kapitalistischen Fußball organisieren und dafür verantwortlich sind.

Eine soziale Bewegung des Fußballs klagt an und legt Missstände offen, schafft Bewusstsein für die Ungerechtigkeit und fordert: »Alle Macht den Kurven!« Die Übernahme des linken Populismus macht den Grundkonflikt im kapitalistischen Fußball sichtbar und zeigt die Herrschaftsverhältnisse auf. Fußballfans müssen sich also abseits des Spielfeldes aufhalten, außerhalb des Bereichs, der ihnen durch die Verbände zugewiesen ist. Nur die Radikalität im Seitenaus hält die Hoffnung auf einen anderen Fußball aufrecht. Keine Einbindung in die Verbände und das gemeinsam von unten organisierte Nein! Das von Marx vorgeschlagene Vorsingen ihrer eigenen Melodie ist die Anklage an die Institutionen des kapitalistischen Fußballs. Das Bewusstsein der Fans über ihre Lage und die Situation des Fußballs ist entscheidend. Daraus kann in einer sich radikal verstehenden und agierenden Organisation etwas entstehen, dass die Verhältnisse im Fußballs ins Wanken bringen. Aus Subversion kann Emanzipation werden. Aus dem Nachdenken, Reflexion und Kritik der bestehenden Verhältnisse entsteht die Tat der Umwälzung.

Die Türöffner-Funktion

> *»Es geht nicht darum, den Sport mit einer politischen und moralischen Aufgabe zu belasten, die den Spaß am Sporterlebnis gefährdet. Es geht einzig darum, den Sport nicht vom Kampf um eine bessere Gesellschaft zu trennen. Tatsächlich macht dann alles doppelt so viel Spaß.«*
>
> (Gabriel Kuhn, Schriftsteller und Anarchist)

Was bringen das Überzeugen von Mehrheiten und radikale Forderungen, wenn die Gruppen nicht inklusiv sind? Ich habe schon mehrfach davon gesprochen, dass insbesondere Ultras der Schlüssel zu einem anderen Fußball sind. Eine Bewegung von unten muss irgendwo entstehen, es reicht nicht, auf den einen Moment zu warten, in dem alle Fans getrieben durch die Fehlleistungen der Verbände auf die Barrikaden gehen. Solch ein Ereignis wird es nicht geben, auch wenn ich auf die Spontanität der Massen hoffe. Viele

Menschen erleben die beschriebenen Ungerechtigkeiten tagtäglich. Und wer dem Fußball Zeit widmet, kann schnell merken, wie ungerecht er funktioniert. Dieses diffuse Bewusstsein ist vorhanden. Was es braucht? Leidenschaftliche Gruppen von Fans, die einerseits von allen Fans gekannt und geachtet werden und die andererseits den Kampf um den Fußball bereits führen und damit eine Türöffner-Funktion für unorganisierte Fans einnehmen. Ultras sind der Schlüssel zu einem anderen Fußball, ohne sie kann es nicht funktionieren. Sie können die Stadien für sich gewinnen und eine Avantgarde sein, die sich im Kern nicht als solche versteht. Damit ist gemeint, dass sie Anlaufpunkt sind: Sie tragen den aufgeklärten Populismus in die Kurven und leisten die Arbeit an der Basis. Zuhören, Diskutieren, Überzeugen.

Einiges muss sich dafür ändern und wenn man einen Fußball für alle Menschen schaffen möchte, muss man auch auf die eigenen Strukturen achten. Wie bereits im ersten Kapitel festgestellt, hapert es bei Ultragruppierungen an zwei Sachen: ihre unbewussten Abgrenzungsstrategien und die inhaltliche und analytische Unschärfe bei der Bekämpfung der Kommerzialisierung. Die Abgrenzungsstrategien sind bei vielen Ultras nicht bewusst mitgedacht und festigen dennoch das Bild einer männlich dominierten Kultur, die über eine gewisse Exklusivität verfügt. Diese sollten Ultras verwerfen, sie müssen sich über die Probleme in ihren Gruppen bewusst werden. Das Ideal von Männlichkeit und der offene Sexismus, nicht nur durch Ausgrenzung aller nicht-männlichen Fans, ist ein großes Problem und zeigt eine restaurative und konservative Dimension von Ultras auf. Mir ist bewusst, dass meine in sie gesetzte Hoffnung nicht überall, weder außer- noch innerhalb der Ultras, auf Verständnis stößt, aber es braucht allgemein ein merkliches Umdenken. Zu häufig hört man noch die alten Erklärungsansätze, wonach Frauen deshalb nicht aufgenommen werden können, weil man dann gegenüber den Ultras anderer Vereine schwach wirke. Solche Sprüche und das dahinter verankerte Denken zeigen die Probleme auf, wenn man Fans als gemeinsamen Akteur begreifen möchte. Die dem Kapitalismus innewohnenden Spaltungsmechanismen machen eben vor kaum einem Menschen Halt; und Sexismus, Rassismus, Antisemitismus und andere Diskriminierungsformen sind verbreitet.

Dagegen kommt man nicht an, indem man alle verurteilt, aber indem man darüber redet und aufklärt. Heutzutage fällt schnell das Stichwort *Cancel culture*, ein Kampfbegriff der Neuen Rechten, der problemlos in den Wortschatz der gesellschaftlichen Mehrheit übergegangen ist und unreflektiert auch vom *Spiegel* oder der *Süddeutschen Zeitung* benutzt wird. Die Offenlegung von Diskriminierungsformen soll nicht heißen, dass man Menschen den Mund verbieten möchte. Es geht ja auch nicht um eine Verbotskultur, sondern um Aufklärung, um ein Bewusstsein. Du sollst dir dessen bewusst sein, was du da redest! Deshalb ist es notwendig, das Problem der überhöhten Männlichkeit und des übergreifenden Sexismus innerhalb der Fans anzusprechen und denen Gehör schenken, die davon betroffen sind. Eine gemeinsame Perspektive als Fans braucht ein Verständnis füreinander. Ultras könnten an dieser Stelle als gutes Beispiel vorangehen.

Ein weiteres Problem innerhalb vieler Ultragruppierungen ist die hierarchisierte Ordnung. Möchte man als Ultra anfangen, kämpft man sich üblicherweise nicht nur durch die Jugendorganisation durch und trägt die Fahnen, sondern muss sich auch den Wünschen der älteren Mitglieder beugen. Auch wenn einige Gruppierungen die basisdemokratische Organisation hochhalten, geht es vielerorts nicht allzu gleichberechtigt zu. Gruppeninterne Diskussionen können von älteren vereinnahmt werden und auch nicht-institutionalisierte Hierarchien sind gefährlich, denn es muss nicht unbedingt so ablaufen, dass nur die Erfahrenen bestimmen können, sondern formal alle darüber entscheiden. Haben einige Mitglieder aber einen deutlich größeren Einfluss, zeigt sich dieser auch in dem Prozess der Entscheidungsfindung. Hierarchien sind gefährlich und daraus können zwei Probleme entstehen. Das erste Problem ist mehrfach angesprochen worden und beschäftigt sich mit der internen Oligarchisierung von Führungsgruppen, die andere Interessen herausbilden.

Entwickeln Ultras eine interne Führungsstruktur, löst sich diese von der Basis ab und entwickelt eigene Absichten, die ihnen nützlich erscheinen. Was Michels als Ehernes Gesetz bezeichnet, ist eine ernstzunehmende Gefahr, die nur durch konsequente Basisdemokratie abgewendet werden kann. Das organisierte Nein kann sich nur von unten herausbilden. Haben Ultragruppierungen jedoch eigene Führungszirkel, kehrt sich das organisierte Nein um 180 Grad. Dann bildet sich ein Nein von oben und das stößt an seine Grenzen. Für die Verbände wäre es ein Wunschszenario: Man muss nicht mehr alle überzeugen, sondern nur eine kleine Gruppe an Menschen. Die lassen sich schneller einhegen.

Ein zweites Problem besteht in der Wirkung solcher Hierarchien. Nicht viele mögen die Strukturen und die militärisch angehauchten Parolen der Ultras in den Stadien. Bei Union Berlin gab es vor einigen Jahren eine handfeste Debatte über die Verstärkung der Einheizer-Mikrofone. Auf einmal hörte nicht nur die Mitte der Waldseite (da stehen die Ultras) die Ansagen, sondern auch große Teile der Gegengerade. Tausende Menschen sahen sich dem Brüllen zweier Einheizer ausgesetzt, die alle lautstark aufforderten, die Hände zu heben oder endlich wieder lauter zu singen. Der Stil ist in den Stadien nicht unumstritten und er wirkt für viele Fans irritierend oder auch abstoßend. Tragen Ultras ihr Verständnis auch außerhalb der Kurve zu anderen Fans, könnten sie auf eine bereits entstandene Kluft treffen. Ablehnung, weil Ultras sich gerne von den anderen, normalen Fans abgrenzen. Solche Abgrenzungsstrategien müssen den Ultras bewusst werden, wenn sie den Fußball verändern wollen. Der Populismus der Kurven kann nur funktionieren, wenn innerhalb der Fans, die unterschiedlicher kaum sein könnten, ein Gefühl der gemeinsamen Sache entsteht. Aktuelle Tendenzen der Exklusivität funktionieren nicht und scheitern an einem gewissen Punkt, weil unorganisierte Fans sich damit nicht identifizieren können. Erst die Überwindung dieser Spaltung verhilft dazu, mehrheitsfähig zu sein.

Dazu gehört auch ein neu gedachter, reflektierter Umgang mit den Freund-Feind-Schemata im Fußball. Fußball ist ein Spiel um

Sieg oder Niederlage, daraus entwickelt sich sein Reiz und dagegen ist nichts einzuwenden. Doch der kapitalistische Fußball macht daraus ein Spiel um Existenzen. Das Spiel um Sieg oder Niederlage kann für Vereine existenzbedrohend werden, denn aus Erfolg wird wirtschaftlicher Erfolg und nur die Sicherung der wirtschaftlichen Basis eines Vereins garantiert sein Überleben. Daraus entsteht eine Ideologie von Freund-Feind-Verhältnissen, die von den Fans übernommen und durch ihr Verhalten weitergegeben wird. Spaltung entsteht und der Fußball wird wichtiger als er sein müsste. Der kapitalistische Fußball übernimmt die Logik des Spiels und schafft seine eigene Version davon. Statt eines schönen Spiels erleben wir defensiv orientierten Fußball, der auf Fehler des Gegners setzt und das nur, weil es die erfolgversprechendste Variante ist, weil man die Existenz des eigenen Vereins sichern muss. Aus dieser Logik heraus gewinnen auch Rivalitäten zwischen Fanlagern eine neue Dimension, die Abneigung und Hass produzieren. Es entsteht eine tiefgehende Spaltung zwischen Fußballfans, die so tief geht, dass sie nur einem nutzt: dem kapitalistischen Fußball. Es ist das Einmaleins der Herrschaftssicherung. Spalte die Beherrschten, dann hauen sie sich gegenseitig die Köpfe ein und vergessen, wer für die Zustände verantwortlich ist. Rivalitäten sind eigentlich ein natürlicher Teil des Fußballs und deshalb sollten sie auch nicht verurteilt werden. Was es aber braucht, ist ein reflektierter Umgang damit. Man kann Fan-Rivalitäten ausleben, ohne die ideologischen Anpassungen im kapitalistischen Fußball zu vergessen. Eine Rivalität unter Gleichen. Da darf meiner Meinung nach auch körperliche Gewalt dazugehören, aber ein reflektierter Umgang wäre zu wünschen und eben dieser ist nicht absehbar. Stattdessen nimmt man vermehrt wahr, wie auch jüngere Ultras »ackertauglich« gemacht werden und die Anzahl an Kämpfen und anderen gewalttätigen Aufeinandertreffen zunehmen.

Und trotzdem nehmen Ultras die Funktion eines Türöffners ein und müssen nicht nur auf sich selber schauen, sondern auch Erkenntnisprozesse einleiten. Die Mobilisierungsmomente der letzten Jahre litten immer unter dem gleichen Problem, nämlich dass sich nie über eine gesamte Analyse des Fußballs Gedanken gemacht wurde. Der Kampf gegen Sicherheitskonzepte wurde nicht in einen Kontext mit den Protesten gegen Investorenfußball gerückt. Die Proteste gegen das Leipziger Vereinskonstrukt konnten nicht mit Protesten gegen Reformen der Champions League verbunden werden. Es gäbe so viele Verknüpfungspunkte und die im zweiten Kapitel aufgezeigte Analyse des Fußballs versucht, die Verhältnisse einzuordnen und in der Gesamtheit zu verstehen. Ohne tiefgreifende Erkenntnisprozesse kann der Kampf nicht gelingen, ohne Theorie entsteht keine funktionierende Praxis. Die einzelnen Probleme im Hier und Jetzt lassen sich in einen kritischen Kontext einbetten, der einen gemeinsamen Ausgangspunkt festlegt und der für alle verständlich macht, wie diese Dinge zusammenhängen. Das Verständnis eines kapitalistischen Fußballs kann die gemeinsame Prämisse sein, von der aus man Erklärungen anbietet, warum Dinge im Fußball so sind, wie sie sind. Es braucht nicht hier den Kampf gegen den Kommerz und dort die Auseinandersetzung um eine Reform. Der Weg führt nur über ein gemeinsames Verständnis von Fußball, von dem ausgehend man über Ideen und Analysen reden kann. Die gegenwärtige Bekämpfung einzelner Symptome ist nur Beweis der inhaltlichen Unschärfe vieler organisierter Fans. Was es braucht, ist eine gemeinsame Analyse. Ultras und aktive Fans müssen ein Verstehen einleiten, bei dem Fans aller Stadien zusammenkommen, um darüber zu diskutieren. Ergebnisoffen und unter Einbringung verschiedener Sichtweisen, so wie es eigentlich sein sollte. Anstelle der immer gleichen Abgrenzung und Differenzierung zu diesen und jenen Fans sollte die Teilhabe aller im Mittelpunkt stehen. Die Strukturen der Fanszenen in Deutschland ermöglichen eine basisdemokratische Auseinandersetzung mit allen Fans. Soll sich der Fußball ändern, müssen Ultras und aktive Fans diese Türöffner-Funktion einnehmen und sich dementsprechend mit ihren eigenen Strukturen und Abgrenzungsstrategien auseinandersetzen. Und sich öffnen.

Ein ebenfalls wichtiger Schritt, den auch viele Ultras schon gegangen sind, ist der gemeinsame Kampf mit anderen sozialen Bewegungen. Egal ob überflutete Gebiete oder der Kampf um ein anderes Gesundheitssystem, Ultragruppierungen solidarisieren sich mit Aktivisten anderer Bewegungen und zeigen eine gemeinsame Komponente. Diese Komponente muss ausgebaut werden, denn der Kampf um den Fußball ist ein Kampf gegen den Kapitalismus und reiht sich damit in die vielen unterschiedlichen Kämpfe sozialer Bewegungen ein. Oder wie es Gabriel Kuhn schreibt: »Es geht einzig darum, den Sport nicht vom Kampf um eine bessere Gesellschaft zu trennen.« Einige Voraussetzungen sind bereits geschaffen, einige müssen noch folgen. Aber Ultras und aktive Fans nehmen die entscheidende Rolle ein. Ohne sie kann keine Mehrheit organisiert werden und ohne sie wird die Rückgewinnung des Fußballs unrealistisch.

Ziele fokussieren

»Doch bricht die Kette einst entzwei, / Darf ich in vollen Zügen
Die Sonne atmen – Tyrannei! / Dann ruf ich's in das Volk: Sei frei!
Verlern es, dich zu fügen! / Sich fügen heißt Lügen!«[3]
(Erich Mühsam, Schriftsteller und Anarchist)

Ein anderer Fußball ist möglich. Diese Annahme steht am Ende der Analyse des Fußballs. Was auf den ersten Blick unrealistisch erscheint, kann gelingen. Es eine Utopie zu nennen, verfehlt den Kern der Botschaft, denn es ist eben keine träumerische Hoffnung in der Überwindung von Verhältnissen, die für viele Leid und Ungerechtigkeit bedeuten. Ein Fußball, der den Kern des Sports verrät, ihn aus seiner gesellschaftlichen Bedeutung losreißt, nur um damit dann Geld zu verdienen, darf nicht existieren. Er ist die Verkörperung einer Wirtschaftsordnung, die unser Leben bestimmt, unsere Hobbys wirtschaftskonform macht und uns Freiheit nimmt. Fragt man einen der Menschen, die Stadionverbot bekommen haben, wird man diese Sehnsucht nach Freiheit spüren. Die Sehnsucht nach einem anderen Fußball, der in die Hände aller Menschen kommt und demokratisch organisiert ist. Nicht nach dem Primat der Wirtschaftlichkeit und nicht den Sachzwängen unterlegen, die ihn so deformieren. Dass Menschen diese Hoffnung als utopisch abstempeln, sagt mehr über sie aus als über die Alternativen selbst. Der Anspruch der Überwindung ist groß und vermutlich wirkt das Ziel weit entfernt. Aber das muss es nicht sein, wenn man sich überlegt, wie man aus der großen Sehnsucht eine Praxis entwickelt, die uns dieser Sehnsucht Schritt für Schritt näherbringt.

Chantal Mouffes Ansatz eines linken Populismus greift in der Hoffnung zu kurz, einen radikaldemokratischen Einfluss auf die bestehenden Institutionen zu gewinnen. Sie einfach zu wandeln und ihnen ihre demokratische Funktion zu geben, wird nicht ausreichen, um eine freie und gleiche Gesellschaft zu erreichen. Aber sie schafft damit konkrete Ziele, auf die eine Bewegung – nach ihren Prinzipien und Überlegungen handelnd – hinarbeiten kann. Werfen wir ein letztes Mal einen Blick auf die Initiative *Deutsche Wohnen und Co. enteignen*: Es so lässt sich durchaus erkennen, weshalb sie so viele Menschen anzieht. Sie hat ein konkretes Ziel: Über einen Volksentscheid die großen Immobilienkonzerne enteignen. Die Überlegung dahinter ist nachvollziehbar, denn die Menschen müssen sich über einen längeren Zeitraum engagieren und motiviert bleiben. Ohne die Aussicht auf mittelfristigen Erfolg lässt sich das nicht realisieren. Das Problem im Fußball ist nur, dass es solche Möglichkeiten nicht gibt. Die Beteiligung von Fans ist nicht vorgesehen, es existiert keine Möglichkeit für eine Faninitiative auf realen Einfluss in DFB und DFL – und es ist nicht schlimm. Es braucht außerinstitutionelles Handeln sowie eine dauerhafte Organisierung und Vernetzung der Fans, die auf einem gemeinsamen Bewusstsein aufgebaut ist. Damit sie sich aber als Bewegung festigen kann, braucht es die Aussicht auf Erfolge oder eher Etappenziele. So ähnlich wie bei der *Tour de France*, wo Fahrer erzählen, dass sie sich vor Etappen die mentale Last nehmen, indem sie die Strecke aufteilen und sich Zwischenziele setzen, um durchzuhalten. Nicht viel anders muss eine Bewegung herangehen, die das Ziel eines gänzlich anderen Fußballs verfolgt. Der Weg bis dahin ist lange und es braucht viel Geduld, Motivation und Leidensfähigkeit, um dahin zu kommen. Umso besser, wenn man sich Etappenziele setzt, die für anhaltende Motivation sorgen und gleichzeitig zeigen, dass ein anderer Fußball möglich ist.

Solche Etappenziele können durchgesetzte Forderungen in gewissen Bereichen sein. Ultras und aktive Fans haben bereits bewiesen, dass sie in der Lage sind, große Teile der unorganisierten Fans für Proteste zu organisieren. Die Montagsspiele sind bereits wieder abgeschafft worden und das hängt direkt mit den Protestaktionen in den Stadien zusammen. Auch die Ablehnung des Sicherheitskonzepts im Jahr 2012 hat aufgezeigt, dass man von außen auf die Verbände einwirken kann. Wenn Fans aller Arten und aus allen Stadien dabei sind, man sich gegenseitig die Hand reicht und gegen Entscheidungen der Verbände gemeinsam kämpft, kann sich in vielen Fällen Erfolg einstellen. Nicht die Ergebnisse der letzten Proteste, aber deren Ablauf und Organisierungsgrad sollten uns Mut machen. Der Druck auf die Verbände kann bei konkreten Fragestellungen durch die Fans in den Stadien so erhöht werden, dass diese sich den Forderungen beugen müssen; und das ist auch in Zukunft weiterhin ein wichtiges Mittel der Artikulation. In Zeiten, in denen mehr und mehr Funktionäre für die Öffnung des Fußballs für Investoren werben, muss der Druck in den Stadien erhöht werden. Aus diesen Protesten kann die Kraft geschöpft werden, solange man den Fokus nicht verliert und sich schlichtem Reformismus hingibt.

Ein weiteres Etappenziel beschäftigt sich weniger mit kleinteiligen Forderungen und Protesten in den Kurven, sondern mit dem Aufbau alternativer Strukturen. Der Philosoph Theodor W. Adorno mag Recht haben, wenn er davon spricht, dass es nicht das Richtige im Falschen geben kann. Was er meint, ist die Nutzlosigkeit vom vermeintlich richtigen Leben in einem falschen System. Wir können das wunderbar bei so vielen Dingen sehen. Egal ob vegane Ernährung oder das Kaufen in Second-Hand-Shops: Es gibt keinen ethischen Konsum im Kapitalismus. Das mag für viele Grüne oder Aussteiger ein Schock sein, aber ihr Glaube, dass man als Einzelner etwas ändern könne, ist auf vielen Ebenen falsch. Wenn ich merke, dass die grundsätzlichen Mechanismen nicht funktionieren, kann ich nicht die Verantwortung auf das Individuum schieben und es dafür verantwortlich machen. Wer sich nicht vegan ernährt, ist für die Klimakatastrophe verantwortlich! Wer bei H&M einkaufen geht, ist für die Kinderausbeutung in Ländern des globalen Südens verantwortlich! Dieser Unsinn wird ungefiltert in die mediale Öffentlichkeit geblasen und findet viel Anklang. Natürlich, man muss sich dann keine Gedanken mehr darüber machen, woran es eigentlich liegt. Dass Unternehmen für Kinderausbeutung zuständig sind und dass die Klimakatastrophe nichts mit dem eigenen Ernährungsstil zu tun hat, ist eine radikale Erkenntnis. Da vergräbt man sich lieber in dem eigenen Anspruch, das Seine zu tun – und macht sich damit gleichzeitig etwas vor. Es ist und bleibt allerdings ein Fehler. Deshalb sollten auch Fußballfans nicht in den Glauben verfallen, es gäbe einen richtigen Fußball in den jetzigen Verhältnissen. Dem ist nicht so. Jeder Schritt in die richtige Richtung ist ein abgerungener Schritt, der den kapitalistischen Fußball an seiner Wurzel aber keinen Deut verändert. Was es stattdessen braucht, ist eine Prise Anarchismus. So wie Agnoli seine marxistische Analyse erst mit Theorien des Anarchismus zur Reife gebracht hat, braucht die konkrete Organisierung der Fans den Rückgriff auf anarchistische Überlegungen und anarchistische Praxis. Anarchisten bekämpfen das kapitalistische System und sie kritisieren es aus einer radikalen Perspektive heraus. Autoritäten werden hinterfragt, Herrschaftsstrukturen abgelehnt – oder simpel gesagt: Sie glauben daran, dass wir demokratisch leben können und dafür keine Regierungen brauchen.

Erich Mühsam war ein Anarchist. Ja, er war auch Schriftsteller und Lyriker, aber er sollte für seine anarchistischen Gedanken und Handlungen berühmt sein. Wer Mühsam heutzutage noch kennt, wird ihn vermutlich wegen seiner Gedichte kennen. Erich Mühsam lebte von 1878 bis 1934, bis die Nationalsozialisten ihn ermordeten. Er war ein außergewöhnlicher Mensch und jemand, an den sich zu erinnern lohnt, weil er an einem der denkwürdigsten Versuche des letzten

Jahrhunderts teilnahm: der Münchner Räterepublik. In den Wirren der Nachkriegszeit 1918/19 entstanden einige linke Bewegungen. Der Matrosenaufstand in Kiel und Wilhelmshaven deutete an, was passiert, wenn die Menschen merken, dass alles möglich scheint. Die Monarchie in Deutschland wurde gestürzt und sozialistische Hoffnungen machten sich breit, in Russland kam es zur sozialistischen Revolution. Die Handlungen in ganz Europa ließen die Hoffnung auf eine demokratische Ordnung zu. Mühsam war zu jener Zeit in München und galt als einer der wichtigsten politischen Aktivisten. Zusammen mit Gustav Landauer und vielen anderen beteiligte er sich an der *Bairischen Räterepublik*, die am 7. April 1919 ausgerufen, nur sechs Tage Bestand haben sollte. Es ist einer der wenigen Versuche einer Räterepublik, die sozialrevolutionäre Tendenzen versprach und gleichzeitig eine Alternative zum bürgerlichen Parlamentarismus oder der Parteifixiertheit eines leninistischen Kommunismus in Aussicht stellte. Dieser Gedanke ist es, den es aufzugreifen gilt: die Selbstorganisierung in Räten. Was für viele Menschen ein Relikt vergangener Zeiten ist, gewinnt wieder an Aktualität, weil das parlamentarische System der liberalen Demokratie an seine demokratischen Grenzen stößt und das Konzept eines (faktischen) Einparteienstaats heute dauerhaft diskreditiert scheint. Selbst Hannah Arendt, die keineswegs als besonders revolutionäre Theoretikerin gilt, sprach sich zu ihrer Zeit für die Demokratie der Räte aus.

Der Journalist Felix Klopotek veröffentlichte vor wenigen Jahren eine Einführung in die Ideen und die Geschichte des Rätekommunismus und schreibt davon, dass der

> »Rätekommunismus als Lehre von den Widerständen zu verstehen (ist), die sich den Arbeiterinnen und Arbeitern bei ihrer Selbstbefreiung in den Weg stellen und gegen die sie sich auflehnen müssen, um ihre Bedürfnisse, ihr soziales Miteinander durchsetzen zu können. Weil angesichts eines totalitären Kapitalismus alle Organisationsformen gerade auch der Arbeiterbewegung sich als kapital-konform erwiesen haben, bleibt nur die Selbstorganisation in Räten.«[4]

Es braucht den Aufbau alternativer, wirklich demokratischer Strukturen. Warum? Weil nach einem möglichen Ende des Kapitalismus nicht die Sintflut kommt und die Alternativen sich bereits parallel zur bestehenden Ordnung herausbilden. Anarchisten richten danach ihr politisches Handeln aus, sie bauen autonome, also erklärtermaßen vom Staat unabhängige Strukturen auf, die ihnen nicht nur möglichst viel Freiheit ermöglichen, sondern auch ein Pflänzchen des Kommenden sind. Aus ihnen soll eine neue Gesellschaftsform entstehen. Und deshalb bin ich der festen Überzeugung, dass es für eine Bewegung der Fußballfans unabdingbar ist, alternative Strukturen aufzubauen und sich gleichzeitig erste Etappenziele zu stecken. Eine Art rätedemokratische Organisierung der Fans, die auf die Vereine und irgendwann auf die gesamte Organisation des Fußballs übergeht. Die Vorteile einer rätedemokratischen Organisierung sprechen für sich: Sie sind die Verbindung des herrschaftskritischen und antiautoritären Charakters des Anarchismus mit der wissenschaftlichen Analyse des Marxismus. Alle anderen Organisationsformen, von denen Klopotek spricht, haben sich im Laufe der Jahre als erstaunlich kapital-konform erwiesen. Denken wir nur an den Wandel der Gewerkschaften, die sogar gegen einen zwischenzeitlich links blinkenden Juso-Chef wie Kevin Kühnert schießen und über die in der Öffentlichkeit vielerorts der Eindruck entstanden ist, dass ihre Forderungen kaum über Lohnerhöhungen hinausgehen. Solche Organisationsformen bezeichnet Klopotek als kapitalkonform und deshalb unbrauchbar. Fußballfans sollten sich daran orientieren, denn das Ideal einer freien und gleichen Gesellschaft kann nur aus einer demokratischen Selbstorganisierung entstehen. Und deshalb ist eine reine Selbstverwaltung, etwa durch die demokratische Machtübernahme eines ganzen Vereins möglich, eben allein nicht zielführend. Selbstverwaltung bedeutet nichts anderes als die weitere Existenz von kapitalistischen Sachzwängen, die in die Selbstverwaltung münden und deshalb nicht zu einer eigenen Organisierung führen können. Ein rein verwaltender Akt ist nicht ausreichend, es braucht eine eigene Organisierung von Grund auf.

Rätedemokratische Elemente sind da von Nöten, wo Entscheidungen getroffen werden müssen, und es ist die praktische Umsetzung des Anspruchs an eine demokratische Entscheidungsfindung. Wo vormalig von Basisdemokratie die Rede war, ließe sich auch einfach Rätedemokratie einsetzen. Mit Agnoli ist bereits herausgestellt worden, wie wenig Demokratie die liberale Demokratie eigentlich zulässt und das Gegenmodell dazu liefert die Theorie und Geschichte der Rätedemokratie. Wo Fans sich versammeln, halte ich rätedemokratische Prinzipien für unerlässlich, um den demokratischen Charakter zu festigen und alternative Strukturen aufzubauen, die sich auch auf ganze Vereine übertragen lassen. Vier Prinzipien, die über den Tag hinausweisen, oder besser, als Ausgangspunkte für die Selbstorganisierung von Fans da sind:

1. Die Organisierung muss in Fanräten stattfinden! Das Prinzip der Selbstorganisierung steht über der Selbstverwaltung, in der man sich den Sachzwängen unterordnet und keine Alternative bietet. Nur eine wirkliche Selbstorganisierung ermöglicht demokratische Teilhabe Aller. Anstelle des freien Mandats in der repräsentativen Demokratie können gewählte Menschen nur mit einem imperativen Mandat ausgestattet werden und ermöglichen es allen Beteiligten dadurch, eine Person direkt abzuwählen. Man ist nicht mehr seinem eigenen Gewissen verpflichtet, sondern den Menschen, deren Interessen man vertritt.
2. Keinerlei Einbindung in versöhnliche oder kompromisssuchende Gespräche mit den Verbänden! Einhegungsversuche in die Strukturen des kapitalistischen Fußballs sollen verhindert, das institutionelle Spiel von vornherein abgelehnt werden. Nur eine fundamental-oppositionelle Bewegung kann ihren radikalen Charakter erhalten und den Fußball, wie wir ihn heute hinnehmen (müssen), überwinden.
3. Ablehnung aller zentralistischen Organisationsformen! Hierarchisierung bleibt ein Problem für das Ideal einer demokratischen Bewegung und aus diesem Grund ist der Föderalismus dem Zentralismus vorzuziehen. Macht und Herrschaft sind Me-

chanismen einer autoritären Gesellschaftsordnung, die Ursache vieler Probleme bei dem ist, was man überwinden möchte. Alternative Strukturen sollen ein Gegenangebot zu Fußballverbänden und einem herrschaftlichen Fußball aufzeigen, das sich an der Autonomie und Freiheit des Einzelnen ausrichtet.
4. Die kapitalistischen Verhältnisse müssen überwunden werden, auch im Fußball! Ohne die Erkenntnis, dass es der Kapitalismus ist, der den Fußball in seinen jetzigen Zustand gebracht hat, kann es keine gemeinsame Bewegung geben. Werden die herrschenden Verhältnisse nicht überwunden, werden wir es in den nächsten Jahrzehnten zunehmend spüren: Der Kampf gegen den Kapitalismus schließt den Kampf gegen Krieg, gegen den wieder nahenden Faschismus und die endgültige Zerstörung all unserer Lebensgrundlagen ein.

Ein anderer Fußball ist möglich, aber nicht in einem kapitalistischen System. Deshalb darf der umfassende Ansatz des Antikapitalismus nicht verloren gehen und deshalb ist es auch das erste Prinzip der Selbstorganisierung. Als radikale Fanbewegung ist man Teil vieler verschiedener sozialen Bewegungen, die sich gegen die Auswüchse des Kapitalismus richten und für mehr Menschlichkeit kämpfen. Die praktische Solidarisierung vieler Ultragruppierungen während der Pandemie beweist diese Wesensähnlichkeit bereits. Sie können der Anfang einer gesamtgesellschaftlichen, sozialen Bewegung sein. Deshalb dürfen Fußballfans ihren Kampf gegen den kapitalistischen Fußball nie losgelöst von anderen Realitäten betrachten. Es sind die gesellschaftlichen Verhältnisse, die ihn überhaupt erst ermöglichtem und ein anderer Fußball wird erst dann möglich sein, wenn die kapitalistischen Verhältnisse überwunden sind. Bis dahin gilt es, sich zu vernetzen, Mehrheiten zu organisieren. Aufzuklären und ein Bewusstsein zu schaffen. Alternative Strukturen aufzubauen und demokratische Prinzipien in die Selbstorganisierung einzubringen. Es sind die Menschen, du und ich, die über die Verhältnisse bestimmen, in denen sie leben. Alles was es braucht, ist ein Anfang.

Resümee

Quo vadis, Fans?

Fußball, Fans, Kapitalismus. Was im Prolog noch als schein- aber nicht fassbare Einheit des erlebten Spiels beschrieben wurde, hat sich als feste Verbindung herausgestellt. Der kapitalistische Fußball hat uns Fans eingenommen und zu einer rationalisierbaren Größe erklärt: Anzahl an Fans, Leidenschaft ihrer Stimmung und vor allem ihre Größe als Absatzmarkt. Vereine müssen sich von den Ergebnissen leiten lassen und Merchandise-Artikel für die ganze Familie anbieten, jedes Jahr neue Trikots verkaufen und möglichst attraktiv für zahlungskräftige Sponsoren sein. Der von vielen Fans beschworene Geist des Fußballs geht in den wirtschaftlichen Irrungen der Zahlen verloren. Was es braucht, ist das Verständnis einer möglichen Alternative. Der größte Schutz der herrschenden Verhältnisse ist der Glaube an ihre Natürlichkeit. Niemand hat das so deutlich aufgezeigt wie die katholische Kirche im Mittelalter. Ihre Macht wurde nicht angezweifelt, weil es das Werk Gottes sei und sich dagegen aufzulehnen, galt als Ketzerei. Wenn Herrschaft mit Glauben verknüpft ist, traut sich die Kritik selten in das Radikale. Die grundlegende Kritik jedoch ist es, die würdige Verhältnisse für alle Menschen schaffen kann und die Realität daran misst. Dass auch der Kapitalismus mit Glauben agiert, spricht nicht für seine vermeintlich rationale und aufklärerische Art. Auch er muss sich mithilfe von Ideen und Glaubenseinstellungen absichern.

Als der Politikwissenschaftler Francis Fukuyama 1992 ein Buch mit dem Titel *The End of History and the Last Man* veröffentlichte, wurde dieser Glaube an die kapitalistischen Verhältnisse greifbar. Das Ende der Geschichte sei erreicht, von nun an könne es nicht mehr bzw. nurmehr besser werden. Wer in solchen Mustern denkt und analysiert, der tut dies mit einer religiösen Ader und überschreitet gewisse Grenzen nicht. Und genau diese Grenzen müssen wir nicht nur in Gedanken überschreiten, wenn wir einen anderen Fußball haben wollen. Der Fußball ist in kapitalistische Ketten gelegt und verliert mehr und mehr seinen spezifischen Charakter. Die seichte Unterhaltung gewinnt an Wichtigkeit und die Faszination des Spiels weicht den Spekulationen und Gerüchten. Fußball wird zu einer Twitter-Faszination und verliert dabei seinen Kern. Die Menschen in den Stadien verlieren an Wert und an ihre Stelle rückt ein moderner Fan, der die großen Spiele zwar verfolgt, aber ansonsten die Zusammenfassungen und Highlight-Clips in den sozialen Medien schaut. Ein Wandel hat begonnen und viele Fans, ob unorganisiert oder als Ultras und aktive Fans, fühlen die Entfremdung. Die anhaltenden Proteste der letzten Jahre sind nicht zufällig. Sie beschreiben das Bild eines Fußballs, der sich von den Fans entfernt und auf die Suche nach neuen Einnahmequellen geht. Um sich nicht in einem Klein-Klein der Proteste aufzureiben, braucht es die theoretische Einordnung der Ursachen: der Fußball als kapitalistisches Produkt. Und es braucht Fans, die nicht nur in der Analyse mitgehen, sondern daraus eine Praxis ableiten, die die Überwindung solcher Zustände zum Ziel hat. Es braucht einen Ausbruch ins Ungewisse.

Ein Ausbruch ins Ungewisse steht auch mir bevor. Mit Beendigung des Buches breche ich aus dem gewohnten Umfeld aus und verlasse meine Heimat Berlin endgültig. Der Weg zieht mich weg und lässt mich das erste Mal spüren, wie es ist, Gewohntes zu überwinden. Der Ausbruch hat seine sportliche Dimension, denn aus mir wird ein Exil-Unioner, der seinen Verein nur noch selten im eigenen Stadion verfolgen kann. Stattdessen werde ich mir wohl das ein oder andere Wochenende auswärts um die Ohren schlagen, einfach weil andere Stadien für mich näher sind. Ich bin gespannt, wie sich das anfühlt. Bisher habe ich keine zehn Minuten entfernt von der Alten Försterei gewohnt. War ein Spiel, bin ich zwei Stunden vorher gemütlich zur nahegelegenen Kneipe spaziert, habe mit meiner Bezugsgruppe ein Bier getrunken und das Spiel in gewohnter Manier vollkommen falsch vorhergesagt. All das wird es so nicht mehr geben. Die gewohnten Strukturen kommen einem auf einmal anders vor, sie werden nicht als natürliches Ereignis wahrgenommen und all die Dinge nehme ich auf andere Art und Weise wahr. Der Auszug aus Berlin ist aber auch ein Ausbruch aus all den gewohnten Strukturen, die mich ein Leben lang begleitet und beeinflusst haben. Ich bin in Friedrichshagen geboren und aufgewachsen und nach dem Abitur knappe fünf Kilometer weiter gezogen nach Köpenick. Es wird Zeit für etwas Ungewisses. Diese Entscheidung habe ich noch nicht kommen sehen, als ich aus Malaysia wiederkehrte. Kuala Lumpur war für mich immer nur eine kleine Zwischenstation, die mir zwar sechs Monate zuhause und dadurch auch Union wegnahm, aber eben nur diesen absehbaren Raum. Es war klar, dass es danach wieder nach Berlin geht. In den Heimatbezirk, wo auch die Eltern und Großeltern leben und irgendwie alles geordnet ist. Und darauf habe ich keine Lust mehr. Ein örtlicher Ausbruch aus der Familie mag für viele wohl nicht so schwierig sein, für mich wiederum ist es ein Kampf gewesen. Meine Familie ist katholisch geprägt, ich bin katholisch erzogen worden und mir wurde immer das Leitbild einer sich umsorgenden Familie gepredigt. Dass das in der Realität nicht so stimmte, wurde dann als leichte Verzerrung abgetan. Mit der Zeit aber habe ich gemerkt, dass es nicht mehr geht. Die Abhängigkeiten, die nie formuliert oder ausgesprochen wurden, sind mir wie Ketten um den Körper immer enger geworden und es ist wohl letzten Endes meine persönliche Freiheit, die sich in mir durchsetzte und dafür gesorgt hat, auszubrechen und etwas Neues zu wagen. Raus aus den bekannten Dingen, raus aus dem Gewohnten und heraus aus den Abhängigkeiten. Das, was auf mich wartet, ist für mich ein Hort innerer wie äußerer Freiheit. Aus der beengenden Zukunftsperspektive als Lehrer ist etwas anderes geworden, aus Lehramtsmaster und Praxissemester wurde ein rein politikwissenschaftliches Studium. Ich habe es lange nicht gemerkt, aber als die Entscheidung feststand, habe ich das erste Mal seit langem befreit aufatmen können. Die unsichtbaren Ketten haben sich abgelegt und sie werden so schnell nicht wiederkommen. Dass ich diese Möglichkeiten überhaupt habe, liegt an meiner Herkunft, das ist mir bewusst. Ohne eine grundlegende finanzielle Unterstützung, ohne die schulische Ausbildung würde ich nicht da sein, wo ich bin.

Es ist eine der größten Ungerechtigkeiten, an die sich die Menschen gewöhnt haben: Kommst du aus einem wirtschaftlich ärmeren Haushalt, hast du im Durchschnitt kaum Chancen auf einen spürbaren Aufstieg. Was oftmals als Bildungsgerechtigkeit beschönigt wird, ist ein Grundmuster des Kapitalismus. Die Schere zwischen Arm und Reich geht nicht ohne Grund weiter auseinander. Unsere Wirtschaftsordnung braucht nicht so viele gut ausgebildete Menschen, sie ist auf andere Dinge angewiesen. Die Schaffung des Niedriglohnsektors im Zuge der Hartz-Reformen und ihre Entwicklung zeigt das auf. Deutschland hat einen der größten Niedriglohnsektoren in ganz Europa. Ganze Branchen sind auf schlecht ausgebildete Menschen angewiesen, die alles für ein paar Euro Gehalt tun. Auch die Arbeitslosigkeit ist kein einzigartiges Problem, das einzig und allein daran hängt, dass diese Menschen »faul« sind. Ganz im Gegenteil: Arbeitslose Menschen sind im Schnitt deutlich motivierter als Menschen in Lohn und Brot. Das Problem der Arbeitslosigkeit ist ein strukturelles, das vom Kapitalismus verursacht ist. Er braucht arbeitslose Menschen, um die Konkurrenz unter den Lohnabhängigen hochzuhalten und so wenig Zugeständnisse wie möglich machen zu müssen. Es sind die Ungerechtigkeiten des Kapitalismus, an die wir uns gewöhnt haben.

Die vielen Kämpfe im Fußball sind ein Lichtblick. Fans richten sich gegen die althergebrachte Ordnung und protestieren, weil sie ihre Freiheiten schützen wollen. Ihre Proteste in und außerhalb der Stadien waren der Ausgangspunkt für dieses Buch. Fußball gehört ihnen nicht, auch wenn Verbände und ihre Funktionäre das gerne erzählen. Mir ging es um eine Auseinandersetzung mit den wirklichen Verhältnissen im Fußball. Wie er funktioniert und wem er eigentlich gehört. Diese Frage sollte beantwortet werden: Wem gehört der Fußball, wie funktioniert er und was bedeutet das für die Fans? Als Autor nehme ich dabei keine neutrale Rolle ein, auch wenn man das normalerweise vermitteln möchte. Es sind unfaire Zustände, die den Fußball zu etwas machen, was ihm meiner Meinung nach wesensfremd ist. Fußball ist ein Hort, bei dem die Gesellschaft aufeinandertrifft und der einen Ausblick in eine bessere Zukunft bieten sollte. Die Proteste während des arabischen Frühlings oder in der Türkei haben bewiesen, dass der Fußball viel mehr als nur ein Sport ist. Er kann die Menschen aufeinanderzubewegen und sie füreinander einstehen lassen. Diese Kraft hat er auch im Kapitalismus noch. Aber: Der Gedanke einer Demokratisierung muss auch im Fußball Einzug halten und das noch viel deutlicher als bisher. Die jüngsten Entwicklungen im europäischen wie im Weltfußball zeigen, wie sehr man selbst den Idealen einer liberalen Demokratie hinterherhinkt. Eine wirkliche Demokratisierung des Fußballs würde bedeuten, dass er allen gehört. Nicht einer kleinen Riege an Menschen, die von ihm finanziell profitieren und deshalb bestimmen, wie es abläuft.

Fans können die Verhältnisse im Fußball radikal ändern, doch ihr Zustand ist ein ambivalenter. Es gibt viele positive Dinge zu erzählen, die nur weiterverfolgt werden müssen. Die angesprochenen Proteste zeigen eine Richtung auf, doch gleichzeitig zeigen sie auch auf, was sich grundlegend ändern muss. Die Proteste wirken auf eine bestimmte Weise hilflos, eine Strategie ist überhaupt nicht erkennbar und viele der protestierenden Fans verzetteln sich in kleinen Kämpfen wieder. Dieses Problem ist der praktische Ausgang von Überlegungen, wie sich Fußballfans ihren Sport zurückholen können.

Theorie über Aktivismus

Ohne Verständnis der gegenwärtigen Verhältnisse sind all die Proteste und all der Aktivismus verschenkt. Sie können sogar kontraproduktiv wirken, indem man sich einhegen lässt und die Fans sich mit immer weniger abfinden. Es braucht eine Theorie des Fußballs für seine Fans. Ein Verständnis darüber, wie er funktioniert und nach welchen Absichten er so funktioniert. Die Zeiten, in denen man einfach glaubt, dass der Fußball schon uns allen gehöre, sind vorbei. Was also macht den Fußball aus?

Der uns bekannte Fußball ist politisch – und das auf jeder Ebene. Die Verbindung von Sport- und politischen Institutionen findet auf allen Ebenen statt. Egal ob Ausbau des Fußballfelds für den kleinen Verein am Rande der Stadt oder die Absicherung von Bundesligaspielen: Eine Autonomie des Sports, wie sie in Artikel 9 des Grundgesetzes festgeschrieben ist, existiert real nicht. Der uns bekannte Fußball ist politisch, weil es seine Grundlage ist, und wir alle kennen es, auch wenn es vielen nicht auffällt. Die im Grundgesetz verankerte Autonomie des Sports ist in der Praxis längst eine Halb-Autonomie, die es den politischen Institutionen erlaubt, Einfluss zu nehmen. Oder ganz praktisch: Soll ein Stadion ausgebaut werden, muss der Verein ganz konkret politisch agieren. Ohne Hilfestellung der Kommunal- oder Landespolitik sind solche Vorhaben selten zu realisieren. Auf einer höheren Ebene geht es um die Frage der Sicherheit, bei der nicht nur private Firmen zum Einsatz kommen, sondern auch die Polizei. Vielleicht erinnert man sich noch an die Debatten, die das Land Bremen auslöste, als der DFL finanziell beteiligt werden sollte … Und Überraschung! Der Fußball ist nicht nur in seiner Organisierung von der Politik abhängig und muss deshalb politisch agieren. Er ist auch noch von unserer wirtschaftlichen Ordnung erschlossen worden und funktioniert nach den Sachzwängen der Marktwirtschaft. Wer im Fußball erfolgreich sein will, muss profitorientiert arbeiten und funktioniert nach dem Primat der Wirtschaftlichkeit. Ohne diese Grundlage kann sogar die Lizenz für eine Liga entzogen werden oder man verliert sportlich an Boden. All die Dinge, über die wir uns alle beschweren: die anwachsende Kluft zwischen einigen reichen Vereinen und den vielen Union Berlins auf der anderen Seite, der offene Kommerz, künstliche Vereinskonstrukte aus Leipzig. All das sind Symptome eines Fußballs, der in seinem Kern politisch ist. Er funktioniert nicht losgelöst, er muss sich den Regeln des Kapitalismus unterwerfen und nach den uns allen bekannten Sachzwängen funktionieren. Ist ein Verein pleite, ist er weg. Egal wie gut er vorher sportlich war.

Fußballfans nehmen in diesem kapitalistischen Fußball eine Doppelrolle ein, in der sie Gefangene des Systems sind. Sie konsumieren den Sport einerseits und produzieren ihn durch ihre Leidenschaft andererseits mit. Der Bezug zu den Überlegungen Karl Marx verdeutlicht diese Gefangenschaft, denn Fans werden dadurch ökonomisch ausgebeutet. Ihre Stimmung in den Stadien ist vermarktbar und lockt neue Kunden und Sponsoren an. Ihre Funktion als Absatzmarkt, das Kaufen von Merchandise-Artikeln und die Abos mit den TV-Partnern des Fußballs, bringt die Profite ins Spiel. Ohne die Fans geht nichts. Das Produkt Fußball könnte ohne sie nicht existieren. Das bedeutet aber auch, dass der Kampf um Freiheit in den Kurven ein Kampf um den Fußball als Ganzes ist. Ultras und aktive Fans nehmen dabei eine besondere Rolle ein, denn sie bewegen nicht nur die Stadien während eines Spiels. Sie können der Anker einer Bewegung sein, die sich gegen den kapitalistischen Fußball richtet. Ihre Probleme? Unbewusste Abgrenzungsstrategien und eine inhaltliche Unschärfe, die sich in der Bekämpfung von Symptomen zeigt. Deshalb braucht es eine umfassende Analyse des Fußballs.

Ein Blick zu den marxistischen Theorien der vergangenen Jahrzehnte verspricht an diesem Punkt Abhilfe. Johannes Agnoli hat in seinen Theorien die Form Staat und die liberale Demokratie im speziellen von links kritisiert und sie an den Idealen einer freien und gleichen Gesellschaft gemessen. Heraus kam eine ausführliche Parlamentarismus- und Institutionenkritik, die sich auf vielen Ebenen auf den kapitalistischen Fußball übertragen lässt. Durch dessen Ungleichheit und die Ausbeutung der Fußballfans provoziert der Fußball Widerspruch, wie eine Studie beweist, die ich bereits mehrere Mal zitierte. 86,9 Prozent der Befragten finden, dass der Fußball sich nur noch um Geld dreht und rund 50 Prozent will sich deswegen von ihm abwenden. Daraus entsteht eine Gefahr für den Fußball und deshalb baut er auf seine Institutionen, die Fußballverbände. Diese nehmen die Funktion einer Organisierung des Fußballs ein und sichern ihn ab. Man könnte die Verbände als Gesamtkapitalisten bezeichnen, die zwischen maximalen Profiten und gesellschaftlicher Verträglichkeit abwägen müssen. Die UEFA hat nicht wegen hehrer Ideale die Super League verhindert, sondern weil sie ihr Produkt Fußball insgesamt bedroht sah. Ein Alleingang von zwölf Vereinen hätte womöglich bedeutet, dass sich viele Fans vom Fußball insgesamt abwenden und auf die Suche nach Alternativen gegangen wären. Die UEFA wusste das zu verhindern. Die Fußballverbände sind somit der Kitt eines Fußballs, der nach dem Primat der Wirtschaftlichkeit funktioniert. Eingeordnet und dem Kapitalismus unterworfen, funktioniert er nach dessen Sachzwängen und Logiken. Um die Fans nicht gegen sich aufzubringen und sie in den kapitalistischen Fußball einzuhegen, simulieren Verbände eine demokratische Teilhabe, die auch Agnoli in Bezug auf die liberale Demokratie analysierte. Sein Theorem der Involutionstendenz beschreibt die Rückentwicklung vermeintlich demokratischer Institutionen in vordemokratische bzw. autoritäre Werkzeuge. Ein Parlament wird daraus zu einem Transmissionsriemen, der von oben nach unten artikuliert und den Regierten erklärt, was die herrschende Minderheit macht. Für die Verbände bedeutet das einen reibungslosen Ablauf des Fußballs, ohne die Fans gegen sich aufzubringen.

Die Angst der Verbände vor den Fußballfans hört jedoch nicht in der innerverbandlichen Organisation auf. Ihre Rolle im kapitalistischen Fußball macht die Fans zu einem potenziell gegenherrschaftlichen Akteur, der befriedet sein muss, damit er sich nicht gegen die herrschenden Verhältnisse auflehnt. Deshalb nutzen die Verbände vermehrt die sogenannte Technik des sozialen Friedens, die auf Agnoli zurückgehend beschreibt, wie man eine fundamentale Opposition domestizieren kann. Einhegung durch Einbindung lautet das Zauberwort und deshalb muss jeder Versuch von Verbänden, Fans in Entscheidungsprozesse einzubinden, kritisch begleitet werden. Denn steigt eine Gruppe von Fans auf diese Einbindung ein, können sie den Fußball nicht mehr radikal bekämpfen. Sie leben von Reformen, die sie dem System abtrotzen, ohne das System an sich infrage zu stellen. Das ist die Gefahr, die seit einigen Jahren aufkommt. Um sich dagegen zu richten, braucht es ein von unten organisiertes Nein, dass ein gemeinsames Bewusstsein schafft und versucht, den kapitalistischen Fußball zu überwinden.

Die Mehrheiten sind da!

Aus Theorie erwächst Praxis und aus dem Bewusstsein über die Zustände erwächst nicht nur Kritik, sondern auch Aktivismus. Da Fußballfans in der Hoffnung auf bessere Zeiten nicht alleine sind, lohnt sich auch bei der Überlegung einer richtigen Praxis der Blick auf andere Bereiche der Gesellschaft. In diesem Fall sind es nicht die marxistischen Theoretiker, sondern die sozialen Bewegungen der Gegenwart, die Aufschluss darüber geben, wie man einerseits Mehrheiten gewinnen kann und andererseits nicht den radikalen Charakter aufgeben muss.

Die Initiative *Deutsche Wohnen und Co. enteignen* hat in Berlin exemplarisch gezeigt, wie man diesen vermeintlichen Widerspruch auflösen kann. Sie bezieht sich in ihren Überlegungen auf die Politikwissenschaftlerin Chantal Mouffe, die 2018 einen linken Populismus forderte. Sie bezeichnet damit eine neue Strategie, die auf möglichst einfache Erklärungen abzielt und linke Themen nicht nur wieder mehrheitsfähig machen soll, sondern auch verständlich. Es nützt keinem Menschen, wenn sich hinter Begriffen wie gesellschaftlicher Antagonismus, Klassenkampf und Antikapitalismus gute Ideen verstecken, sie aber für große Teile einer Gesellschaft verborgen bleiben, weil sie unverständlich sind. Es braucht die Einbindung konkreter Ereignisse und konkreter Probleme, die alle betreffen, um das zu verdeutlichen. Aus Mouffes linkem Populismus habe ich einen Populismus der Kurven abgeleitet, der die Ausgangsprinzipien einer Fanbewegung skizziert. Eine gemeinsame und kurven- und stadienübergreifende Bewegung muss sich zuerst darauf konzentrieren, die Misere offenzulegen. Ausgehend von der Analyse muss ein Bewusstsein darüber geschaffen werden, wie und nach welchen Prinzipien der Fußball überhaupt funktioniert. Es braucht konkrete Ereignisse, um aus den Erfahrungen heraus ein Bewusstsein über die Lage zu schaffen und die Fans als Betroffene zu einen. Gleichzeitig muss verdeutlicht werden, gegen wen die Auseinandersetzung geführt wird: die Verbände. Neben diesen Überlegungen zur Mehrheitsgewinnung darf der antikapitalistische Charakter nicht verloren gehen, weshalb man radikal im Seitenaus stehen sollte. Die Verbände werden versuchen, kritische Fans und erst recht eine wachsende Bewegung kritischer Fans einzuhegen und mit Kompromissen abzuspeisen. An dem Punkt darf nicht eingelenkt werden, möchte man den Fußball grundlegend verändern. Kompromisse und Reformen passieren nicht in einem luftleeren Raum, sondern sorgen für eine Absicherung des Fußballs im Ist-Zustand.

Ultras und aktiven Fans kommt in dem Prozess eine besondere Rolle zugute, denn sie sind der Schlüssel einer solchen Bewegung und eines anderen Fußballs. Sie begeistern nicht nur die Massen in den Stadien, sie können andere Fans überzeugen. Für Ultras ist dieser Schritt kein weiter, denn sie solidarisieren sich in vielen Städten und Orten sowieso mit sozialen Bewegungen und machen auf Probleme in der Gesellschaft aufmerksam. Was sich bei vielen Gruppierungen ändern muss, ist das Verständnis davon. Es sind keine losgelösten Probleme: Die Spruchbänder für bessere Bezahlung im Gesundheitssystem, das Sammeln von Kleidung für geflüchtete Menschen und eine Kälte-Hilfe. Die Probleme fallen zurück auf die gleiche Ursache und das machen auch die Probleme im Fußball. Sie sind das Resultat einer Wirtschaftsordnung, die Vermögen und Reichtum ungleich verteilt.

Im Kampf um einen anderen Fußball bedeutet all das eine gewisse Langfristigkeit. Der Weg wird schwierig und es wird dauern. Deshalb braucht es Etappenziele, die nicht nur für Motivation sorgen, sondern auch zeigen, dass Veränderung realistisch ist. Dafür sind konkrete Ereignisse mit Minimalforderungen wie Abschaffung der Montagsspiele oder konsequente Umsetzung der 50+1-Regel sinnvoll, solange sie in den größeren Kontext gesetzt werden und verdeutlicht wird, dass es sich beim Gegenprotest um die Bekämpfung von Symptomen handelt. Ebenfalls wichtig ist der Aufbau basisdemokratischer Strukturen, mithilfe derer sich auch einzelne Vereine zurückholen lassen und den Fans und der Gesellschaft rücküberführt werden. Wir sehen das im Ansatz schon: Man denke an die Mitgliederversammlung der Bayern von 2021 rund um die Katar-Frage oder auch die wirkmächtigen Mitgliederinitiativen der HSV Supporters in Hamburg oder FC Reloaded in Köln. Alternative Strukturen sind enorm wichtig, um Keimzellen eines anderen Fußballs entstehen zu lassen und zu zeigen, dass es realistisch ist. Oder mit Che Guevara: Seien wir realistisch, versuchen wir das Unmögliche. Mögen die herrschenden Verhältnisse, die Verbände und die Funktionäre vor einer Revolution der Fans zittern. Die Fans haben nichts im kapitalistischen Fußball zu verlieren als ihre Ketten. Sie haben eine Welt zu gewinnen. Fußballfans aller Stadien, vereinigt euch! Friede den Kurven, Krieg den Verbänden!

Anmerkungen

Prolog: Wie die Fans den Kampf um den Fußball verlieren

1 Die wohl wichtigste Studie über Fußballfans der letzten Jahre, auf die ich mich häufiger beziehen werde. Zwar befragt sie eher aktive und problembewusste Fans; dennoch sind die Zahlen nicht zu unterschätzen, denn sie liefern ein erstes Bild über die Gemütslage der Fans in Deutschland: FC FairPlay e.V. (Hg.): *Situationsanalyse 2017. Aktuelle Probleme, Herausforderungen und Lösungsansätze im (deutschen) Profifußball 2017.* 5.2017. fcplayfair.org (PDF). S. 33, 47.

2 Einen Einblick in die Gedankenwelt von Marx bietet: Marx, Karl: Zur Kritik der politischen Ökonomie. Vorwort. In: Ders.: *Kritik des Kapitalismus. Schriften zur Philosophie, Ökonomie, Politik und Soziologie.* Hg.: Butollo, Florian / Nachtwey, Oliver. Berlin 2018. S. 160.

1. Der Stand der Dinge

1 Wer verstehen möchte, wie aktuelle soziale Bewegungen philosophisch gedeutet werden können, sollte unbedingt dieses Buch lesen, es bietet viel Stoff zum Nachdenken: Redecker, Eva von: *Revolution für das Leben. Philosophie der neuen Protestformen.* Frankfurt/M. 2020. S. 10.

2 Kuhns Buch bietet eine kurzweilige Einführung in die Auseinandersetzung von linken Ideen mit Sport: Kuhn, Gabriel: *Die Linke und der Sport.* Münster 2014. S. 21.

3 Beichelt, Timm: *Ersatzspielfelder. Zum Verhältnis von Fußball und Macht.* Berlin 2018. S. 156.

4 Jakob, Jörg: *Super League: Vorsicht, süßes Gift!* 19.4.2021. kicker.de.

5 Bartlau erklärt in verständlicher Sprache, warum der Fußball so funktioniert, wie er es eben tut. Eine Basislektüre für alle, die die Phänomene des kapitalistischen oder marktkonformen Fußballs besser verstehen wollen: Bartlau, Christian: *Ballverlust. Gegen den marktkonformen Fußball.* Köln 2019. S. 115.

6 Vgl. Marx, Karl / Engels, Friedrich: Die deutsche Ideologie. In: Marx, Karl: *Kritik des Kapitalismus. Schriften zur Philosophie, Ökonomie, Politik und Soziologie.* Hg.: Butollo, Florian / Nachtwey, Oliver. Berlin 2018. S. 104.

7 Zum Thema Marx, Ausbeutung und Klassenverhältnisse vgl. den Sammelband, aus dem hier mehrfach zitiert wird: Weyand, Jan: Klasse, Klassenkampf, Geschichte. In: Artus, Ingrid / Krause, Alexandra / Nachtwey, Oliver / Notz, Gisela / Reitz, Tilman / Vellay, Claudius / Weyand, Jan: *Marx für SozialwissenschaftlerInnen. Eine Einführung.* Wiesbaden 2014. S. 53.

8 Vgl. Nachtwey, Oliver: Arbeit, Lohnarbeit und Industriearbeit. In: Artus, Ingrid u. a.: *Marx für SozialwissenschaftlerInnen,* a. a. O., S. 131f.

9 Czochs Feststellung und viele weitere kluge Gedanken zu Ultras und ihrer Bedeutung im Sport wie in der Gesellschaft finden sich in einem Sammelband, der ganz unterschiedliche Ebenen betrachtet – von Interviews mit Ultras über deren Bezug zu Gewalt bis hin zu allgemeinen Einschätzungen über Ultras als Sub- und Jugendkultur: Czoch, Peter: Wandel von Fanidentitäten im Zuge kommerzieller Entfremdung. In: Thein, Martin / Linkelmann, Jannis (Hg.): *Ultras im Abseits? Porträt einer verwegenen Fankultur.* Göttingen 2012. S. 70.

10 Die Rolle von Ultras bei gesellschaftlichen Aufständen werde ich noch häufiger betonen. Als Beleg für diese These sei ein Artikel des *Katapult*-Magazins empfohlen, der die gesellschaftliche Wirkmacht von Ultras in verschiedenen Ländern unter die Lupe nimmt: Sommavilla, Fabian: *Die Angst der Mächtigen vor den Tribünen.* In: Katapult-Magazin. Nr. 17 (04-06/2020). S. 56-63.

11 Galtung, Johan: Gewalt, Frieden und Friedensforschung. In: Senghaas, Dieter (Hg.): *Kritische Friedensforschung.* Frankfurt/M. 1972. S. 58.

12 Volpers befasst sich in Czochs Sammelband mit dem Thema Männlichkeit und Ultras. Der Beitrag bietet einen wissenschaftlichen Einblick in die von mir skizzierten Probleme und Ursachen: Volpers, Simon: Ultra has no Gender? Überlegungen zu Männern und Männlichkeit(en) in der Fankurve. In: Czoch, Peter (Hg.): *Ultras in Deutschland.* Berlin 2016. S. 167.

13 Das Zitat stammt aus: Schmitt, Carl: *Der Begriff des Politischen. Text von 1932 mit einem Vorwort und drei Corollarien.* Berlin 1963. S. 28.

14 Zingler, Dirk: *Union-Präsident Dirk Zingler: »Die Monster müssen sterben«.* 24.4.2021. berliner-zeitung.de.

15 Von Junack stammt ein Artikel, den ich gerne als vollständiges Zitat untergebracht hätte. Er ist als Ausgangslektüre für dieses Buch geeignet, lest ihn euch durch: Junack, Jonas: *Ich liebe den Fußball, aber der Kapitalismus hat ihn unter sich begraben.* In: *Jacobin*-Magazin. Ausgabe Nr. 5 /Sommer 2021. S. 10f.

2. Die Transformation des Fußballs

1 Alles zu Fraenkel ist in einem Buch nachlesbar, das eine gute Aufbereitung durch ein Nachwort von Alexander von Brünneck bietet: Fraenkel, Ernst: *Deutschland und die westlichen Demokratien. Mit einem Nachwort über Leben und Werk Ernst Fraenkels.* Hg. Alexander von Brünneck. S. 297-325.

2 Die einzige Biographie zu Johannes Agnoli stammt von seiner Frau. Das Buch lohnt nicht nur wegen der Person Agnoli, sondern insbesondere auch wegen der inhaltlichen Aufbereitung seines Denkens und Handelns: Görres Agnoli, Barbara: *Johannes Agnoli. Eine biografische Skizze.* Hamburg 2004. S. 64.

3 Um das ganze Ausmaß meiner Kritik zu verstehen, lohnt sich die Lektüre von Restles Kommentar: Restle, Georg: *Kommentar – Verlogene Entscheidung der UEFA.* 22.6.2021. sportschau.de.

4 Eine lohnenswerte, historisch gut aufgearbeitete Geschichte des DFB. Heinrich, Arthur: *Der Deutsche Fußballbund. Eine politische Geschichte.* Köln 2000. S. 78.

5 Nicht nur wegen seiner inhaltlichen Nähe zu Agnoli sollte man *Postdemokratie* von Colin Crouch lesen, eine profunde Analyse unserer Demokratie und ein Anstoß zum kritischen Nachdenken über die Funktionsweise unserer Insti-

tutionen. Wunderbar zu lesen, nicht allzu lang und dabei sehr eindrücklich: Crouch, Colin: *Postdemokratie.* Frankfurt/M. 2008. S. 93ff.

6 Michels, Robert: *Zur Soziologie des Parteiwesens in der modernen Demokratie. Untersuchungen über die oligarchischen Tendenzen des Gruppenlebens.* Leipzig 1911. Oder als Einführung in das Denken Michels ein Artikel aus dem *Jacobin*-Magazin: Balhorn, Loren: *Wir brauchen Parteien. Aber nicht solche. Ein Rückblick auf Robert Michels' »ehernes Gesetz der Oligarchie«.* 13.9.2021. jacobin.de.

7 Union Berlin: *Kurswechsel für den deutschen Profifußball.* 3.10.2018. fc-union-berlin.de.

3. Anders wollen, heißt anders machen

1 Ähnlich wie bei Crouch, gilt auch bei Mouffe, dass ihr Essay wunderbar zu lesen ist. Sie zeigt verständlich auf, was sie ansprechen möchte und bietet ganz nebenbei eine Einführung in gesellschaftliche Machtverhältnisse: Mouffe, Chantal: *Für einen linken Populismus.* Berlin 2018. S. 35.

2 Der Artikel schneidet natürlich auch die Identitätsdebatte innerhalb der Linken an: Pape, David / Müller-Bahlke, Karl: *Produzierte Ungleichheit.* 15.7.2021. jungewelt.de.

3 Reclam-Ausgaben können toll sein und die der gesammelten Werke Mühsams ist es definitiv. Ein Gemisch aus Lyrik, Balladen, politischen Schriften und einer Einschätzung seines Wirkens machen daraus einen Einstieg für das Verständnis von Mühsam: Mühsam, Erich: Der Gefangene. In: Ders.: *Trotz allem Mensch sein. Gedichte und Aufsätze.* Maußner, Hanne / Schiewe, Jürgen (Hg.): Stuttgart 2009. S. 58.

4 Vgl. die Einführung in rätedemokratische Ansätze und ihre Geschichte: Klopotek, Felix: *Rätekommunismus. Geschichte – Theorie.* Stuttgart 2021.

Ausführliche URLs liegen Autor und Verlag vor.

Danksagung

Ich bin vielen Menschen dankbar, die mich auf dem Weg zu diesem Buch begleitet haben.

Zuvorderst gilt mein Dank dem PapyRossa Verlag, der mich vom ersten Skript an aktiv unterstützt hat.

Christian Bartlau hat mich zu diesem Buch bestärkt und mir wichtige Hinweise gegeben. Dafür kann ich gar nicht oft genug Danke sagen.

Ebenfalls danke ich meinem gesamten Umfeld, meiner Schwester, meinen Eltern, meiner Familie und meinen Freund*innen, die mich ebenfalls darin bestärkten, dieses Buch zu schreiben, und die mich unterstützten. Von angeregten Debatten bis zur Ablenkung in den Produktionsphasen war alles dabei. Deshalb ein besonderes Danke an Philipp für die Donnerstagabende zur Entspannung und Nils und Eric für alles, was Zerstreuung bot. Ihr seid die Besten!

Außerdem möchte ich jemanden nennen, der den Dank auf dem irdischen Wege nicht mehr erhalten kann, aber unendlich viel dafür getan hat, dass ich da bin, wo ich heute bin. Mein alter PW-Lehrer Papa Janietz ist viel zu früh verstorben. Er brachte mich auf jenen Weg, auf dem ich noch heute gehe. Ich hätte Politikwissenschaft nicht studiert, wenn er es mir nicht geraten hätte, zumal nicht am OSI, wenn er mir nicht davon vorgeschwärmt hätte. Vielen Dank dafür und möge dir die Erde leicht sein!

Ein letzter Dank gilt meiner Freundin Zoë, die mir mit Rat und Tat zur Seite stand. Für all die Geduld und all die Unterstützung: Danke!

Natürlich gilt mein Dank auch euch Lesenden. Weil die Debatte über einen anderen Fußball nicht auf einer letzten Seite eines Buches endet, lasst uns weiter darüber streiten und nachdenken, wie wir das Ziel erreichen können. Nehmt das Buch als Anlass und tragt die Inhalte in eure Bezugsgruppen, in eure Freundeskreise und in die Kurve: Diskutiert und streitet, lasst uns einen anderen Fußball schaffen!